Thomas Lang-von Wins

Claas Triebel

Ursula Gisela Buchner

Andrea Sandor

Potenzialbeurteilung

Diagnostische Kompetenz entwickeln – die Personalauswahl optimieren

Thomas Lang-von Wins
Claas Triebel
Ursula Gisela Buchner
Andrea Sandor

Potenzialbeurteilung

Diagnostische Kompetenz entwickeln –
die Personalauswahl optimieren

Mit 11 Abbildungen und 2 Tabellen

Professor Dr. Thomas Lang-von Wins
Dipl.-Psych. Claas Triebel
Dipl.-Psych. Ursula Gisela Buchner
Dipl.-Psych. Andrea Sandor
Zentralinstitut studium+
Universität der Bundeswehr München
Werner-Heisenberg-Weg 39
85577 Neubiberg
Thomas.Lang-von-Wins@unibw.de

PerformPartner
Franzheimer Ring 3a
85452 Moosinning
info@performpartner.de

ISBN 978-3-540-23717-4 Springer Medizin Verlag Heidelberg

Bibliografische Information der Deutschen Nationalbibliothek
Die Deutsche Nationalbibliothek verzeichnet diese Publikation in der Deutschen Nationalbibliografie;
detaillierte bibliografische Daten sind im Internet über http://dnb.d-nb.de abrufbar.

Dieses Werk ist urheberrechtlich geschützt. Die dadurch begründeten Rechte, insbesondere die der Übersetzung, des Nachdrucks, des Vortrags, der Entnahme von Abbildungen und Tabellen, der Funksendung, der Mikroverfilmung oder der Vervielfältigung auf anderen Wegen und der Speicherung in Datenverarbeitungsanlagen, bleiben, auch bei nur auszugsweiser Verwertung, vorbehalten. Eine Vervielfältigung dieses Werkes oder von Teilen dieses Werkes ist auch im Einzelfall nur in den Grenzen der gesetzlichen Bestimmungen des Urheberrechtsgesetzes der Bundesrepublik Deutschland vom 9. September 1965 in der jeweils geltenden Fassung zulässig. Sie ist grundsätzlich vergütungspflichtig. Zuwiderhandlungen unterliegen den Strafbestimmungen des Urheberrechtsgesetzes.

Springer Medizin Verlag
springer.de
© Springer Medizin Verlag Heidelberg 2008

Die Wiedergabe von Gebrauchsnamen, Warenbezeichnungen usw. in diesem Werk berechtigt auch ohne besondere Kennzeichnung nicht zu der Annahme, dass solche Namen im Sinne der Warenzeichen- und Markenschutzgesetzgebung als frei zu betrachten wären und daher von jedermann benutzt werden dürften.

Produkthaftung: Für Angaben über Dosierungsanweisungen und Applikationsformen kann vom Verlag keine Gewähr übernommen werden. Derartige Angaben müssen vom jeweiligen Anwender im Einzelfall anhand anderer Literaturstellen auf ihre Richtigkeit überprüft werden.

Planung: Dipl.-Psych. Joachim Coch
Projektmanagement: Meike Seeker
Lektorat: Friederike Moldenhauer, Hamburg
Umschlagfotos: www.photos.com
Layout und Umschlaggestaltung: deblik Berlin
Satz: TypoStudio Tobias Schaedla, Heidelberg

SPIN: 11325079

Gedruckt auf säurefreiem Papier   2126 – 5 4 3 2 1 0

Vorwort

Stellen Sie sich vor, dass es einen revolutionären Apparat gibt – nennen wir ihn einen »Potenzialtomografen« – der Bewerber so durchleuchten kann, dass er Ihnen zuverlässig sagen kann, welcher der ihm zur Messung überlassenen Kandidaten die erwarteten Leistungen zu wie viel Prozent erfüllen wird. Würden Sie mit einem solchen Gerät arbeiten wollen? Wir wollen ehrlich sein: Wenn Sie diese Frage mit »Ja« beantworten, lohnt es nicht, weiter zu lesen oder dieses Buch zu kaufen. Wenn Sie zögern – geben Sie sich noch ein wenig Zeit, bis Sie zu einem klareren Urteil kommen konnten. Denn dieses Buch ist kein Bauplan für entsprechende Geräte, Maschinen oder Methoden. Dieses Buch ist ein Entwicklungsplan für die eigenen Kompetenzen bei der Beurteilung des Potenzials anderer Menschen. Wenn Sie also fertige Lösungen suchen, wird das, was wir zu sagen haben, Sie enttäuschen. Wenn Sie schnelle Lösungen suchen, die Sie ohne viel nachzudenken finden können, werden Sie durch unsere Empfehlungen nur unnötig aufgehalten. Und wenn Sie endgültige Lösungen suchen, dann wird Sie das, was wir Ihnen empfehlen, nicht interessieren.

Wir meinen, dass der Potenzialtomograf eine Illusion bleiben sollte. Nicht nur, dass er methodisch Unsinn wäre, er steht auch für ein Welt- und Menschenbild, das wir nicht vertreten wollen. Und wir denken auch, dass er unnötig ist, denn alles, was für eine gute Potenzialbeurteilung nötig ist, ist erlernbar. Diesem Ziel ist das vorliegende Buch verpflichtet. Es soll Sie dabei begleiten, Schritt für Schritt Ihre Vorgehensweisen bei der Potenzialbeurteilung zu verbessern und an die Bedürfnisse Ihrer Situation und Ihres Unternehmens anzupassen. Dazu ist – das wollen wir ehrlich sagen – Zeit und Geduld nötig, ebenso eine gehörige Portion Offenheit gegenüber Ihrem gegenwärtigen Vorgehen. Wenn Sie sich also darauf einlassen wollen, und das Buch noch nicht zur Seite gelegt haben, wünschen wir Ihnen eine anregende Lektüre und viele positive Lernerfahrungen.

München, Juni 2008

Die Autoren

Über die Autoren und Autorinnen

Ursula Gisela Buchner, Dipl.-Psych.
Studium der Diplom-Psychologie mit Schwerpunkt Arbeits- und Organisationspsychologie an der Ludwig-Maximilians-Universität München. Nach ihrem Studienabschluss absolvierte sie eine Ausbildung für systemische Beratung und Coaching und arbeitete zunächst in der Personalentwicklung, schwerpunktmäßig mit Themen der beruflichen Neuorientierung, des Wiedereinstiegs und des Disability Managements. Derzeit arbeitet Fr. Buchner an ihrer Dissertation im Bereich Diagnostik.

Thomas Lang-von Wins, Prof. Dr.
Wissenschaftliche Tätigkeit an der Ludwig-Maximilians-Universität München sowie an der Universität der Bundeswehr München. Arbeitsschwerpunkte: Kompetenzdiagnostik, Unternehmertum, Coaching. Gründer der PerformPartner – Gesellschaft für nachhaltige Beratung in München.

Andrea Sandor, Dipl.-Psych.
Studium der Diplompsychologie an der Ludwig-Maximilians-Universität München. Mehrjährige Tätigkeit als kompetenzorientierte Laufbahnberaterin und -coach und Personalreferentin mit Tätigkeitsschwerpunkten in der Führungskräfte- und Personalentwicklung. Seit Mitte 2007 Tätigkeit als Inhouse Consultant und Expertin für Eignungsdiagnostik.

Claas Triebel, Dipl.-Psych.
arbeitet als Diplom Psychologe an der Universität der Bundeswehr München. Zusammen mit Thomas Lang-von Wins hat er mit der Firma PerformPartner zahlreiche Verfahren zur kompetenzorientierten Beratung entwickelt. Triebel verfügt zudem über langjährige Erfahrung in der Auswahl von Personal im Rahmen von Potenzialanalysen und anderen Verfahren. Neben psychologischen Fachbüchern veröffentlicht Claas Triebel auch Sachbücher, und 2008 erscheint sein erster Roman.

Inhaltsverzeichnis

1	**Einführung**	**1**
1.1	Irrtümer und falsche Versprechen	4
1.1.1	Irrtum des Herrn T.	4
1.1.2	Irrtümer, die in uns allen schlummern	5
1.1.3	Der eine richtige Weg?	8
1.1.4	Einheitliche Ziele der Potenzialbeurteilung?	11
1.2	Vorarbeiten	12
1.3	Ziele der lernenden Potenzialbeurteilung	13
2	**Grundlagen der lernenden Potenzialbeurteilung**	**17**
2.1	Erster Eindruck: Urteil von besonderer Qualität oder falscher Wegweiser?	18
2.2	Mit dem »Bauch« entscheiden	21
2.2.1	Was ist das »Bauchgefühl«?	21
2.2.2	Eigene Intuition begründen	24
2.2.3	Potenzielle Fehlerquellen	27
2.3	Nachvollziehbare eigene Haltung finden	29
2.4	Glaubwürdigkeit der Kandidaten	32
2.5	Eigene Fehler als Lernchancen erkennen	35
2.5.1	Was beurteilen Personalverantwortliche?	35
2.6	Eignungsdiagnostik, Potenzial, Kompetenzen	42
2.6.1	Eignungsdiagnostik	42
2.6.2	Potenzialanalyse	46
2.6.3	Kompetenzorientierung	49
2.7	Beurteiler und System der Potenzialbeurteilung	53
2.7.1	Warum Lernen?	54
2.7.2	Strategisches Kompetenzmanagement	56
2.8	Kompetenz, Expertise und Intuition	58
3	**Professionalisierte Beurteilung**	**63**
3.1	Zwei kleine Experimente	65
3.2	Fehler und Professionalität	67
3.3	Vorbeugung durch kritisches Abwägen	69
3.4	Aufbau der lernenden Potenzialbeurteilung	73
4	**Aufgabenanalyse**	**75**
4.1	Wie geht das?	76
4.2	Welche Vorgehensweise passt zu Ihnen bzw. der aktuellen Situation?	78
4.3	Empfehlungen für eine gute Aufgabenanalyse	80
4.4	Lernfelder und kritische Überprüfung des eigenen Vorgehens: So werden Sie zum Experten	83
5	**Anforderungsanalyse: Aufgaben in Anforderungen übersetzen**	**85**
5.1	Wie geht das?	86
5.2	Anforderungslisten: Vollständigkeit oder Relevanz?	92
5.3	Sammeln von Anforderungen	93
5.3.1	Anforderungsanalyse durch Informationssammlung	94
5.3.2	Anforderungsstrukturanalyse	96
5.4	Ordnen der Anforderungen	100
5.5	Übertragen der Anforderungen auf Personen	103
5.5.1	Kompensatorisches Anforderungsmodell	103
5.5.2	Vorbereitung des Potenzialbeurteilungsverfahrens	108
6	**Personalmarketing: Wie spreche ich die richtigen Bewerber an?**	**111**
6.1	Suche nach Experten und Nachwuchskräften	112
6.2	Informelle Suche nach Bewerbern	113
6.3	Bewerbersuche über Zeitungsanzeigen	114

7 Umgang mit Bewerbungen 119
7.1 Analyse und Bewertung von Bewerbungsunterlagen 121
7.2 Wissenschaftliche Hintergrundinformationen 126
7.3 Welche Vorgehensweise passt zu Ihnen bzw. der aktuellen Situation? 130
7.4 Lernfelder und kritische Evaluation: So werden Sie zum Experten 134

8 Bewerbungsgespräch 137
8.1 Wie geht das? 141
8.1.1 Hintergründe 141
8.1.2 Methoden 150
8.2 Wie finde ich für mich eine ideale Vorgehensweise? 165

9 Kritische Überprüfung der eigenen Entscheidung 169
9.1 Evaluation 170
9.2 Wie geht das? 175
9.3 Welche Vorgehensweise passt zu Ihnen bzw. der aktuellen Situation? 180
9.4 Lernfelder und kritische Evaluation: So werden Sie zum Experten 184

Literatur 187

Stichwortverzeichnis 193

Einführung

1.1　Irrtümer und falsche Versprechen　– 4
1.1.1　Irrtum des Herrn T.　– 4
1.1.2　Irrtümer, die in uns allen schlummern　– 5
1.1.3　Der eine richtige Weg?　– 8
1.1.4　Einheitliche Ziele der Potenzialbeurteilung?　– 11

1.2　Vorarbeiten　– 12

1.3　Ziele der lernenden Potenzialbeurteilung　– 13

Beginnen wir mit einem kurzen Beispiel.

> **Beispiel**
>
> Die Hauptperson unseres Beispiels ist kein Personalfachmann in dem Sinn, dass er sich auf die Beurteilung von Menschen unter beruflichen Gesichtspunkten spezialisiert und eine entsprechende Ausbildung absolviert hätte. Er ist ein Generalist, wie man sie häufig in den klein- und mittelständischen Unternehmen antrifft – die mit der Beurteilung von Mitarbeitern oder Bewerbern zusammenhängenden Aufgaben sind nur ein vergleichsweise kleiner Teil seiner Tätigkeit im Unternehmen. Dessen ungeachtet widmet sich Herr T. mit großer Aufmerksamkeit und hohen Ansprüchen an seine eigene Leistung der Personalbeurteilung. Aus methodischer Sicht bedient er sich eines Interviews oder Einstellungsgespräches, wobei sein Ehrgeiz deutlich darüber hinausgeht, nur ein atmosphärisch gutes Gespräch zu führen, bei dem sich sowohl er als auch sein Gesprächspartner wohlfühlen. Er will »hinter die Fassade« des Menschen schauen, der ihm im Gespräch gegenübersitzt, er will nach dem Interview eine begründete Prognose darüber abgeben können, ob und wie sich der Bewerber oder Mitarbeiter in einer neuen Position bewähren wird.
>
> *differenzierte Anforderungsliste*
>
> Nun ist eine wichtige Position im Unternehmen zu besetzen, deren Inhaber in einigen Jahren in die Geschäftsführung aufrücken soll. Dazu wird zunächst eine Anzeige geschaltet, der, da sie nicht die gewünschte Resonanz hat, rasch eine zweite folgt. Aus den eingegangenen Unterlagen werden einige Bewerber ausgewählt und zu einem Gespräch eingeladen, die aufgrund ihrer Qualifikationen und ihres bisherigen Werdegangs interessant erscheinen. Natürlich hat sich Herr T. vor seinem Gespräch Gedanken darüber gemacht, welche Anforderungen mit der Position verbunden sind. Bei der Aufstellung der Anforderungen hat er sich eines einschlägigen Ratgebers und verschiedener Internetseiten bedient, die Tipps geben, wie sich die Anforderungen von Positionen oder Tätigkeiten auf ökonomische Art und Weise erfassen lassen. Herausgekommen ist eine Liste von annähernd 40 Anforderungen, die für die Position wesentlich sind oder es zumindest sein könnten. Schon bei der Durchsicht der Bewerbungsunterlagen hat Herr T. diese Liste als Bewertungsmaßstab eingesetzt. Würde man ihn fragen, wie er dabei vorgegangen ist, hätte er seine Entscheidungen mit seinen Erfahrungen und seiner Intuition begründet.
>
> *hohe Entscheidungssicherheit*
>
> Aufgrund der genauen Durchsicht der Bewerbungsunterlagen ergibt sich eine Reihung der Bewerber, von denen drei zu einem persönlichen Gespräch eingeladen werden. Die Bewerbungsgespräche führt

Herr T. zusammen mit seiner Kollegin Frau M. sehr sorgfältig durch. Sie versuchen, die Kandidaten übereinstimmend zu beurteilen und legen dem wiederum die Liste zugrunde, die Herr T. zur Besetzung der Stelle entwickelt hat. Nach dem ersten Gespräch führen sie im Abstand von zwei Tagen ein weiteres Gespräch mit den beiden Bewerbern, die sich im ersten Treffen als die Geeignetsten erwiesen haben. Nun wollen sie bestimmte Punkte weiter vertiefen, die sich aus Zeitmangel nicht klären ließen und die sich im Nachgang des Gespräches ergeben haben. Am Ende des zweiten Gespräches steht für beide fest, dass einer der beiden Kandidaten für die Anforderungen der zu besetzenden Position in geradezu idealer Weise gerüstet ist. Aufgrund dieses übereinstimmenden Urteils wird dem Bewerber ein Angebot gemacht, über das man sich schnell einig wird.

Bereits im zweiten Monat der Probezeit ereignet sich ein aus Sicht von Herrn T. gravierender Vorfall. Der neue Mitarbeiter Herr M. verärgert durch arrogantes Auftreten einen langjährigen und wichtigen Kunden des Unternehmens, der sich daraufhin bei der Geschäftsführung über den aus seiner Sicht unangemessenen Umgang beschwert. Herr T. bestellt den neuen Mitarbeiter zu sich und konfrontiert ihn mit den Vorwürfen des Kunden. Der ist sich aber keines Fehlverhaltens bewusst und wirft seinerseits dem Kunden Arroganz und hinterhältiges Verhalten vor. Herr T. nimmt sich daraufhin vor, den neuen Mitarbeiter genau zu beobachten. Etwa drei Wochen später beschwert sich eine der beiden Mitarbeiterinnen von Herrn M. über seinen »unmöglichen Führungsstil«. Als Herr T. in der gleichen Woche Zeuge eines Kundengespräches von Herrn M. wird, in dem der Kunde im Verlauf des Gespräches einen immer unzufriedeneren und verärgerten Eindruck macht, zieht Herr T. die Notbremse. Noch am selben Tag entlässt er Herrn M., der ihm gegenüber äußert, dass er in den drei Monaten seiner Tätigkeit keine reelle Chance bekommen habe. Herr T. ist verärgert über die Konsequenzen der Auswahlentscheidung, die er mit zu verantworten hat. Er ist verunsichert angesichts der nun notwendigen Wiederbesetzung und der damit zusammenhängenden Beurteilungs- und Auswahlsituation, weil er nicht weiß, wo der Fehler liegt, den er offenkundig in der Personalauswahl gemacht hat.

falsche Entscheidung

Vielleicht kennen Sie einen ähnlichen Fall: aus einem Pool von Bewerbern wird einer ausgewählt, der während des Auswahlprozesses einen sehr guten Eindruck gemacht hat. Nach der Entscheidung häufen sich dann die Hinweise darauf, dass der neue Mitarbeiter mit den unterschiedlichen Anforderungen seiner Stelle nicht zurechtkommt und es sich um eine **Fehlbesetzung** handelt.

> **❗ Wichtig**
> Fehlbesetzungen versucht man natürlich zu verhindern – sie sind nicht nur offenkundige Anzeichen eines unzuverlässigen Auswahlprozesses, sondern sie verursachen auch nicht zu vernachlässigende Kosten: Man geht im Allgemeinen von Folgekosten in Höhe vom Zwei- bis Dreifachen eines Jahresgehaltes der betroffenen Position aus.

Doch wie kommen solche Fehlentscheidungen zustande? Herr T. hatte ja seine Entscheidung offensichtlich gut vorbereitet: Er nahm Ratgeberliteratur zur Hand und holte sich im Internet noch zusätzliche Informationen. Die Gespräche führte er nicht alleine, sondern mit einer Kollegin, und er verfügte über eine extrem differenzierte Liste an Anforderungen, die er aus seiner Sicht in den Bewerbungsunterlagen und den beiden Gesprächen überprüfte.

Grundsätzlich gibt es zwei Möglichkeiten: Herr T. hat aus der Bewerbungssituation die **falschen Schlüsse** gezogen – oder er hat die richtigen Schlüsse gezogen aber offensichtlich die **falschen Fragen** gestellt. Wir werden in den folgenden Abschnitten auf beides eingehen.

1.1 Irrtümer und falsche Versprechen

1.1.1 Irrtum des Herrn T.

zu hohe Komplexität

Ein Irrtum, der am Anfang des missglückten Auswahlprozesses von Herrn T. steht, bezieht sich auf das Wesen der Potenzialdiagnose. Herr T. war davon ausgegangen, dass sein gesunder Menschenverstand in Verbindung mit professionellen Methoden zu einer guten und erfolgreichen Auswahlentscheidung führen würde. Er hat sich darauf verlassen, dass die Methode ihm eine verlässliche Orientierung bei der Entscheidung für den einen Bewerber und gegen die anderen bieten würde. Die Methode, derer er sich bediente, versprach viel, war aber übermäßig komplex und – wie sich im Nachhinein herausstellte – für seine Aufgabenstellung nur bedingt geeignet.

Die Geschichte dieses Irrtums ist nachvollziehbar: Herr T. versuchte, sein Alltagsgeschäft und die Aufgabe der Personalauswahl miteinander in Einklang zu bringen und mit einem vertretbaren Aufwand beides für seine Fragestellung zu adaptieren, um damit die Professionalität des Auswahlgespräches zu sichern. Dabei ging er notgedrungen oberflächlich vor, denn sonst hätte er bemerkt, dass manche Verfahrenselemente nicht zu seiner Frage passten. Er hat damit Informationen erfasst, die für die Auswahlentscheidung **irrelevant oder sogar hinderlich** waren, und die ihm den Blick auf das Wesentliche verstellt haben.

Der Irrtum, dem Herr T. erlag, bezieht sich auf den Charakter der Potenzialanalyse. Die Potenzialanalyse bezieht sich auf Dinge, die nicht direkt messbar sind und nicht unmittelbar beobachtet werden können. Sie versucht, aus bestimmten Daten Hypothesen über das Verhalten von Menschen in größeren Aufgabenkontexten abzuleiten.

Um diese Hypothesen begründen zu können, sind ganz spezifische Informationen nötig – nötig ist es also auch, einschätzen zu können, auf welche Weise diese Informationen beschafft werden können. Zentral ist auch das Wissen um die **Grenzen der Informationen** – eine Einschätzung, die eine Orientierung darüber schafft, was man aufgrund der Daten sagen kann und was nicht (▶ Exkurs, S. 7).

Diese Haltung steht wieder in direktem Zusammenhang zu den Schlüssen, die aus der Potenzialanalyse gezogen werden: In der Regel sind dies keine globalen Urteile im Sinne eines »ja« oder »nein«, sondern abgewogene Beurteilungen, die sich auch auf Wachstumspotenziale der Bewerber beziehen und auf Fördermaßnahmen, die deren Schwachpunkte überwinden helfen. Herr T. hat auf der Grundlage der ihm vorliegenden Daten nach Rücksprache mit seiner Kollegin Frau M. ein **globales Eignungsurteil** getroffen. Möglicherweise wurden dabei bestimmte Aspekte der Tätigkeit vernachlässigt, wahrscheinlich sind auch bestimmte Aspekte des Potenzials von Herrn M. nicht in das Urteil eingegangen.

Ziel sind abgewogene Urteile

> **❗ Wichtig**
> Eine wichtige Voraussetzung einer gelingenden Potenzialanalyse liegt darin, dem eigenen Urteil zunächst zu misstrauen und kritisch nach Argumenten dafür zu suchen, dass die erhobenen Daten stichhaltig und verlässlich sind.

Das hört sich auf den ersten Blick nach einer sehr akademischen Forderung an – im Bereich der Potenzialanalyse beruht aber ein wesentlicher Teil des Vorgehens genau darauf. Wir wollen die Leser im Verlauf dieses Buches davon überzeugen, dass in dieser Prämisse etwas ungemein Praktisches liegt.

1.1.2 Irrtümer, die in uns allen schlummern

In unserem Denken folgen wir einem Prinzip, das sich in den meisten Fällen bewährt, in anderen jedoch unweigerlich zu Fehlern führt: Wir bilden Vermutungen, Hypothesen und suchen dann nach Informationen, die diese Hypothesen bestätigen. Dieses Prinzip ist sinnvoll und ermöglicht uns in vielen Fällen, schnell zu handeln und damit Herr über eine dynamische Umwelt zu bleiben und nicht skeptisch – und passiv – im Nichtstun zu verharren. Jeder von uns kennt eine Reihe von Situationen, die schnelles Agieren notwendig machen, weil sie sich durch Zuwarten zum Schlechteren verändern.

Subjektivität des Urteils

Doch das Fatale dabei ist, dass wir dazu neigen, Informationen, die unseren Vermutungen widersprechen, zu übersehen oder zu ignorieren. Wenn wir dann über die aktuelle Situation hinausreichende Schlussfolgerungen ziehen sollen, tun wir dies auf der Grundlage unvollständiger und manchmal auch irreführender Informationen. Dass dies zu fehlerhaften Einschätzungen der Realität führt, liegt auf der Hand. Unsere Interpretationen von der Realität und die »objektive« Realität sind also unterschiedlich – das ist uns in den meisten Fällen grundsätzlich klar, vor allem dann, wenn wir uns in Gebieten bewegen, in denen unser Wahrnehmungsapparat nicht mehr fein genug differenzieren kann und wir uns auf Hilfsmittel verlassen müssen. Das ist zum Beispiel bei der Messung von radioaktiver Strahlung der Fall – wir können sie nicht riechen, nicht schmecken, hören oder sehen und müssen Geigerzählern vertrauen, die sie verlässlich messen können. Aber auch bei der Wahrnehmung von warm oder kalt wird schon offenbar, dass wir die Realität unterschiedlich interpretieren: Dem einen ist kalt, während der andere bereits schwitzt. Auch hier haben wir objektivierte Maßstäbe geschaffen, um die Temperatur auf physikalischer Grundlage messen zu können.

> ❶ **Wichtig**
> **Auch in der Beurteilung von Menschen ist unsere Wahrnehmung der Realität in hohem Maß individuell geprägt – sie bezieht frühere Erfahrungen in ähnlichen aber anderen Situationen mit ähnlichen aber anderen Menschen genauso mit ein wie aktuelle Stimmungen.**

Wir alle kennen Menschen, die wir beim ersten Kennenlernen zunächst eindeutig sympathisch oder unsympathisch fanden, bei denen wir unser Urteil später revidieren mussten. Im privaten Kontext billigen wir uns ganz selbstverständlich die Möglichkeit zu, ein falsches Urteil zu revidieren. Wir nehmen Irrtümer in Kauf, weil wir davon ausgehen, dass ein falsches Urteil in Bezug auf andere Menschen nicht sonderlich folgenschwer sein sollte und bei Bedarf korrigiert werden kann. Wir gehen davon aus, dass wir uns dann entsprechend unserer revidierten Einschätzung auch anders verhalten und damit unseren Irrtum »ausbügeln« können. Wir alle können dies unterschiedlich gut. Wie gut wir unsere **Urteile revidieren** können, hängt nicht zuletzt davon ab, inwiefern wir sie kritisch reflektieren können und wie weit wir uns selbst zugestehen, dass wir uns irren können.

kritisches Abwägen als wichtige Voraussetzung von Professionalität

Die kritische Reflexion von eigenen Einschätzungen und Urteilen ist ein wesentlicher Bestandteil von »Professionalität«. Wir tragen mit diesem Buch dazu bei, eine reflektierte und professionelle Form von Potenzialbeurteilung zu ermöglichen, die ohne großen Aufwand durchgeführt werden kann.

> **Exkurs**
>
> Ohne die kritische Reflexion eigener Urteile und Wahrnehmungen würde es keine Wissenschaft geben. Das konstituierende Element der Wissenschaften ist das Hinterfragen von »Wahrheit« oder anders formuliert: die pragmatische Frage danach, welchen Daten und Informationen man unter welchen Voraussetzungen trauen kann. Einige Wissenschaften haben den Weg gewählt, die in ihrem Rahmen gültige Wahrheit eng zu definieren (z. B. die Mathematik) und innerhalb dieses Rahmens eindeutige Zuordnungsregeln zu entwickeln. Überall dort, wo sich die Wissenschaft nicht mit geschlossenen Systemen befasst – und das sind nahezu alle anderen Disziplinen – ist es nötig, ein System zu entwickeln und Voraussetzungen zu definieren, um einer pragmatischen Antwort auf die Frage nach der Wahrheit näher zu kommen. Am weitesten ist hierbei die Philosophie gekommen, die man wohl mit Recht als die Mutter der Wissenschaften bezeichnen kann. Viele der Antworten, die sie gefunden hat, haben eine eigene Teildisziplin begründet – die Erkenntnistheorie (Schlick 1979). Die heutige wissenschaftlich-forschende Tätigkeit stützt sich zu einem großen Teil auf das von Popper formulierte **Falsifikationsprinzip**. Popper fordert, dass wir vor allem nach Informationen suchen müssen, die unseren Theorien widersprächen – und damit befindet er sich in Einklang mit wichtigen Befunden der Psychologie.
>
> Popper geht davon aus, dass wir dann, wenn wir Vermutungen oder Hypothesen gebildet haben, vor allem für Informationen zugänglich seien, die diese Hypothesen bestätigten und dass damit die Gefahr bestünde, dass wir uns in eine Idee verrannten. Damit kämen wir der objektiven Wahrheit nicht näher, sondern würden uns immer mehr davon entfernen.
>
> Die moderne Psychologie bestätigt diese Einschätzung: Es gibt eine Vielzahl von Einflüssen, unter denen wir im Nachhinein gesehen zu vorschnellen Urteilen neigen, die uns den Blick auf die Realität verstellen. Popper spricht davon, dass eine Theorie, die wir unter dem Druck von ihr widersprechenden Informationen veränderten, sich immer weiter auf die Realität zu bewege. So entstehe zwar keine »letztgültige« Theorie mehr, aber doch eine wachsende Sammlung der Realität angemessener Hypothesen und Behauptungen.
>
> **❗ Wichtig**
> **Anders formuliert: Die Suche nach den Fehlern in den eigenen Auffassungen ist das Prinzip, durch das Erkenntnis entsteht.**

Suche nach Widersprüchen

> Mit den Betrachtungen von Popper wird der Begriff der Wahrheit relativiert. Wir werden uns dessen bewusst, dass wir uns der Wahrheit nur annähern, sie aber kaum vollständig erfassen können. Außerhalb geschlossener Systeme gibt es selten eindeutige Zuordnungsmöglichkeiten, die wirklich Bestand haben. Wir sind darauf angewiesen, unsere Erkenntnismöglichkeiten systematisch zu erweitern, um Antworten zu finden, die die Realität immer besser abbilden. Dabei müssen wir auch in Rechnung stellen, dass die Realität selbst selten statisch ist, sondern sich ändert.
>
> Was bedeutet das nun für die Praxis der Potenzialanalyse? Auch hier wird die mit Fehlern behaftete menschliche Erkenntnis wirksam und manifestiert sich in falschen Entscheidungen. Je überzeugter wir von einer Auswahlentscheidung sind, desto stärker müssen die Reize sein, die uns davon überzeugen, dass diese Entscheidung falsch ist. Festzuhalten bleibt, dass die Potenzialanalyse umso verlässlicher wird, je mehr sie Möglichkeiten der kritischen Reflexion von Eignungsurteilen schafft. Hätte Herr T. über diese Möglichkeiten verfügt, hätte er wahrscheinlich eine andere Auswahlentscheidung getroffen, andere Methoden eingesetzt und die damit gewonnenen Informationen kritisch hinterfragt. Hilfestellungen dazu bietet dieses Buch in ▶ Kap. 3.

eigene Fehler erkennen

1.1.3 Der eine richtige Weg?

Beginnen wir wieder mit einem kurzen Beispiel.

Beispiel

Frau W. bearbeitet seit knapp zwei Jahren Fragen der operativen Personalarbeit in einem mittelständischen Unternehmen. Sie hat bisher zwar annähernd hundert Bewerbungsgespräche geführt, ist aber nach wie vor unsicher, ob sie gute Interviews führt. Nachdem sie ein Seminar zum »erfolgreichen Führen von Einstellungsinterviews« besucht hat, wechselt sie ihre bisherige Strategie, die sich an einem relativ klaren und vorgegebenen Fragenkatalog orientiert hat, und versucht die Interviews grundsätzlich frei zu führen.

Ein weiteres Seminar, das sie nach etwa fünf Monaten besucht, führt sie an ein sehr verbreitetes Verfahren heran, das auf einem Tests basiert. Dieses Verfahren verspricht, genaue Auskunft über bestimmte Aspekte des Bewerbers zu geben und gibt sehr klare und weitreichende Interpretationen der Testergebnisse, die in Empfehlungen münden, in welchen Situationen sich der Bewerber bewähren, und wo er Schwierigkeiten haben wird. Nun versucht Frau W. dieses Verfahren als hauptsächliche Datenquelle zu nutzen und betrachtet das Gespräch mit dem Bewerber nur noch als eine Art des Kennenlernens, aus dem sie im Normalfall keine weiteren Schlüsse ziehen möchte. Zufrieden ist sie aber dennoch mit ihrer Art der Potenzialanalyse noch nicht.

Viele Bücher oder Seminare vermitteln den Eindruck, es gäbe den einen richtigen Weg zur Personalauswahl, die eine richtige Methode, die sich bewährt hat, um verborgene Potenziale aufzuspüren und sich einen sicheren Überblick über die Stärken und Schwächen von Bewerbern und Mitarbeitern zu verschaffen. Diese **»Königswege«** haben eine Gemeinsamkeit: Sie gehen davon aus, dass es ganz unabhängig von der Person des Beurteilers und seinen Erfahrungen nur eine Frage der Methode sei, Potenziale von Personen zu identifizieren. Selbstverständlich gehen sie davon aus, dass es eine »richtige« Methode gebe, derer man sich bedienen müsse, um in den vor einem sitzenden Menschen zu lesen wie in einem offenen Buch. Vielleicht ist schon diese Zielvorstellung falsch, denn sie trifft für das Geschäft der Potenzialbeurteilung nicht zu.

falsche Zielvorstellung

> ❗ **Wichtig**
> **Auf jeden Fall aber ist die Vorstellung falsch, dass es – unabhängig von der konkreten Fragestellung und dem Unternehmen – die eine richtige Methode der Potenzialbeurteilung gibt.**

Die Orientierung auf einem unübersichtlichen Markt wird mit solchen umfassenden Versprechungen natürlich nicht leichter – im Gegenteil: Die angepriesenen Methoden und Vorgehensweisen sind nicht einheitlich, sondern hängen in hohem Maß von der Person und den Erfahrungen desjenigen ab, der das Buch geschrieben hat, das Sie in den Händen halten oder der das Seminar konzipiert und durchführt, das Sie besuchen.

> ❗ **Wichtig**
> **Die Leser solcher Ratgeber orientieren sich also an den Erfahrungen, die andere Menschen in anderen Kontexten gemacht haben. Das ist nicht falsch, doch sollte man sich darüber im Klaren sein, dass die Übersetzung des Gelesenen in den eigenen Kontext die eigentlich erfolgskritische Leistung ist, und die kann kein noch so guter Ratgeber seinen Lesern abnehmen.**

Es ist also notwendig, die Anweisungen und Ratschläge in den eigenen Kontext zu übertragen bzw. ihre **Übertragbarkeit** zu überprüfen. Eine unkritische Anwendung von Ratschlägen führt zu unspezifischen Ergebnissen, bestimmte Aspekte der Auswahlsituation werden vernachlässigt oder die ausgesprochenen Empfehlungen gehen an den spezifischen Anforderungen vorbei. Gerade aber die Klarheit, mit der die Fragen formuliert werden können, mit der sie dann im Weiteren auch überprüft werden können, schlägt sich unmittelbar auf das Resultat des Beurteilungsprozesses nieder.

falsche Versprechungen

In dieser Situation ist Misstrauen gegenüber übermäßigen Versprechen angebracht. Gleichzeitig sollte man sich bewusst machen, dass diese Versprechen sich über die Jahre auf einem Markt etabliert haben, der nach wie vor wächst. Sie befriedigen ein Bedürfnis, das von der Wirtschaft geäußert wird, und das weitgehend einem mechanistischen Verständnis des Prozesses der Potenzialdiagnose folgt. Diese Interpretation von Personalauswahl und Potenzialdiagnose lässt sich kurz etwa folgendermaßen zusammenfassen: Wenn Sie auf bestimmte Punkte achten und eine Methode einsetzen, die sich im Kontext der Personalauswahl und -beurteilung bewährt hat, haben Sie alles getan, um zu der bestmöglichen und zutreffenden Potenzialeinschätzung derjenigen Personen zu kommen, mit denen Sie sich befassen.

Natürlich verhält es sich auch mit diesem Buch und seinen Inhalten nicht anders, als mit den für diesen Bereich üblichen Titeln. Auch dieses Buch ist geschrieben vor dem Hintergrund vielfältiger Erfahrungen mit dem Aufgabenfeld der Potenzialdiagnose. Einige der Autoren haben selbst Methoden zur Potenzialdiagnose entwickelt, alle vier sind Praktiker bei der Beurteilung und Entwicklung von Potenzialen. Die Gedanken, die diesem Buch zugrunde liegen, stammen aus der eigenen praktischen Erfahrung auch im Rahmen von Forschungsarbeiten und anderen Reflexionen zur Problematik der Potenzialdiagnose (vgl. von Rosenstiel & Lang-von Wins 2000).

den eigenen Weg finden

Die hier vorgestellte Methodik geht explizit auf die Erfahrung aus zwei Forschungsprojekten zurück, die die Praxis der Potenzialbeurteilung in unterschiedlichen Unternehmen analysiert haben. Aus diesen Analysen wurde ein Programm entwickelt, das Ihnen dabei helfen soll, Ihren eigenen Weg bei der Analyse von Potenzialen zu finden und zu einem zuverlässigen diagnostischen Urteil zu gelangen. Sie werden am Ende dieses Programms weder in der Lage sein, andere Menschen zu durchschauen, noch werden Sie eine Methode vorfinden, die es Ihnen ermöglicht, stets die richtige Auswahlentscheidung zu treffen. Wenn das Ihr Ziel sein sollte, werden Sie nur begrenzten Nutzen aus diesem Buch ziehen können. Wenn Sie dagegen lernen wollen, auf realistische Art Potenzialdiagnose zu betreiben und Ihre persönliche diagnostische Kompetenz zu schärfen, dann hilft Ihnen dieses Buch weiter.

1.1.4 Einheitliche Ziele der Potenzialbeurteilung?

Hat man vor Augen, dass weit über die Hälfte der Führungskräfte in Deutschland Ingenieure, Techniker oder Naturwissenschaftler sind (Witte, Kallmann & Sachs 1981; von Rosenstiel, Nerdinger & Spieß 1998), so verwundert es nicht, dass das vorherrschende Bild der Organisation in der Maschine besteht. Organisationen sind demzufolge rational konzipierte Systeme, innerhalb derer strenge Kausalität herrscht und ein Rad ins andere greift. Menschen werden als »**Rädchen im Getriebe**« wahrgenommen. Der Wandel besteht – sind kleinere Störungen zu diagnostizieren – in Reparaturarbeiten wie z. B. dem Austausch eines der »Zahnräder«.

Gänzlich anders fallen derartige Metaphern aus, die in starkem Maße handlungsleitend sind, wenn in der Organisation eine **Familie** gesehen wird, was bei vielen Klein- und Mittelbetrieben im Familienbesitz der Fall ist, oder wenn man in der Organisation ein soziales System oder eine Kultur erkennt. Sieht man in der Organisation auch – oder insbesondere – ein soziales System (Kahn 1977; von Rosenstiel & Comelli 2003), so wird man die Mitarbeiter nicht als »Zahnrad« interpretieren, sondern als Menschen mit individuellen Motiven, Ängsten, Hoffnungen und persönlichen Zielvorstellungen, die eine soziale Realität im Unternehmen stiften.

kultureller Rahmen

In beiden Fällen werden die hinter dem diagnostischen Prozess der Potenzial- oder Kompetenzbeurteilung stehenden Ziele unterschiedlich sein: Im einen Fall wird die Suche nach »sicheren Methoden« dominieren, die eine Auswahl der »richtigen« Mitarbeiter für eine bestimmte Position gemäß ihren Fähigkeiten und den Anforderungen der Tätigkeit ermöglichen. Im anderen Fall wird das Urteil über die Eignung eines Bewerbers deutlich stärker davon beeinflusst sein, wie sehr er »zur Familie passt« und sich dort einfügt. Ausschlaggebend sind (bei relativer Gleichheit der formalen Voraussetzungen) im ersten Fall Leistungspotenziale, die sich auf die Tätigkeit beziehen, und im zweiten Fall soziale Potenziale, die sich auf die Zusammenarbeit mit den Kollegen und Mitarbeitern beziehen. Es wird deutlich, dass es weder den einen richtigen Weg der Potenzialbeurteilung gibt, noch einheitliche Zielvorstellungen davon, was im Rahmen eines Beurteilungsprozesses erfasst werden sollte.

> ❶ **Wichtig**
> Potenzialbeurteilung ist ein Prozess mit vielen Gestaltungsmöglichkeiten. Es ist sinnvoll, sich dieser Möglichkeiten bewusst zu werden und sie als Spielräume zu interpretieren, die sich sinnvoll nutzen lassen. Das Erkennen und Ausfüllen der eigenen Gestaltungsspielräume ist ein wichtiger Grundsatz der lernenden Potenzialbeurteilung.

1.2 Vorarbeiten

Die Geschichte dieses Buches beginnt vor etwa zehn Jahren. Damals wurde an der Münchner Ludwig-Maximilians-Universität in Kooperation mit französischen und luxemburgischen Partnern ein Forschungsprojekt durchgeführt (CLEVER: »Concept et Logique d'Evaluation des Compétences: Etudes et Recherche«[1], vgl. Lang-von Wins, Maukisch & von Rosenstiel 1998), in dem die Potenzialbeurteilung in Unternehmen einer genaueren Betrachtung unterzogen wurde. Das Ziel des Projektes war es, die in der Praxis eingesetzten Instrumente, ihre Verbreitung und ihren Nutzen für bestimmte Fragestellungen der betrieblichen Potenzialdiagnose zu bewerten.

Brücke zwischen Wissenschaft und Praxis

Dieser Schwerpunkt verschob sich im Laufe des Forschungsprojektes ganz im Sinne eines Dialogs mit der Praxis stärker in Richtung auf die Praktiken der Beurteiler, die in wesentlich größerem Maß von **unternehmensspezifischen Anforderungen an die Potenzialbeurteilung** und individuellen Vorlieben bestimmt werden, als dies bei der Formulierung der Forschungsfrage vermutet worden war. Prämisse der auf die methodische Vorgehensweise bezogenen Vorüberlegungen war es, möglichst nahe an der Sprache und Denkweise der Anwender zu bleiben. Um dieses Ziel zu erreichen, wurde auf den Einsatz eines Fragebogens – der feste Kategorien vorgegeben hätte – verzichtet; stattdessen wurde eine Reihe von Fallstudien durchgeführt, die die gesammelten Informationen in ihrem Anwendungszusammenhang darstellten.

Damals haben wir gelernt, dass die wissenschaftlich begründete Eignungsdiagnostik oder Potenzialdiagnose an den Bedürfnissen der Anwender weitgehend vorbeigeht (◘ Tab. 1.1), da sie ein einseitiges Methodendiktat aufstellt und die Bedingungen des Einsatzes nicht berücksichtigt.

der Anwender ist entscheidend

Aufbauend auf dieser Prämisse haben wir die Fragestellung des zweiten Forschungsprojektes[2] entwickelt, das der unmittelbare Vorläufer dieses Buches war. Wir wollten untersuchen, inwieweit wir eine leicht handhabbare Methode oder Verfahrensempfehlungen entwickeln können, die zumindest zwei unterschiedlichen Forderungen genügen würden. Einerseits sollten die auf einer wissenschaftlichen Grundlage entwickelten und überprüften methodischen Regeln und Verfahren so handhabbar gemacht werden, dass sie in der Praxis unmittelbar, d. h. ohne größeren Aufwand, umgesetzt werden könnten.

---

[1] Das Projekt CLEVER wurde aus Mitteln des von der Europäischen Union ausgeschriebenen LEONARDO-Programms gefördert.

[2] Das Projekt »Entwicklung operativ einsetzbarer Kompetenzmess- und -zertifizierungsinstrumente für die Praxis« wurde gefördert aus Mitteln des Bundesministeriums für Bildung und Forschung sowie aus Mitteln des Europäischen Sozialfonds.

◘ **Tab. 1.1.** Anforderungen von Praxis und Wissenschaft an die Entwicklung und den Einsatz von Potenzialdiagnoseinstrumenten (Lang-von Wins 2000, S. 173)

Anforderungen der Praxis	Anforderungen der Wissenschaft
Inhaltliche Beteiligung des Anwenders	Anwenderunabhängiges Instrument (Objektivität)
Flexibilität und Veränderbarkeit	Robustes und zuverlässiges Messinstrument (Reliabilität)
geringer Aufwand hinsichtlich Kosten und Durchführung	Theoretisch und empirisch gut abgesichertes Instrument (Validität)
Bedürfnis nach einem »Werkzeug« mit geringem Pflegeaufwand	Regelmäßige Evaluation und ggf. Anpassung an veränderte Einsatzbedingungen
Kulturelle Passung des Vorgehens an organisationsinterne Vorgaben	

Andererseits begriffen wir den Anwender dieser Verfahren selbst als ein **diagnostisches System**, das seine diagnostische Erfahrung ständig weiterentwickelt und die Kategorien feiner ausdifferenziert.

❶ **Wichtig**
Wir versuchten also auf der Grundlage wissenschaftlich-methodischer Erfahrungen ein Programm zu entwickeln, das die verschiedenen Stufen des Potenzialbeurteilungsprozesses als Lernprogramm begreift und damit zu einer »lernenden Potenzialbeurteilung« wird.

1.3 Ziele der lernenden Potenzialbeurteilung

Wie die bisherigen Ausführungen deutlich gemacht haben, zielt die lernende Potenzialbeurteilung in erster Linie auf die Person des Anwenders. Das erste Ziel besteht also zunächst darin, dem Anwender systematische Möglichkeiten zu eröffnen, sich schrittweise Beurteilungskompetenzen anzueignen. Ganz im Sinne des Lernprozesses, der sich ergibt, wenn man das Postulat von Popper (► Exkurs, S. 7) ernst nimmt, und kritisch die eigene Position und das eigene Vorgehen reflektiert, ergibt sich damit eine schrittweise Annäherung an eine gute Praxis der Potenzialbeurteilung. Die zu entwickelnden **Beurteilungskompetenzen** ergeben sich aus den verschiedenen Übersetzungsschritten, die im Rahmen einer Potenzialbeurteilung notwendig werden. In jedem dieser Übersetzungsschritte können Fehler entstehen, die sich auf den weiteren Verlauf des Prozesses auswirken und das Ergebnis erheblich beeinträchtigen können. Die Kompetenzen können grob folgendermaßen aufgeteilt werden:

1. Sicherheit in der Ermittlung der wesentlichen Anforderungen von Tätigkeiten und ihrer Zusammenhänge untereinander: Herr T. hatte bei der Ermittlung der wesentlichen Anforderungen der zu besetzenden Tätigkeit bereits einen ersten, sehr verbreiteten Fehler gemacht. Er hatte eine Liste mit mehr als 40 Anforderungen und Kriterien aufgestellt, die er im Verlauf des Beurteilungsgespräches überprüfen wollte. Diese Kriterien, die ein erfolgreicher Kandidat zu erfüllen hatte, standen weitgehend unverbunden nebeneinander und waren bis auf einige wenige Ausnahmen nicht gewichtet.

wesentliche Anforderungen erkennen

Die Ausnahmen bezogen sich auf vordergründig unverzichtbare Basiskriterien, die jedoch für eine differenzierende Betrachtung der Bewerber nur in einem frühen Stadium – etwa bei der Sichtung der Bewerberunterlagen – hilfreich sind. Die Menge der von Herrn T. ermittelten Kriterien und die fehlenden Zusammenhänge, die sich bei einer näheren Betrachtung im Nachhinein zeigten, machten die Handhabung der Anforderungsliste extrem schwer, sie überforderten Herrn T. von Anfang an. Das Geheimnis einer guten Potenzialbeurteilung liegt nicht darin, möglichst umfangreiche Anforderungslisten zu erstellen, sondern diejenigen Anforderungen herauszufiltern, die tatsächlich zentral mit der Tätigkeit zusammenhängen.

> **❗ Wichtig**
> **Eine erfolgreiche Potenzialbeurteilung beginnt also mit der Feststellung der Anforderungen, die von den Kandidaten erfüllt werden müssen.**

Diese Aufgabe ist keineswegs trivial – sie besteht nicht in der bloßen Übernahme der Stellenbeschreibung, sondern erfordert eine inhaltliche Auseinandersetzung mit der Tätigkeit, die es ermöglicht, einen Katalog von Anforderungen zu erstellen, der über eine bloße Liste des Wünschenswerten hinausgeht und eine solide Grundlage für die Bewertung des Potenzials von Personen darstellt.

die Methode finden

2. Auswahl der angemessenen methodischen Vorgehensweise: Die umfangreiche Liste, die Herr T. aufgestellt hatte, um den geeigneten Kandidaten aus den Bewerbern herauszufiltern, machte sich bereits in der Ausschreibung der Stelle bemerkbar. Herr T. war mit den Bewerbungen, die auf die erste Stellenanzeige bei ihm eingingen, sehr unzufrieden: Die fehlende Klarheit der Anforderungen hatte sich bereits in der Stellenausschreibung widergespiegelt und eine Reihe mehr oder weniger unspezifischer Bewerbungen nach sich gezogen. Herr T. musste eine zweite Anzeige schalten, um zumindest drei aus seiner Sicht akzeptable Bewerbungen zu erhalten. Bei der methodischen

Vorgehensweise verließ sich Herr T. auf die am weitesten verbreitete Methode der Personalauswahl: das Einstellungsinterview. Auch hier wirkte sich die umfangreiche Liste gleichgewichtiger Kriterien nachteilig aus: Herr T. hatte den Ehrgeiz, möglichst zu allen Kriterien Informationen zu sammeln und verlor nach kurzer Zeit den Überblick. Eine so umfangreiche Liste wirkt sich bei einem Einstellungsgespräch extrem nachteilig aus, vor allem dann, wenn es weitgehend unstrukturiert bleibt. Auch die Hinzunahme eines zweiten Beurteilers kann diese Überforderung nicht beseitigen. Herr T. hatte zwar Frau M. gebeten, ihn in der Auswahlsituation zu unterstützen, doch hatte auch sie nur die Möglichkeit, das Gespräch entlang der bereits vorbereiteten Anforderungsliste zu gestalten.

3. Angemessene Interpretation der gesammelten Daten: Bereits während des Interviews hatten sich Herr T. und Frau M. – um die Informationsflut zu beherrschen – auf bestimmte unterschiedliche »Ankerreize« konzentriert. In der Nachbereitung und Reflexion ihrer Eindrücke stellten sie fest, dass sie bei einigen Punkten in ihren Wahrnehmungen übereinstimmten, bei anderen unterschiedliche Eindrücke von den Bewerbern hatten. Diese divergierenden Eindrücke wollten sie in einem zweiten Gespräch weiterüberprüfen – eine richtige Entscheidung, die sich im Kontext der Potenzialbeurteilung vielfach bewährt hat. Bereits im Nachgang des ersten Gespräches hatten beide festgestellt, dass einige der Kriterien, die sich auf ihrer Liste befanden, miteinander zusammenhängen. Die Gefahr in solchen Situationen besteht darin, dass aus einer Überdifferenzierung der Erfolgskriterien heraus ein Globalurteil getroffen wird. Herr T. und Frau M. erlagen dieser Gefahr, denn sie reduzierten die zuvor aufgestellte übermäßig differenzierte und umfangreiche Liste auf etwa vier Kriterien, anhand derer sie ihre Entscheidung trafen.

Urteil treffen

4. Systematische Überprüfung des Urteils: Für Herrn T. war die Aufgabe der Potenzialbeurteilung mit der Auswahl des aus seiner und Frau M.s Sicht geeignetsten Kadidaten beendet. Der nächste Schritt war die Einarbeitung des neuen Mitarbeiters in das Unternehmen und seine spezifischen Aufgaben. Da der »richtige« Bewerber ausgewählt wurde, war es aus der Sicht von Herrn T. nur eine Frage der Zeit, bis er mit seinen Aufgaben gut zurechtkommen würde. Erst einige kritische negative Rückmeldungen zu Herrn M. brachten Herrn T. dazu, dessen Leistungen genauer zu betrachten. Das, was er sah, veranlasste ihn, die »Notbremse zu ziehen« und sich fristlos von Herrn M. zu trennen. Nun stand Herr T. vor der Aufgabe, die Position neu zu besetzen. Er war angesichts der Erfahrungen, die er mit Herrn M. gemacht hatte, stark verunsichert. Es war offenkundig, dass es Verbesserungspoten-

Urteil hinterfragen

ziale gab, doch er wusste nicht, an welchem Punkt des Beurteilungsprozesses er ansetzen sollte. Dementsprechend wusste Herr T. auch nicht, wie er seine Sache hätte besser machen können oder wie er die nächste Entscheidungssituation günstiger gestalten könne. Der fehlende Überblick über den Prozess verschloss ihm die Lernchancen, die es ihm ermöglicht hätten, seine diagnostischen Kompetenzen weiterzuentwickeln.

> **! Wichtig**
> Die lernende Potenzialbeurteilung versucht, diese Lernchancen zu erschließen und ohne die Illusionen des einen richtigen Weges oder der nicht weiter optimierungsfähigen Vorgehensweise ein systematisches Programm anzubieten, mit dem sich das Geschäft der Potenzialanalyse professionell und kompetent betreiben lässt.

Grundlagen der lernenden Potenzialbeurteilung

2.1 Erster Eindruck: Urteil von besonderer Qualität oder falscher Wegweiser? – 18

2.2 Mit dem »Bauch« entscheiden – 21
2.2.1 Was ist das »Bauchgefühl«? – 21
2.2.2 Eigene Intuition begründen – 24
2.2.3 Potenzielle Fehlerquellen – 27

2.3 Nachvollziehbare eigene Haltung finden – 29

2.4 Glaubwürdigkeit der Kandidaten – 32

2.5 Eigene Fehler als Lernchancen erkennen – 35
2.5.1 Was beurteilen Personalverantwortliche? – 35

2.6 Eignungsdiagnostik, Potenzial, Kompetenzen – 42
2.6.1 Eignungsdiagnostik – 42
2.6.2 Potenzialanalyse – 46
2.6.3 Kompetenzorientierung – 49

2.7 Beurteiler und System der Potenzialbeurteilung – 53
2.7.1 Warum Lernen? – 54
2.7.2 Strategisches Kompetenzmanagement – 56

2.8 Kompetenz, Expertise und Intuition – 58

2.1 Erster Eindruck: Urteil von besonderer Qualität oder falscher Wegweiser?

Sobald wir einer anderen Person begegnen, beurteilen wir sie auch. Wir haben uns bereits nach wenigen Sekunden ein umfassendes Bild von ihr gemacht und können sagen, ob sie uns sympathisch ist oder nicht. Wenn man uns um eine Begründung bittet, können wir diesen ersten Eindruck häufig an vielen Umständen festmachen, die sich dann zu einem stimmigen Gesamtbild ergänzen. Wir können Aussagen darüber machen, wie qualifiziert diese Person ist, wie intelligent, welche Vorlieben und Interessen sie hat, welcher Einkommensgruppe sie ungefähr zuzuordnen ist und vieles mehr. Es gibt das weitverbreitete Wort des »ersten Eindrucks«, der so gut wie nicht revidierbar sei. Ihm wird mitunter auch eine besondere Urteilsqualität zugestanden, die besagt, dass der erste Eindruck gewissermaßen unverstellt, unmittelbar, ungefiltert und damit auch im messtheoretischen Sinne in hohem Maße valide sei.

Vorurteile und Vorannahmen

Die Unterstellung, unser erstes Urteil sei von besonderer Qualität, ist jedoch ebenso wenig zutreffend, wie behauptet werden kann, jede erste Idee sei stets die beste. Bereits in unserem ersten Urteil über eine Person finden sich eine Vielzahl von **impliziten Annahmen**, aufgrund derer wir Rückschlüsse über die Eigenschaften unseres Gegenübers anstellen. Gerade in unserem ersten und spontanen Urteil zeigen sich Vorurteile und Vorannahmen über die Person, der wir gerade begegnen, ganz besonders deutlich. Wissenschaftlich ausgedrückt ist die Datenmenge, die unserem ersten Eindruck zugrunde liegt noch sehr schmal – wir haben bis auf das gerade beginnende Gespräch noch keine gemeinsamen Erfahrungen mit unserem Gegenüber gemacht. Auf welcher Grundlage beruht also unser erster Eindruck, dem wir häufig so viel Gewicht beimessen?

Sobald wir unreflektiert ein Urteil über eine Person fällen, haben wir bereits eine Vielzahl von kleinen Entscheidungen getroffen und Bewertungen vorgenommen, die uns in diesem bestimmten Moment nicht bewusst waren.

Eine Auswahl von Faktoren, die wir beobachten, oder die uns beeinflussen, und die jeweils eine Vielzahl von impliziten Urteilen nach sich ziehen können
- Geschlecht
- Sprechweise
- Herkunftsland
- Hautfarbe

- Kleidung
- Frisur
- Begrüßungsformel
- eigene Stimmung bzw. Tagesform
- eigene Ähnlichkeit mit dem Gegenüber
- zufällige Ähnlichkeit des Gegenübers mit einer ganz anderen Person, die wir als besonders sympathisch, unsympathisch oder auch uninteressant empfinden
- Ein Gespräch, das unmittelbar vor dem Kontakt mit dem Bewerber stattgefunden hat
- …

Zahlreiche Personalverantwortliche rechnen es der eigenen Erfahrung an und betrachten es als Qualitätsmerkmal des eigenen Urteils, wenn sie sehr rasch und »**auf den ersten Blick**« eine Spontanbewertung über eine Person abgeben können.

Beispiel

Herr O. ist Geschäftsführer einer international tätigen Personalberatungsagentur. Er arbeitet seit 25 Jahren in diesem Feld und hat Mitarbeiter in unterschiedlichste Unternehmensbereiche vermittelt – von Trainees bis hin zu Vorstandsvorsitzenden börsennotierter Unternehmen. Auf die Frage, wie er in der Personalauswahl vorgehe, antwortet Herr O.: »Wenn ein Bewerber durch die Tür hereinkommt, weiß ich schon, ob der Potenzial hat, bevor ich ihm die Hand gegeben habe. Das restliche Gespräch ist nur noch das Abwickeln eines Standardprogramms, bringt mir aber nicht mehr viel, weil die Entscheidung in neun von zehn Fällen schon gefallen ist.«

Grenzen des ersten Urteils

Herr O. möchte sich mittelfristig aus der Geschäftsführung zurückziehen und sucht nun seinerseits nach einem Nachfolger, der die Geschäfte in seinem Sinne weiterführen kann. Aus diesem Grund möchte er darin beraten werden, wie er eine solche Position am besten besetzen kann, da er in Bezug auf das eigene Unternehmen in gewisser Weise »betriebsblind« sei und sein eigenes Urteil insoweit in Frage zu stellen bereit ist, als er sieht, dass der eigene Nachfolger nicht nach seiner üblichen Bewertungsweise »auf den ersten Blick« ausgewählt werden sollte.
Nach einigen Gesprächen stellt sich heraus, dass sich das Unternehmen von Herrn O. weitgehend aus Kollegen zusammensetzt, die

> schon sehr lange miteinander arbeiten und in ihrem Geschäftsbereich auch sehr erfolgreich sind. Ein Anwerben jüngerer Mitarbeiter sei bislang immer daran gescheitert, dass die Neulinge »nicht in die unternehmensspezifische Arbeitsweise« hineingefunden hätten. Auf die Frage, worin diese Arbeitsweise bestehe, antwortet Herr O., dass man das nicht genau sagen könne, dass aber allen Partnern im Unternehmen klar wäre, was damit gemeint sei.
> Es sei das »Bauchgefühl« sagt er schließlich, mit dem die Mitarbeiter des Unternehmens arbeiteten und dieses Bauchgefühl hätten die jüngeren Bewerber nicht, weshalb sie sich nicht für die Mitarbeit im Unternehmen eigneten. Nach einigen Wochen teilt Herr O. mit, er habe sich nun dazu entschlossen, die Position des Geschäftsführers noch für einige Jahre zu bekleiden und möchte sich erst dann erneut mit der Nachfolgefrage auseinandersetzen.

implizites Wissen explizit machen

An dieser Stelle wird nicht die Expertise Herrn O.s infrage gestellt. Vielmehr kann angenommen werden, dass er sich mit seinem Unternehmen nicht über Jahrzehnte am Markt gehalten hätte, wenn er seinen Kunden nicht sehr gute Bewerber vermittelt hätte. Doch weist der Fall des Herrn O. und seines Unternehmens auf einen Umstand hin, der sich für die Übergabe der Geschäftsführung als problematisch erwiesen hat. Aus seiner Sicht existiert innerhalb des Unternehmens ein breiter Konsens darüber, wie in Bewerbungssituationen vorgegangen werden soll, ein elaboriertes **informelles Wissen**, das es allen Beteiligten ermöglicht, erfolgreich zu arbeiten. Jedoch scheint dieses Wissen nur **implizit** vorhanden zu sein und es scheint einige Schwierigkeiten dabei zu geben, es zu explizieren und somit anderen Personen oder auch dem Unternehmen zugänglich zu machen. Dieses Wissen ist also rein personengebunden und nicht in der Struktur des Unternehmens verankert. Ein Umstand, der mitunter die Zukunft eines Unternehmens, oder zumindest die Stabilität einiger Abläufe gefährden kann, weil es den einzelnen Wissens- und Kompetenzträger innerhalb des Unternehmens so unentbehrlich macht, dass er nicht von einem Kollegen vertreten werden kann. Zudem vergeben sich Menschen, die ihr implizites Wissen nicht explizieren, die Möglichkeit, die eigenen Urteile systematisch zu hinterfragen und einer kritischen Reflexion und Entwicklung zugänglich zu machen.

Dennoch ist das »Bauchgefühl« eine Realität, die in Auswahlprozessen eine wichtige Rolle spielt. In welcher Weise dies geschieht, wird im folgenden Abschnitt kurz erörtert.

2.2 Mit dem »Bauch« entscheiden

In unseren Forschungsprojekten zur Potenzialbeurteilung in Unternehmen haben wir die Beobachtung gemacht, dass ganz unabhängig vom Grad der Erfahrung der Personalverantwortlichen ein Wort immer wieder benutzt wird, um zu beschreiben, auf welche Weise Entscheidungen in der Personalauswahl oder Potenzialbeurteilung getroffen werden: das »Bauchgefühl«. Insbesondere **sehr erfahrene Personalverantwortliche** berufen sich bei ihren Entscheidungen darauf. Jüngere oder noch nicht so erfahrene Personalbeurteiler hingegen haben ein solches »Bauchgefühl« noch nicht entwickelt. Sie beschreiben das Zustandekommen der eigenen Entscheidung auf eine sehr rationale Weise und führen vor allem vernünftige Gründe an, wie sie die Entscheidung über das Potenzial von Personen treffen. Während also die erfahrenen Beurteiler vorgeben oder eingestehen, ein vermeintlich ungenaues Urteil zu treffen, suchen die unerfahreneren Personalverantwortlichen nach Entscheidungskriterien, um überhaupt zu einer Entscheidung gelangen zu können. Wir werden uns nun damit beschäftigen, was dieses »Bauchgefühl« eigentlich ist, wie es zustande kommt, wie man es nutzen und fördern kann.

2.2.1 Was ist das »Bauchgefühl«?

Unter dem Stichwort **Bauchgefühl** verstehen wir die Intuition, die für Entscheidungen – natürlich auch außerhalb des Personalgespräches – wesentlich ist, oder von den meisten Menschen als wesentlich bezeichnet wird. Nun birgt es eine gewisse Gefahr, öffentlich zu behaupten, man mache wichtige Entscheidungen von der Intuition abhängig. Die Nachvollziehbarkeit von Entscheidungen ist ein zentrales Element einer transparenten und somit lern- und wachstumsorientierten Unternehmens- und Gesellschaftskultur. Doch Entscheidungen können wir nicht immer auf Anhieb rational begründen. Die **Intuition** macht uns einen Strich durch diese Rechnung. Es wäre sogar trügerisch, davon auszugehen, dass wir im Personalbeurteilungsprozess die eigene Intuition ausschalten und uns lediglich auf objektive Beobachtungen verlassen.

Intuitionen sind Grundlagen von Entscheidungen

Der Wissenschaftstheoretiker Popper betont, dass jeder Beobachtung eine Hypothese über den Gegenstand der Beobachtung vorausgeht. Wir orientieren uns intuitiv bzw. auf der Basis unserer Erfahrungen und versuchen, auf dieser Grundlage einen Bewerber oder allgemein andere Personen zu beurteilen oder zu bewerten.

Wie kommt »Passung« zustande?

> **Beispiel**
>
> Die **Passung** zum Unternehmen und der Arbeitsgruppe ist ein wesentlicher Prädiktor für den späteren Erfolg und einen langen Verbleib im Unternehmen. Doch wie lässt sich die »Passung« genauer definieren? Gerade das Zusammenpassen in Hinblick auf die soziale Struktur des Unternehmens wird meist nicht objektiviert, sondern in hohem Maß intuitiv erschlossen. Nur wenn der Personalverantwortliche in der Lage ist, das Zustandekommen seines Urteils selbst zu verstehen, wird er auch anderen Personen, die am Auswahlprozess beteiligt sind, beschreiben können, warum er zu seinem Schluss gekommen ist.

Kann man »objektiv« entscheiden?

Fragt man Verantwortliche, wie in ihrem Unternehmen Personalentscheidungen getroffen werden, wird man häufig die Antwort erhalten, die Auswahlprozesse liefen objektiv und gerecht ab. Damit ist fast immer gemeint, dass es ein im Unternehmen festgelegtes Prozedere gibt, das den Auswahlprozess strukturiert und festlegt. Fragt man weiter nach, wie die Objektivität in die Personalentscheidungen Eingang findet, wird man nach einiger Zeit zu dem Schluss kommen, dass die **Eindrücke** unterschiedlicher Personen – in der Regel Personalreferent und Fachvorgesetzter – miteinander **kombiniert und ausgetauscht** werden.

Genau auf diesen Punkt sollte sich die Objektivität der Personalauswahl auch konzentrieren. Es geht nicht darum, Objektivität entsprechend der messtheoretischen Forderung herzustellen, dass die Bewertung von der bewertenden Person unabhängig sein sollte, wie es z. B. beim Einsatz von Testverfahren der Fall ist. Diese Forderung ist theoretisch und in der praktischen Umsetzung mit schweren Nachteilen behaftet, die sich z. B. auf die Frage der sozialen Passung beziehen.

> **❶ Wichtig**
>
> **Man sollte tatsächlich viel eher versuchen, Urteile über Bewerber zu objektivieren. Dabei geht es darum, eine Entscheidung nachvollziehbar begründen zu können.**

Warum gehen wir eigentlich davon aus, dass eine objektive Entscheidung zwangsläufig auch eine gute Entscheidung sein muss? Wenn wir das Entscheidungsproblem auf unser Privatleben umlegen, merken wir sehr schnell, dass wir uns möglicherweise **nicht immer objektiv richtig** entschieden haben, die Entscheidungen **aber dennoch besonders gut** gewesen sein können. Welche objektive Begründung gibt es dafür, Kinder zu haben? Welche objektive Begründung gibt es dafür, den Urlaub in Italien zu verbringen? Können die meisten Menschen tatsächlich objektiv begründen, warum sie ihren Beruf gewählt haben? Lassen wir uns also bei Entscheidungen wirklich von objektiven Kriterien leiten? Vermutlich nicht oder nur zu einem geringen Teil, was nicht bedeuten soll, dass wir die meisten unserer Entscheidungen willkürlich und grundlos treffen. Wichtig ist es, sowohl im Privat-, als auch im Berufsleben die eigene Entscheidung kritisch zu hinterfragen und dafür auch ihr Zustandekommen verstehen zu können.

Die Forderung nach Objektivität ist ein hoch bewertetes und in ihren Auswirkungen zu wenig hinterfragtes Ziel der Personalarbeit. Dabei wird zu wenig gesehen, dass Objektivität in ihrer praktischen Umsetzung immer **eine Frage des Standpunktes** ist, von dem aus ein Objekt in Augenschein genommen wird. Jeder kennt die Situation, in der man sich nach objektiven Kriterien in eine Richtung entscheidet, emotional jedoch in eine andere Richtung tendiert.

entscheiden müssen Menschen

Wenn es möglich wäre, Entscheidungen nach rein objektiven Kriterien zu fällen, dann würde es sich bei den zustande gekommenen Urteilen gar nicht mehr um Entscheidungen, sondern um logische Herleitungen handeln, die nicht von einem Menschen, sondern ebenso gut oder besser von einem Computer getroffen werden könnten. Es gibt jedoch keinen Computer, der für uns letztgültige Personalentscheidungen treffen kann. Würde es ihn geben, müsste er sich auf einen sehr stark eingeschränkten Realitätsbereich beziehen, der sich in seiner Entwicklung vorausberechnen lässt. Ähnlich wie die messtheoretisch verstandene Objektivität könnten sich seine Berechnungen nur auf einen klar definierten und eingegrenzten Realitätsausschnitt beziehen. Die Anforderungen, die mit Tätigkeiten verbunden sind, verändern sich mindestens in dem Maße, in dem sich auch die Tätigkeiten verändern, sie sind wiederum Ausdruck von Anpassungsreaktionen des Unternehmens an den Markt, der sich ebenfalls diskontinuierlich verändert. Die **Komplexität dieses Systems** lässt objektive Prognosen über einen längeren Zeitraum nicht zu.

> **Beispiel**
>
> **Beispiel für die Relativität »objektiver« Entscheidungen oder Maßstäbe**
> Eine Person erkundigt sich wenige Tage nach einem Bewerbungsgespräch, ob bereits eine Entscheidung getroffen wurde (der Anruf ist in diesem Fall eine objektiv »messbare« Verhaltensweise). Das mag lästig sein und der Anrufer macht eventuell einen aufdringlichen

Fakten sind mehrdeutig

Eindruck; vielleicht hat die Person mit dem Anruf sogar ihre Chancen auf eine Anstellung verschlechtert.

Man könnte aber auch einen ganz anderen Schluss aus diesem Anruf ziehen: nämlich, dass die Person besonders engagiert ist, dass sie in der Lage ist forsch aufzutreten und sich durchzusetzen. In diesem Fall hat die Person durch Ihren Anruf vielleicht ihre Chancen sogar verbessern können.

Objektiv ist in beiden Fällen also genau das Gleiche geschehen, und in beiden Fällen liegen den Urteilen »objektive« und beobachtbare Sachverhalte zugrunde. Aber die Urteile selbst sind Interpretationen, die jeweils aus der Sicht des Entscheiders vorgenommen werden. Jeder Personalbeurteiler betrachtet die zur Verfügung stehenden Fakten zunächst aus seiner Sicht und legt damit einen Maßstab an. Die Wahl dieses Maßstabes kann eben nicht mehr als »objektiv« bezeichnet werden.

2.2.2 Eigene Intuition begründen

Intuition prüfen

Wir haben festgestellt, dass erfahrene Personalauswähler eher dazu geneigt sind, ihre Intuition als Begründung für eine Entscheidung anzugeben, als jüngere. Damit erhalten wir einen wichtigen Hinweis auf das Zustandekommen der Intuition. Wir können Intuition nämlich nicht nur als »Bauchgefühl« verstehen, sondern auch als eine Information, in der uns äußerst komprimiert ein Urteil mitgeteilt wird, das auf unserem Erfahrungswissen beruht. Damit die eigene Intuition nachvollziehbar und sinnvoll im Unternehmen genutzt werden kann, ist es wichtig, die Informationen, die einem auf dem Weg des Bauchgefühls mitgeteilt werden, hinterfragen zu können. Ein solches Hinterfragen ist sowohl wichtig, um sich der eigenen Entscheidung sicher sein zu können und das eigene Vorgehen zu hinterfragen, als auch, um das eigene Vorgehen anderen gegenüber erklären und vertreten zu können.

> **❶ Wichtig**
> Im Idealfall sollte die Intuition dem Personalauswähler einen Hinweis geben, den dieser hinterfragen sollte.

Zur Illustration dient das folgende Beispiel eines Praktikers, der es versäumt hat, sein Bauchgefühl im Bewerbungsgespräch zu hinterfragen:

Beispiel

Herr E. ist Personalverantwortlicher in einem Medien-Unternehmen, das sich mit der Entwicklung neuer Werbeformen befasst. Es ist ihm wichtig, sein Team aus Personen zusammenzustellen, die nicht immer einen geradlinigen Weg hinter sich haben, sondern eine interessante Biografie vorweisen können. Auf diese Weise möchte er auch für das Unternehmen die Möglichkeit schaffen, nicht nur immer »in eine Richtung zu denken«, sondern auch auf neue Ideen zu kommen, die aus ganz unterschiedlichen Bereichen stammen. Herr E. sagt von sich, er habe bislang immer »ein Händchen dafür gehabt«, das Team so zusammenzustellen, dass die Mitglieder sich optimal ergänzten und zwar unterschiedlich gewesen seien, aber nicht so unterschiedlich, dass sie nicht miteinander hätten reden können. Auf diese Weise wäre im Team eine sehr kreative Atmosphäre entstanden.

Die letzten beiden Stellenbesetzungen waren allerdings deutliche Fehlbesetzungen. Die neuen Mitarbeiter konnten sich nicht in das Team integrieren und waren nach wenigen Monaten wieder aus dem Unternehmen ausgeschieden. Deshalb hat sich Herr E. nun dazu entschlossen, sein Vorgehen in der Personalauswahl umzustellen. »Mit Bauchgefühl kommt man heute leider nicht mehr weit«, kommentiert er seinen Entschluss, den er nach eigenem Bekunden bedauert, aber konsequent umsetzen will.

In der Folge führt Herr E. einen Kreativitätstest in das Bewerbungsprozedere ein und stellt unterschiedliche Kriterien auf, nach denen er nun systematisch die Bewerber befragt. Die neuen Mitarbeiter bewähren sich auf ihrer neuen Stelle und Herr E. fühlt sich zunächst in seinem Vorgehen bestätigt. Nach einem Jahr allerdings kündigen drei Mitarbeiter, die schon lange im Team waren und mit denen Herr E. besonders gern zusammen gearbeitet hat. Herr E. stellt in den folgenden Wochen fest, dass ihm seine Arbeit »irgendwie keinen Spaß mehr macht. Die Stimmung im Job hat sich geändert. Die neuen sind ja gut und qualifiziert, aber ich kann die verstehen, die gegangen sind. Es ist alles so geradlinig geworden. Langweilig irgendwie.« Herr E. überlegt sich, ob er nicht selbst über kurz oder lang aus dem Unternehmen ausscheiden soll.

schwierige Korrektur der Intuition

Wir sehen an diesem Beispiel zunächst, dass die radikale Veränderung im Vorgehen der Personalauswahl mittelfristig Nebeneffekte auf das Klima im Team hat, die so nicht absehbar oder gewollt waren. Der Einsatz einer neuen Methode folgt dem Prinzip der »Überwertigkeit des aktuellen Motivs« (Dörner 1983; ▶ Exkurs), das zu einer Kette von zunächst unbemerkt bleibenden Nebeneffekten führen kann.

Personalauswahl ist Problemlösen

> **Exkurs**
>
> Der deutsche Psychologe Dörner hat in den vergangenen Jahren eine Reihe faszinierender Forschungsarbeiten durchgeführt, die sich mit dem Handeln unter den Bedingungen von Unbestimmtheit und Komplexität befassten. Die Handlungsbedingungen der Personalauswahl sind den Modellannahmen durchaus ähnlich, die Dörner seinen Arbeiten zugrunde legt. Er arbeitet mit komplexen Problemlöseszenarien, die von ihrem Wesen her intransparent sind, sich dynamisch entwickeln und deren Komponenten auf komplexe Weise miteinander vernetzt sind. Die durch Computersimulationen dargestellten Systeme geben demjenigen, der die Signale aufmerksam beobachtet, die wesentlichen Informationen erfragt und richtig zu deuten versteht, ausreichend Möglichkeiten, um tragfähige Handlungsstrategien zu entwickeln und die komplexe Realität aktiv zu gestalten.
>
> Aufgrund seiner Beobachtungen hebt Dörner (1983, S. 23) die Notwendigkeit hervor, in Problemnetzen zu denken, die er aber in unserer Denktradition nur gering ausgeprägt sieht.
>
>> Die Tendenz zum monokausalen Denken in Wirkungsketten statt in Wirkungsnetzen ist nicht verträglich mit der Notwendigkeit, vernetzt zu denken. Wenn Menschen einem Mißstand begegnen, suchen sie nach Mitteln, um diesen zu beheben. Gewöhnlich werden Mittel allein nach ihrer Geeignetheit zur Überwindung des augenblicklich vorhandenen Mißstandes bewertet und selten hinsichtlich ihrer sonstigen Effekte, auch wenn diese u. U. viel größere Mißstände bedeuten, als die, die momentan zu beheben sind.

Die radikale Veränderung birgt ebenso viele **Fehlerrisiken**, wie das sehr unsystematische Vorgehen in der vorhergehenden Form der Personalbeurteilung. Vermutlich ist es gerade der Übergang von einem extrem unsystematischen, intuitiven Vorgehen zu einer in hohem Maß an expliziten Kriterien ausgerichteten Beurteilungspraxis, der besonders viele Risiken birgt. Denn in dem intuitiven Erspüren von Informationen im Rahmen des Bewerbungsgespräches kommen zum Teil differenzierte und auf hohem Niveau organisierte Wissensstrukturen über betriebliche Zusammenhänge zum Einsatz, die durch die ausschließliche Umorientierung auf eine neue Methode wegfallen und nicht mehr in die Entscheidungen eingehen können.

Worauf beruht ein Eindruck?

Herr E. hätte besser daran getan, im Bewerbungsgespräch zu hinterfragen, worauf sein positiver Eindruck vom Bewerber eigentlich beruht. Auf diese Weise hätte er erfahren können, worauf sein positives erstes Urteil basierte. Möglicherweise geht das Fehlurteil von Herrn E. auf einen verbreiteten Mechanismus der sozialen Wahrnehmung zurück: **Generell empfinden wir Personen als sympathisch, die uns selbst ähnlich sind und die ähnliche Interessen wie wir selbst haben.** Wenn Herr E. diesen Mechanismus hinter seinem Urteil erkannt hätte, wäre es ihm möglich gewesen die Eigenschaften seines Gegenübers genauer zu beschreiben und zu hinterfragen, ob dieser an die vorgesehene Position gepasst hätte. Stattdessen zieht Herr E. nun eine radikale Konsequenz, indem er sich vornimmt, sich in keiner Weise mehr von Emotionen leiten zu lassen, wenn er eine Stellenbesetzung vornimmt. Es ist mehr als fragwürdig, ob Herr E. dieses Vorhaben für sich selbst durchsetzen kann.

2.2.3 Potenzielle Fehlerquellen

Zum Abschluss dieses Abschnitts über das »Bauchgefühl« – wir können es auch »erstes Urteil« oder »Spontanbeurteilung« nennen – werden noch einige typische Fehlerquellen in der spontanen Beurteilung, bzw. Wahrnehmung anderer Personen genannt. Die Auflistung mag dazu dienen, das eigene Spontanurteil besser hinterfragen zu können:

Self-serving-bias
Erfolg wird häufig dem Verdienst der **eigenen Anstrengung** zugeschrieben (internale Attribuierung), während ein Misserfolg häufig auf **äußere Bedingungen** zurückgeführt wird (externale Attribuierung). In der Personalauswahl kann dies bedeuten, dass eine Fehlbesetzung damit erklärt wird, dass der Bewerber in der Bewerbungssituation bewusst gelogen hat oder sich die äußeren Bedingungen als ungünstig erwiesen haben. Im Falle der erfolgreichen Besetzung einer Stelle hingegen wird der Personalbeurteiler eher dazu neigen, die Ursache auf die erfolgreiche Strategie des eigenen Handelns zurückzuführen.

Falscher Konsens
Menschen neigen dazu, die **eigenen Handlungen zur Norm** zu erheben und andersartige Handlungen als unangemessen abzuwerten. Es kann in der Personalauswahlsituation vorkommen, dass ein Personalfachmann eine Person beurteilt, die später in der Forschungs- und Entwicklungsabteilung des Unternehmens arbeiten soll. Viele Verhaltensweisen, die dort als »normal« bezeichnet werden, sind in der Personalarbeit ganz unüblich und nicht angebracht. Das einfache Beispiel macht deutlich, dass persönliche Interpretationsmaßstäbe für das Potenzial von Personen nach Möglichkeit auf ihre Angemessenheit hin überprüft werden sollten.

Fundamentaler Attributionsfehler

Viele Personalbeurteiler wollen möglichst aus allen Informationen, die sie von einer Person erhalten, Rückschlüsse über bestimmte Persönlichkeitsmerkmale ziehen. Dabei wird nicht beachtet, dass sich Personen **im Vorstellungsgespräch in einer Ausnahmesituation** befinden, mit der Personen unterschiedlich gut zurecht kommen. Der Eindruck, den man in dieser Situation gewinnt, ist nicht uneingeschränkt auf die spätere Arbeitssituation übertragbar. Denn es ist nur in wenigen Fällen für die spätere Berufstätigkeit wichtig, sich täglich oder häufig Situationen zu stellen, die derjenigen eines Auswahlverfahrens gleichen.

Stereotypisierende Attribuierung

Fehler bei der Informationsverarbeitung

Wir suchen in der Wahrnehmung von anderen Personen häufig nach bestimmten Anhaltspunkten, die wir dann zu **generalisierenden Hypothesen** über die jeweilige Person erheben. Wenn eine Person wenige Minuten zu spät zum Vorstellungsgespräch kommt, muss dies nicht in jedem Fall auf ein Verschulden der Person zurückzuführen sein. Doch ist es sehr schwer, diesen »Filter« des Unzuverlässigen und Unpünktlichen aus der folgenden Beurteilung der jeweiligen Person zu tilgen und im Folgenden ganz unvoreingenommen davon das Gespräch zu führen. Ebenso verhält es sich mit bestimmten äußerlichen Merkmalen von Personen. So werden großen, schlanken Männern mehr Kompetenzen zugeschrieben, als untersetzten Männern.

Kreatives Vergessen

Wir neigen dazu, Informationen, die nicht in einen größeren Bedeutungszusammenhang eingebettet sind, »kreativ« in einen solchen, stimmigen Gesamtzusammenhang zu bringen, der die Information schlüssig erscheinen lässt. Die Information, der Bewerber würde in der Freizeit Marathon laufen, kann in einem Fall eine Bestätigung für die Leistungsmotivation einer Person sein und in einem anderen Fall als Argument dafür herangezogen werden, dass die Person auch im übrigen Gespräch den Eindruck erweckt habe, sie sei eher freizeit- als leistungsorientiert. **Ein und dieselbe Information**, die jeweils rückblickend für die Bestätigung einer **ganz anderen »Hypothese«** herangezogen wird.

Distanzeffekt

In unserer Erinnerung treten Personen mit außergewöhnlichen Eigenschaften stärker hervor, als solche, die keine besonders hervorstechenden Merkmale aufweisen und die zudem den Merkmalen anderer Personen oberflächlich betrachtet relativ ähnlich sind. Das kann dazu führen, dass wir uns in Beurteilungsprozess besser an die »**auffälligen Bewerber**« erinnern, als an die eher unauffälligen – auch wenn der Grund dieser Auffälligkeit in keiner klaren Beziehung zu ihrem Potenzial für eine bestimmte Position steht.

Primacy-recency-effect

Wir **erinnern** uns an die Informationen am besten, die wir jeweils am **Anfang** und am **Ende** eines Prozesses aufnehmen. Dies ist zum einen für die Informationen, die wir aus einem längeren Bewerbungsgespräch ziehen, wichtig, zum anderen weist es auch darauf hin, das die Reihenfolge, in denen wir den Bewerbern begegnen eine erhebliche Rolle für die spätere Bewertung spielen kann. Möglicherweise geeignete Bewerber können so schlicht hinter dem ersten dem letzten Eindruck des Tages verblassen.

Interferenz-Effekt

Nehmen wir **viele ähnliche Informationen** hintereinander auf, können wir sie nur noch **schwer voneinander unterscheiden**. Auch wenn man der Meinung ist, sich genau an die einzelnen Antworten von Personen zu erinnern, kann man dies in der Zusammenarbeit mit anderen Personalbeurteilern beobachten. Sofern keine detaillierten Aufzeichnungen über ein Gespräch existieren, kann es schnell vorkommen, dass zum Teil erhebliche Unterschiede darin bestehen, an welche Informationen und Aussagen der verschiedenen Bewerber man sich erinnert. Es besteht die Gefahr, Informationen den falschen Bewerbern zuzuschreiben. Damit können sich ganz unterschiedliche Urteile in Hinblick auf die gleiche Person ergeben.

2.3 Nachvollziehbare eigene Haltung finden

Wenige Personalbeurteiler werden auf ihre Aufgabe systematisch vorbereitet – ob sie nun als Vorgesetzter neue Mitarbeiter einstellen, als Personalreferent oder in vergleichbarer Position mit der Aufgabe konfrontiert werden, Mitarbeiter auszuwählen oder zu beurteilen. Meist handelt es sich dabei um eine Art Nebenaufgabe, die von vielen als beinahe lästig empfunden wird. Eine systematische und fundierte Vorbereitung auf diese für das Unternehmen zentrale Aufgabe findet in den seltensten Fällen statt.

Personalauswahl – eine lästige Pflicht?

Umso wichtiger ist es, eine eigene begründete und nachvollziehbare Haltung zu unterschiedlichen Methoden der Personalbeurteilung zu entwickeln und für sich selbst die passende Vorgehensweise zu finden, die der eigenen Arbeitsweise am besten entspricht. Wir wollen uns diese Problematik an einem Beispiel ansehen:

> **Beispiel**
>
> Frau U. ist 31 Jahre alt und seit einem guten halben Jahr Personalreferentin in der deutschen Niederlassung eines weltweit tätigen Computerteile-Herstellers. Im ersten von drei Interviews, in denen wir ihre Vorgehensweise hinterfragen möchten, um Frau U. anschließend möglichst hilfreiche Hinweise darauf geben zu können, wie sie eine eigene Herangehensweise in der Personalauswahl entwickeln kann, berichtet sie von ihrer bisherigen Strategie:
>
> Vor einem Einstellungsprozess spricht sie mit dem zukünftigen Fachvorgesetzten und versucht gemeinsam mit diesem, die Anforderungen zu definieren, denen der künftige Mitarbeiter genügen soll. Ausgehend von diesem Gespräch entwirft sie die Inhalte einer Stellenanzeige, die schließlich von der Marketing-Abteilung gestaltet wird. Die eingehenden Bewerbungsunterlagen sortiert Frau U. und bespricht gemeinsam mit dem künftigen Fachvorgesetzten, welche von den aus der Vorsortierung verbleibenden Bewerbern zu einem Gespräch eingeladen werden sollen. Aus der Anforderungsanalyse erstellt Frau U. einen Gesprächsleitfaden, anhand dessen sie mit der Vorauswahl von Bewerbern ein Gespräch führt und systematisch die einzelnen Kriterien abfragt, die sie zuvor mit dem Fachvorgesetzten erarbeitet hat.
>
> Die verbleibenden 2 oder 3 Bewerber werden anschließend zu einem Probenachmittag in das künftige Team eingeladen und bearbeiten hier eine Aufgabe aus dem Alltag des betreffenden Tätigkeitsfeldes. Anschließend erfolgt die endgültige Auswahl durch Frau U. und den Fachvorgesetzten. Dieser Prozess kann als ausgereift, systematisch und professionell bezeichnet werden.
>
> Frau U. hat sich die geschilderte Vorgehensweise einerseits durch die Lektüre von Fachliteratur, auf der anderen Seite jedoch vor allem durch die Erfahrungen in einem Unternehmen angeeignet, in dem sie zuvor beschäftigt war. Dort wurde viel Wert auf eine gute Personalauswahl gelegt und Frau U. hat diese Kultur aus dem alten Unternehmen in ihre neue Aufgabe hineingetragen. Dabei war sie sich unsicher, ob ihr eigenes Vorgehen professionell sei, da sie erst seit einem guten halben Jahr als Personalreferentin gearbeitet hatte. Frau U. hatte Jura studiert und möchte langfristig in der Personalarbeit bleiben.
>
> In ihrem Vorgehen schildert Frau U. lediglich einige inkonsistente Annahmen darüber, in welcher Weise sie die einzelnen Anforderungen und Eigenschaften der Bewerber im Einstellungsgespräch hinterfragt. So »prüfte« sie etwa, ob ein möglicher Mitarbeiter »engagiert« sei,

indem sie ihn oder sie fragte, ob er oder sie Sport betreibe. Eine Auskunft darüber hat aber mit großer Wahrscheinlichkeit nichts damit zu tun, ob eine Person am Arbeitsplatz motiviert ist. In dieser Hinsicht hätte Frau U.s Expertise also noch einer Entwicklung bedurft, um herauszufinden, in welcher Weise sie den Anforderungskatalog, den sie mit dem Fachvorgesetzten erarbeitet hatte, im Einstellungsgespräch »abtesten« kann.

Eine gute Grundlage für ein reflektiertes Vorgehen bildet die Tatsache, dass Frau U. einerseits die Anforderungen erhebt – ein zentraler diagnostischer Schritt, der in der Praxis der Personalauswahl allzu häufig vernachlässigt wird –, und dass sie darüber hinaus die ermittelten Anforderungen anhand eines Leitfadens im Bewerbungsgespräch abfragt. Die wenigen bestehenden **Unschärfen** im Vorgehen von Frau U. könnten durch das Hinterfragen, welche Eigenschaften aus ihrer Sicht genau mit welcher Anforderung verknüpft sind, behoben werden.

Kurze Zeit später besucht Frau U. ein Training für Personalreferenten. In diesem Seminar lernt Frau U., die sich ihre bisherige Vorgehensweise durch Eigenstudium und teilnehmende Beobachtung angeeignet hat, dass ein Einstellungsinterview ganz grundsätzlich ohne einen Leitfaden durchgeführt werden solle. Zudem wird ihr nahe gelegt, sie solle sich nicht so sehr auf die akribische Anforderungsanalyse stützen, sondern stattdessen ihre »Intuition entwickeln und fördern«, indem sie ihre Entscheidungen einfach »aus dem Bauch heraus« treffe.

Frau U., die noch über relativ wenig Erfahrung im Personalbereich verfügt, übernimmt die ihr gegebenen Empfehlungen, auch wenn ihr dabei, wie sie sagt, »nicht ganz wohl ist« und lässt sich auf Auswahlprozesse ein, die weit unstrukturierter verlaufen, als es ihr entspricht und sie es bislang praktiziert hat. Sie ist jedoch davon überzeugt, im Seminar die richtigen Informationen erhalten zu haben und nun ihr bisheriges Vorgehen verändern zu müssen. Den Hinweis, dass ihr bisheriges Vorgehen doch bereits sehr fundiert und systematisch gewesen sei, wischt sie mit dem Einwand, sie habe bisher »alles nur selbst gestrickt« und wolle nun »auf den Rat eines Profis hören«, beiseite.

den eigenen Weg finden

Das Beispiel zeigt, in welcher Weise sich Verantwortliche der Personalauswahl verunsichern lassen können und zuweilen sogar davon abgebracht werden, eine eigene Vorgehensweise zu entwickeln. Häufig versuchen Trainer und selbst ernannte Experten »Patentrezepte« zu vermitteln, die vorgaukeln, es sei auf einfache Weise eine eindeutige

auf Patentrezepte verzichten

Lösung in der Personalauswahl zu erhalten. Doch solche Patentrezepte gibt es nicht. Je nach Person, Situation und Unternehmen unterscheidet sich der beste Weg, der in der Personalbeurteilung eingeschlagen werden kann. Gerade aus diesem Grund ist es wichtig, dass der Verantwortlichein gewissem Ausmaß ein »selbst gestricktes« Auswahlverfahren anwendet. Natürlich sollte dieses **Vorgehen kritisch reflektiert** und **systematisch begründbar** sein. Gerade auf diese Weise können sich Personalbeurteiler davor schützen, unkritisch scheinbare Patentrezepte zu übernehmen und ihr eigenes Wissen darüber, wie sie innerhalb ihres Unternehmens vorgehen sollten, bewahren und ausbauen.

2.4 Glaubwürdigkeit der Kandidaten

Misstrauen ist unproduktiv

Neben der Beurteilung von Kompetenzen, Fähigkeiten und sonstigen Eigenschaften eines Bewerbers beschäftigt viele Personalverantwortliche die Frage, inwiefern ein Bewerber, der im Gespräch oder in den Unterlagen den eigenen Werdegang darstellt, als glaubwürdig einzuschätzen ist. Dahinter steht das Misstrauen, dass die Situation der Potenzialbeurteilung an sich schon dazu beiträgt, dass sich die Beurteilten aktiv und willentlich verstellen, falsche Tatsachen vorspielen oder sich in einem zu positiven Licht darstellen. Die Möglichkeit der aktiven und willentlichen Falschdarstellung bzw. der Lüge im Potenzialbeurteilungsgespräch soll hier nicht weiter behandelt werden; stattdessen gehen wir im Folgenden kurz auf die Thematik der Glaubwürdigkeit ein.

Die Relevanz dieses Themas in der Praxis und die vergleichsweise stiefmütterliche Behandlung aus wissenschaftlicher Sicht wirft zunächst die Frage auf, warum dieser Unterschied besteht. Vielleicht liegt die Ursache dafür in dem Bemühen der Wissenschaft begründet, vor allem Methoden zu entwickeln und bereitzustellen, die dann in der Praxis angewandt werden. Das Ziel der Methodenentwicklung wiederum liegt vor allem darin, Messgenauigkeit und inhaltliche Relevanz der erfassten Kriterien sicherzustellen.

> **! Wichtig**
> In der Praxis des Beurteilungsprozesses findet zwischen dem Beurteiler und dem Kandidaten ein intensiver sozialer Austausch statt, in dem der Eindruck von der Person die Wahrnehmung isolierter Kriterien dominieren kann. Dieser Austausch ist eine Einflussgröße auf das Urteil, die aus wissenschaftlicher Sicht kontrolliert werden muss, weil sie der Systematik der Datenerfassung entgegenläuft.

Die Personalbeurteiler sind dagegen in erster Linie dem Unternehmen, der Arbeitsgruppe oder den Kollegen verpflichtet, die mit dem neuen Mitarbeiter zusammenarbeiten sollen. Potenzialbeurteilung soll immer auch selbstkritisch hinterfragen, ob die Schlussfolgerungen und Urteile aus der Beurteilungssituation zutreffen. Die Frage nach der Glaubwürdigkeit von Kandidaten verlagert dieses kritische Nachfragen nach außen, auf die Absichten des Kandidaten hin, bestimmte für ihn nachteilige Informationen zu verschweigen oder zu verschleiern. Erfahrene Personalbeurteiler stellen die Frage nach der Glaubwürdigkeit ihrer Gesprächspartner selten in den Vordergrund – vielleicht steht also auch die Unsicherheit des Beurteilers dahinter.

Wenn man sich mit Praktikern unterhält, wird man schnell mit der Frage konfrontiert, was man dagegen tun könne, belogen zu werden. Diese Frage stellen insbesondere Personalverantwortliche, die in der jüngsten Vergangenheit eine negative Erfahrung mit der Besetzung einer Stelle gemacht haben und berichten, sie seien im Verlauf des Bewerbungsprozesses vom Bewerber bewusst getäuscht worden.

generelles Misstrauen beruht häufig auf Einzelfällen

Es kann im Nachhinein nicht ausgeschlossen werden, dass dies tatsächlich der Fall gewesen sein mag. Doch sollte zumindest gefragt werden, wer wen im Bewerbungsprozess getäuscht hat und auf welche Weise es zu einer offenbar falschen Personalentscheidung gekommen ist. Möglicherweise hat ja nicht der Bewerber den Entscheider, sondern der »**sich selbst getäuscht**« und versucht nun die Schuld nicht bei sich selbst, sondern in der bösen Absicht des Anderen zu suchen.

> **Beispiel**
>
> Herr K. ist Geschäftsführer einer Biotechnologiefirma. Er hat vor kurzer Zeit eine gravierende Fehlentscheidung getroffen. Er möchte nun hinterfragen, wie es dazu kommen konnte, da er sich selbst ein gutes psychologisches Verständnis und Menschenkenntnis zuschreibt. Er berichtet, er habe sich mit dem Bewerber, der schließlich für kurze Zeit eine Führungsposition im Unternehmen übernommen hat, im Auswahlgespräch »sehr gut verstanden«. Beide Gesprächspartner hatten darüber hinaus eine ähnliche Vorstellung von der Zusammenarbeit, die von Kollegialität und Teamorientierung geprägt sein sollte. Herr K. konnte aus den Unterlagen erkennen, dass der Bewerber fachlich für die Aufgabe geeignet sein würde. Im Nachhinein berichtet Herr K., im Gespräch gemeinsam mit dem Bewerber vor allem nach Argumenten gesucht zu haben, die für eine gute Zusammenarbeit sprechen könnten. Zusammen hätten sie nach Gemeinsamkeiten gesucht – nach privaten und beruflichen Inte-

ressen, die einander entsprächen. Herr K. hatte einfach ein gutes Gefühl bei diesem Bewerbungsgespräch. Herr K. und der Bewerber waren sich ausgesprochen sympathisch. Sie merkten sofort, dass sie »auf der gleichen Wellenlänge sind«.

Nach dem Gespräch erzählte Herr K. einem Kollegen, dass das Gespräch hervorragend gelaufen sei, weil er sofort gemerkt habe, dass der neue Mitarbeiter perfekt ins Team passen würde. Und so hätten sie sich schnell auch über ganz andere Dinge als über die Stelle unterhalten. Gerade über diesen Umweg habe Herr K. den neuen Mann gut kennengelernt und sei sich nun besonders sicher, die richtige Wahl getroffen zu haben, weil die fachlichen Grundlagen, die neuen Aufgaben und alles Weitere ohnehin klar seien und diese Formalitäten das geringste Problem seien, sobald der direkte Draht zwischen Unternehmen und Bewerber stimme.

Wenige Wochen, nachdem der Bewerber seine Stelle angetreten hatte, stellte sich heraus, dass er ganz andere Vorstellungen von seiner Position und den damit verbundenen Aufgaben hatte als Herr K. Er bereitete sich auf Treffen nicht sorgfältig vor, hielt Termine nicht ein und war insgesamt unzuverlässig. Herr K. hatte sich vorgenommen, die Probleme in einem persönlichen Gespräch am Ende der Probezeit zur Sprache bringen, doch die Kündigung des neuen Mitarbeiters kam ihm zuvor. In den folgenden Wochen fühlte sich Herr K. betrogen. Er hat das Gefühl, von dem Bewerber im Gespräch bewusst getäuscht worden zu sein und möchte jetzt daraus die Konsequenz ziehen, in kommenden Gesprächen jegliches Gefühl auszuschalten und nur »knallhart nach den Fakten« zu gehen.

Täuschung wird häufig nur unterstellt

Es ist verständlich, dass Herr K. nach einem Schuldigen sucht, da er nicht gerne zugeben möchte, dass vielleicht er selbst sich geradezu gewünscht hat, dass der ihm sympathische Bewerber zu der ausgeschriebenen Stelle passen möge. Das bedeutet jedoch bei Weitem nicht, dass der Bewerber tatsächlich auch eine Täuschungsabsicht verfolgte, als er sich um die ausgeschriebene Stelle bewarb. Möglicherweise hatte auch er sich im Unternehmen getäuscht und nach einigen Wochen festgestellt, dass er nicht zu dem neuen Unternehmen passte – eine Vermutung, die durch die eigenständige Kündigung noch innerhalb der Probezeit gestützt werden könnte.

Die Frage ist nun, wie der Wunsch von Herrn K. zu bewerten ist, in Zukunft ein sehr rigides Auswahlverfahren durchzusetzen, um Bewerber vor allem daraufhin zu hinterfragen, ob sie ihn bewusst täuschen und aktiv andere Fähigkeiten vorspielen, als diejenigen, über die sie tatsächlich verfügen.

Welche Auswirkungen mag es wohl haben, wenn jeder Bewerber von nun an in diesem Unternehmen zunächst unter **Generalverdacht** gestellt wird und ihn Herr K. verdächtigt, sich unter Vorspiegelung falscher Tatsachen möglicherweise eine Stelle erschleichen zu wollen? Aus einem Bewerbungsgespräch, das im besten Fall für beide Seiten klären soll, ob eine Zusammenarbeit sinnvoll und möglich ist, wird auf diese Weise schnell **eine Art Verhör**, in der nicht mehr auf die Möglichkeiten einer guten Einbettung des neuen Mitarbeiters geachtet wird, sondern vor allem darauf, Ungereimtheiten in den Aussagen des Bewerbers aufzuspüren. Es stellt sich die Frage, ob in einem solchen Verfahren der für das Unternehmen beste Bewerber gefunden werden kann – was ja das Ziel eines Auswahlverfahrens sein sollte. Darüber hinaus sollte man sich fragen, welches Bild von dem Unternehmen durch die Bewerber nach außen transportiert wird, die sich diesem Verfahren stellen mussten.

2.5 Eigene Fehler als Lernchancen erkennen

Ein Fehler, der im Laufe des Prozesses der Personalauswahl gemacht wurde, zieht nur dann negative Konsequenzen nach sich, wenn dieser Fehler auch dazu führt, dass die »falsche« Person eine Stelle beim Unternehmen erhält. Damit verbunden ist die Möglichkeit, die eigene Personalbeurteilung systematisch zu hinterfragen und weiterzuentwickeln.

Leider herrscht in vielen Unternehmen eine Kultur, die nicht fehlertolerant bzw. fehlerfreundlich ist. Dabei wird zumeist versäumt, zwischen einem Fehler und seinen Konsequenzen zu unterscheiden. Es ist leicht einsehbar, dass zwischen diesen beiden Größen ein erheblicher Unterschied besteht. Nicht jeder Fehler zieht eine drastische Konsequenz nach sich. Dann jedoch, wenn ein Fehler nicht aufgedeckt, sondern aktiv oder passiv verdeckt wird, kann es zu ganz erheblichen Folgen kommen. Eine offene Fehlerkultur kann dabei helfen, Fehler zu einem frühen Zeitpunkt zu identifizieren und ihre positiven Wirkungen zu nutzen.

Fehlertoleranz

2.5.1 Was beurteilen Personalverantwortliche?

In einer empirischen Studie erhoben Lang-von Wins et al. (2005), welche Kompetenzen aus den Bewerbungsunterlagen und welche aus dem Einstellungsinterview erschlossen werden. Es zeigt sich, dass aus den Bewerbungsunterlagen insbesondere auf personale (28%)

empirische Studie

und fachliche (26%) Kompetenzen geschlossen wird. Außerdem entfallen 15% der Bewertung auf soziale Kompetenzen und 7% auf die Beurteilung von Methodenkompetenzen. Die übrigen Beurteilungskriterien beziehen sich auf die Handlungskompetenz (2%) auf den Person-Organisation-Fit (6%), auf die Passung Person–Job (9%) und auf die Führungsqualitäten (6%) der Bewerber. Die Verteilung der Beobachtungskriterien erscheint schlüssig. Während sich fachliche Qualifikationen aus dem Lebenslauf, aus dem Werdegang, aus Arbeitszeugnissen und aus den unterschiedlichen Arbeitsstationen erschließen lassen und aufgrund der Selbstauskünfte und des Gesamtbildes, das der Bewerber in der Bewerbung abgibt, bei vielen Personalverantwortlichen ein konsistentes Bild über die personalen Kompetenzen und deren Eigenschaften entsteht, können die übrigen genannten Konstrukte nur schwerlich überzeugend in einer Bewerbungsmappe Platz finden. So verweisen Personalverantwortliche darauf, dass sie soziale Kompetenzen nicht aus den Bewerbungsunterlagen erschließen können und wollen, da sich hierfür insbesondere das persönliche Gespräch eigne. Interessant ist vor dem Hintergrund dieser Auskünfte, in welcher Weise und zu welchen Anteilen die genannten Anforderungen schließlich im Einstellungsgespräch erfasst werden.

In der Befragung zeigte sich, dass im Einstellungsgespräch die sozialen Kompetenzen eine deutlich größere Rolle spielen. Sie machen nun 24% der festgestellten Anforderungen aus, während die personalen Kompetenzen 27% der abgefragten Eigenschaften darstellen. Die Fachkompetenzen liegen bei 18% und die Methodenkompetenzen bei 10%. Die übrigen Anforderungsbereiche werden im Wesentlichen in etwa dem geringen Ausmaß abgetestet, wie es bereits bei der Beurteilung der Bewerbungsmaterialien der Fall war.

Überlagerung von Bewertungskriterien

Die Ergebnisse dieser nicht repräsentativen Studie, deren Ergebnisse aber nachvollziehbar sind, legen mehrere Schlüsse nahe: Zum einen werden **wichtige Prädiktoren** für den Verbleib und den Erfolg im Unternehmen wie die Passung von Person und Organisation **nicht systematisch erfasst**, weil offensichtlich keine Handhabe dafür existiert, wie eine solche Überprüfung stattfinden könnte. Darüber hinaus weist das Übergewicht der personalen und sozialen Kompetenzen gegenüber den anderen Dimensionen, die bewertet werden könnten, darauf hin, dass häufig Auftreten und Sympathie ein **Generaleindruck** sind, der alle anderen Bewertungskriterien deutlich überlagert.

Dieser »Verdacht« ist in der Literatur vielfach belegt und weist darauf hin, wie wichtig es ist, eine klare Vorstellung davon zu haben, welche Anforderungen in welcher Weise abgefragt werden sollen und welche Beurteilungskriterien für einen Einstellungsprozess verbindlich gelten sollen. Sonst kommt es zu einem Effekt, der sicher jedem Personalverantwortlichen im Beruf oder privat schon einmal aufgefallen ist: Man stellt nach dem Gespräch fest: »Nettes Gespräch. Netter Mensch. Aber was weiß ich jetzt eigentlich genau über den?«

Freilich können und sollen Empfindungen wie Sympathie oder Antipathie auch in der Beurteilungssituation nicht ausgeblendet werden, doch sollte man sich fragen, worauf dieser Eindruck beruht: Ist er auf tatsächlichen Eigenschaften des Bewerbers zurückzuführen oder vielleicht nur durch eine ganz persönliche Wahrnehmung begründet, die aber womöglich für das Umfeld, in dem der Bewerber später im Unternehmen arbeiten wird, irrelevant ist?

Fehler »zweiter Art« Ein bedeutender Fehler, der vielen Personalverantwortlichen in der Auswahl von Personal unterläuft, ist der sogenannte »Fehler zweiter Art«.

> **Exkurs**
> Die Bezeichnung »Fehler 1. Art« oder auch »α-Fehler«, bzw. »Fehler 2. Art« oder »β-Fehler« stammt aus der Statistik, lässt sich jedoch auf unseren Zusammenhang übertragen. Im statistischen Sinne begeht eine Person einen α-Fehler, wenn sie eine Nullhypothese ablehnt, obwohl sie tatsächlich zutreffend ist. In der Personalauswahl bedeutet ein α-Fehler das Einstellen einer Person, die tatsächlich für diese Stelle nicht geeignet ist. Ein β-Fehler hingegen wird im statistischen Sinne dann begangen, wenn eine Nullhypothese für wahr gehalten wird, obwohl in Wahrheit die Alternativhypothese zutrifft. Für den Kontext der Personalauswahl ist hiermit gemeint, dass Bewerber mit der Begründung einer mangelnden Eignung nicht eingestellt werden, obwohl sie sehr gut für die ausgeschriebene Stelle geeignet wären.

In der Regel ist das Handeln eines Personalpraktikers darauf angelegt, möglichst keinen ungeeigneten Bewerber einzustellen. Die Überlegung, was es denn für das Unternehmen bedeute, möglicherweise geeignete Bewerber abzulehnen, wird in der Praxis kaum angestellt. Stets scheint es also in der Personalauswahl vor allem darum zu gehen, vordergründige Fehler zu vermeiden. Eine solche Vermeidungsstrategie bietet jedoch nicht unbedingt die besten Voraussetzungen dafür, in einem Auswahlprozess auch tatsächlich den besten unter vielen Bewerbern zu finden.

Defizitorientierung

> **❗ Wichtig**
> **Eine solche Fehlervermeidungsstrategie ist zugleich Ausdruck einer defizitorientierten und fehlerintoleranten Unternehmens- und Personalauswahlkultur.**

Für diese defizitorientierte Auswahlstrategie gibt es im Wesentlichen drei Gründe:
1. Personalauswähler müssen eine **große Zahl von Bewerbungen** bearbeiten. Jedes Argument, das für eine Reduzierung der Informationsflut herangezogen werden kann, wird bei Auswahlentscheidungen verwendet – auch wenn auf diese Weise Fehler 2. Art wahrscheinlicher werden.
2. Personalauswähler müssen die eigenen Entscheidungen häufig **vor Vorgesetzten rechtfertigen** (außer der Personalauswähler ist bspw. selbst in der Leitung des Unternehmens). Vor dem Hintergrund dieses Rechtfertigungsdrucks wird versucht, vor allem sichere nicht mutige Entscheidungen zu treffen, die möglichst überzeugend und lückenlos argumentiert werden können. Auch wenn die verwendeten Argumente nur vordergründig Bestand haben.
3. Es ist insgesamt sehr viel leichter, **Schwächen und Defizite** zu beobachten und zu beschreiben, als Stärken, Kompetenzen und Ressourcen zu beobachten.

große Anzahl von Bewerbern

Zu 1.) Gerade in Zeiten eines großen Bewerber- und eines kleinen Stellenmarktes sehen sich Personalauswähler in der Situation, sehr große Mengen von Bewerbungen in relativ kurzer Zeit bearbeiten zu müssen. Aus diesem Grund beschränken sich viele auf eine überschaubare Anzahl von Kriterien, nach denen sie die Flut von Bewerbungsmappen zumindest einigermaßen kategorisieren können.

Wir haben Praktiker danach gefragt, welche Kriterien Ihnen bei der Beurteilung von Bewerbungsunterlagen am wichtigsten sind. Es ist bemerkenswert, dass an erster Stelle hier nicht ein inhaltliches Kriterium aufgeführt wird, sondern ein rein äußerliches. Ordentlichkeit, Strukturiertheit und Vollständigkeit geben zunächst den Ausschlag, ob die Unterlagen überhaupt inhaltlich bewertet werden, oder gegebenenfalls sofort aussortiert werden.

Aus zeitökonomischer Sicht ist dieses Vorgehen durchaus nachvollziehbar und sinnvoll. Es stellt sich jedoch die Frage, ob man durch diese Suchstrategie in jedem Fall auch den besten Bewerber für eine Stelle finden wird.

Dominanz der äußeren Form

Unter den Teilnehmern der Untersuchung fand sich nur ein Personalverantwortlicher, der versuchte, dem äußeren Erscheinungsbild der Unterlagen nicht zu viel Bedeutung beizumessen. »Vielleicht hat ja auch die Post den Umschlag mit den Unterlagen zerknittert«, so seine Antwort auf die Frage, welche Rolle für ihn die Ordentlichkeit der Unterlagen spiele. Diese Aussage zeugt davon, dass er sich dessen bewusst ist, dass durch Beurteilung der äußeren Form möglicherweise eine Eigenschaft des Bewerbers »abgetestet« wird, die jedoch auf einer »falschen Messung« beruht. Vielleicht hat gar nicht der Bewerber, sondern jemand anders den schlechten Zustand der Unterlagen zu verantworten. Vielleicht hat sogar jemand aus dem eigenen Unternehmen versehentlich einen Kaffeefleck auf dem Anschreiben verursacht.

Ein weiterer kritischer Punkt bei der Beurteilung der äußeren Form ist, ob es sich dabei überhaupt um eine Eigenschaft handelt, die der zukünftige Mitarbeiter mitbringen muss. Grundsätzlich besteht die Gefahr, dass um Auswahlkriterien zu schaffen und die große Zahl an Bewerbungen reduzieren zu können, Merkmale konstruiert werden, die nur scheinbar in **Zusammenhang zur beruflichen Bewährung** innerhalb des Unternehmens stehen. Die Bewerbung selbst kann in Hinblick auf ihre Gestaltung als eine eigene Tätigkeit mit ganz spezifischen Anforderungen betrachtet werden. Die Kriterien einer erfolgreichen Bewerbung können nur zum Teil auf die spätere Tätigkeit im Unternehmen übertragen werden.

> **Beispiel**
>
> Im Rahmen eines Bewerbungsgespräches, das bislang in einer relativ offenen Atmosphäre verlaufen ist, nimmt der Vertreter des Unternehmens die Bewerbungsmappe zur Hand und fragt den Bewerber, ob er sich eigentlich für einen sorgfältigen Menschen halte. Der Bewerber ist zunächst verunsichert, da er davon ausgehen muss, dass sein Gesprächspartner in der Bewerbung ein Indiz gefunden hat, das ihm nachweisen wird, dass er eben kein sorgfältiger Mensch ist. Dennoch beantwortet er die Frage mit »Ja«, denn er will einen selbstbewussten Eindruck vermitteln. Der Personalverantwortliche weist ihn danach darauf hin, dass er es offensichtlich versäumt habe, die Bewerbung nochmals zu kontrollieren, bevor er sie abgeschickt habe. Danach dreht er die Mappe um und verweist auf das Preisschild, das nicht entfernt worden war. Die Atmosphäre des Gespräches wird in der Folge befangener, es wird bald darauf mit einer unverbindlichen Formulierung beendet.

Häufig wird davon gesprochen, dass es in einer Bewerbungssituation letztlich darum gehe, dass ein Bewerber dem Unternehmen sich bzw. seine Kompetenzen verkaufen wolle. Würde man diesen Gedanken weiterspinnen, könnte man die Bewerbungsunterlagen selbst als eine Art Verkaufsprospekt betrachten, der das Potenzial hat, aufgrund seiner Gestaltung und seiner Inhalte neugierig zu machen und das Tor zum zweiten Schritt – dem persönlichen Gespräch – zu öffnen. Diese Sicht räumt den Bewerbungsunterlagen einen eigenständigen Charakter ein, der deutlich über die Inhalte – Lebenslauf, Anschreiben und Fachqualifikationen – hinausgeht. Der faktisch eigenständige Schritt im Auswahlprozess macht es gerade bei größeren Bewerbungszahlen

Bewerbung als Verkaufsprospekt

wahrscheinlich, dass nicht nur Daten interpretiert werden, die in einer klar nachvollziehbaren Beziehung zu den Anforderungen der Tätigkeit stehen, sondern dass bereits Schlüsse auf bestimmte stabile Eigenschaften des Bewerbers gezogen werden.

Ist es zum Beispiel wichtig, dass ein Mitarbeiter, der für die Netzwerkbetreuung zuständig ist, gut strukturierte Bewerbungen schreiben kann? Muss ein Mitarbeiter im Controlling in seinem Job originelle Anschreiben verfassen können? **Wird hier nicht möglicherweise etwas beurteilt, was für die spätere Tätigkeit vollkommen irrelevant ist?**

Die Frage, welche Kriterien an Bewerbungsunterlagen anzusetzen sind, wird uns noch einmal in ähnlicher Form begegnen, wenn es darum gehen wird, welche Kriterien in Bewerbungsgesprächen abgefragt werden sollen und welcher Zusammenhang zwischen diesen Kriterien und der tatsächlichen Tätigkeit im Unternehmen besteht. Wir wollen uns an dieser Stelle nicht zu ausführlich mit dem Prozess der Beurteilung von Bewerbungsunterlagen befassen. Es geht vielmehr darum, nachvollziehbar zu machen, dass Personalauswähler Auswahlkriterien aufstellen, anhand derer sie sehr leicht Bewerber aussortieren können, deren Ablehnung jedoch auf Gründen beruht, die unter Umständen gar nichts mit ihrer späteren Tätigkeit zu tun hat.

Die Flut von Bewerbungen verführt also aus durchaus nachvollziehbaren Gründen dazu, Fehler 2. Art in Kauf zu nehmen.

> ❗ **Wichtig**
> **Umso wichtiger ist es, sich vor dem Auswahlprozess zu überlegen, welche Kriterien für die Reduzierung von Bewerbungsunterlagen aufgestellt werden können und sich bei jedem Auswahlkriterium zu überlegen, in welchem konkreten Zusammenhang es zur späteren Tätigkeit steht.**

Darüber hinaus sollte durch entsprechende Maßnahmen schon im Vorfeld sichergestellt werden, dass die notwendige Zeit für die Beurteilung der Unterlagen zur Verfügung steht, um nicht durch Zeitmangel dazu angehalten zu sein, oberflächlich über die Unterlagen zu gehen und auf diese Weise die Wahrscheinlichkeit sowohl für einen Fehler 1. als auch für einen Fehler 2. Art zu erhöhen.

Rechtfertigung im Unternehmen

Zu 2.) Der Rechtfertigungsdruck innerhalb vieler Unternehmen ist darauf ausgelegt, Fehler 1. Art zu verhindern, lässt aber die Möglichkeit, dass Bewerber abgelehnt werden, die für den Job geeignet wären, weit gehend außer Acht. Die Gründe hierfür liegen auf der Hand: Ein Personalverantwortlicher vermindert mit einer falschen Einstellungsentscheidung seine durch ihn selbst und andere wahrgenommene Kompetenz und damit die Rechtfertigung seiner Arbeit. Bei wiederholten Fehlern 1. Art, also der Einstellung mehrerer ungeeigneter Bewerber, wird er aller Wahrscheinlichkeit nach mit negativen Sanktionen rechnen müssen. Das Bestreben liegt also bei der Bewerberauswahl darin, möglichst das Risiko zu minimieren. Als Risiko gilt hier lediglich die Möglichkeit, einen ungeeigneten Bewerber für eine Stelle zu empfehlen. Im Gegensatz zu einem Fehler 2. Art kann ein solcher Fehler kurzfristig sichtbar werden.

Ein Fehler 2. Art hingegen ist von Vorgesetzten in der Regel nicht sanktionierbar, weil abgelehnte Bewerber meist keine weitere Gelegenheit erhalten, ihre Kompetenzen dem Unternehmen gegenüber darzustellen. Sie verschwinden gewissermaßen in einer gesichtslosen Masse von Bewerbern, mit denen vermutlich kein Kontakt mehr aufgenommen werden wird. Der Beweis der besseren Eignung für eine Stelle kann von einem abgelehnten Bewerber kaum angetreten werden. Da es in aller Regel keine Rückmeldung darüber gibt, ob ein abgelehnter Bewerber nicht doch die bessere Wahl gewesen wäre – vor allem dann, wenn er bereits bei der Sichtung der Bewerbungsunterlagen »aussortiert« wurde – fehlen auch Lerngelegenheiten, um den Bewertungsprozess zu verbessern.

Langfristig können solche Fehler 2. Art jedoch **bedeutsame Auswirkungen** haben. Insbesondere in Wirtschaftsbereichen, die in hohem Maße von Innovationen und Expertenwissen abhängig sind, wie etwa Biotech- oder IT-Unternehmen, kann es sich mittelfristig als verhängnisvoll erweisen, nicht die besten und innovativsten Kräfte im eigenen Unternehmen versammelt zu haben, sondern diese fälschlicherweise (möglicherweise aufgrund von Kriterien, die gar nichts mit deren tatsächlicher Leistungsfähigkeit zu tun haben) abgelehnt zu haben. Deshalb wird in forschungsintensiven Bereichen, in denen die Fachkompetenz der Mitarbeiter ganz wesentlichen Einfluss auf den Erfolg des Unternehmens hat, weniger Wert auf Bewerbungsunterlagen gelegt.

Suche nach den Besten

Hier werden potenzielle Mitarbeiter – und das gilt auch für diejenigen, die bei einer aktuellen Stellenbesetzung nicht berücksichtigt wurden – häufig in ihrer beruflichen Entwicklung systematisch beobachtet. Diese Praxis erschließt weitere Erkenntnisquellen, die weit über den oberflächlichen Eindruck, der durch die Bewerbungsunterlagen vermittelt wird, hinausreichen. Auf diese Weise können einmal getroffene Urteile auch dann weiterdifferenziert und möglicherweise auch revidiert werden, wenn die betreffende Person nicht eingestellt wurde.

Aus dem geschilderten Problem ergibt sich, dass die Personalauswahl und die Konsequenzen falscher Entscheidungen weitreichende – wenn auch häufig unbemerkt bleibende – Folgen für das Unternehmen haben können. Nicht nur der Personalverantwortliche selbst muss sich überlegen, in welcher Weise er Fehler 2. Art vermeiden kann, sondern

Stärken sind schwerer zu erkennen als Fehler

auch, wie eine solche Strategie im Unternehmen durchzusetzen ist, welche Fehlerkultur damit einhergehen muss und wie alle an einem Auswahlprozess Beteiligten gemeinsam nach den Personen suchen können, die tatsächlich am besten von allen Bewerbern für den jeweils ausgeschriebenen Job geeignet sind.

Zu 3.) Fehler und Defizite lassen sich sehr viel leichter erkennen und beschreiben als Stärken und Potenziale. Denn wenn man in einem Auswahlprozess einen Makel an einem der Bewerber feststellen kann, so lässt sich dies manifest bezeichnen und beobachten, während Potenziale und Stärken von Personen immer nur als Wahrscheinlichkeitsaussagen oder Vermutungen über zukünftiges Verhalten getroffen werden können. Die konkrete Leistung lässt sich also aus dem Bewerbungsprozess nicht ablesen, wohl aber lässt sich ein konkreter Fehler belegen.

> **Beispiel**
>
> Sie können sich dieses Problem einfach vergegenwärtigen, wenn Sie an einen Konzertbesuch denken. Es ist mitunter sehr einfach, Fehler einzelner Musiker eines Orchesters herauszuhören. Selbst ein Laie kann sehr leicht feststellen, wenn der Triangelspieler im falschen Moment auf sein Instrument schlägt. Wenn Sie jedoch versuchen, die Qualität und das Können eines Symphonieorchesters zu beschreiben, wird dies ungleich schwerer. Welche Interpretation von Beethovens Symphonien ist besser: diejenige von Herbert von Karajan oder die von Sir Simon Rattle? Wenn Sie sich für eine der beiden Versionen entscheiden – warum ist diese besser? Fehlerfrei im technischen Sinne werden sicher beide verglichenen Aufnahmen sein. Aber wo liegt der Unterschied in der Qualität?

2.6 Eignungsdiagnostik, Potenzial, Kompetenzen

Im Folgenden gehen wir kurz auf die unterschiedlichen Begrifflichkeiten Eignungsdiagnostik, Potenzial und Kompetenzen ein und grenzen sie gegeneinander ab.

2.6.1 Eignungsdiagnostik

Die Auswahl von Personal mittels psychologischer Auswahlverfahren wird gemeinhin als Eignungsdiagnostik bezeichnet.

> **❗ Wichtig**
> Der Begriff der Eignungsdiagnostik beschreibt ein Vorgehen, in dem aus den Anforderungen einer Stelle personenrelevante Anforderungen abgeleitet werden, die in einem eignungsdiagnostischen Prozess abgetestet werden.

Dieses Abtesten geschieht zumeist über die Beurteilung von Bewerbungsunterlagen, über die Durchführung eines Vorstellungsgespräches oder aber auch durch die Durchführung psychodiagnostischer Tests. Zu nennen sind hier etwa Persönlichkeits-, Konzentrations- oder Intelligenztests.

Tests auf dem Prüfstand

Schuler (1998) weist jedoch darauf hin, dass sich mithilfe von eignungsdiagnostischen Testverfahren **nur bedingt verbesserte Ergebnisse** erzielen lassen, als es durch eine rein zufällige Auswahl der Mitarbeiter möglich ist. Die Ursachen hierfür sind vielfältig. Diese hier in Gänze auszuführen würde in eine grundsätzliche Methodendiskussion münden, was an anderer Stelle bereits geschehen ist (Lang-von Wins 2007). Einige grundsätzliche Schwierigkeiten in der Verwendung eignungsdiagnostischer Instrumente können wir jedoch festhalten:

> **❗ Wichtig**
> Grundsätzlich ist jede Eignungsdiagnostik nur so gut, wie die Anforderungsanalyse, die ihr vorausgeht.

Wenn also zu Beginn eines Auswahl- und Bewerbungsprozesses die Anforderungen nicht klar oder nicht konkret auf die Stelle bezogen analysiert werden, so können alle folgenden Ergebnisse nur irreführend sein und zu einer Scheinobjektivität führen.

Häufig suchen Personalverantwortliche nach besonders »intelligenten« Mitarbeitern. Die meisten von ihnen würden eine Person bevorzugen, die in einem Intelligenztest ein besseres Ergebnis erzielt hat, als ein anderer Bewerber. Dieses Urteil lässt jedoch unbeachtet, ob für die jeweilige Stelle tatsächlich die mit einem Test gemessene Intelligenz die erfolgskritische Größe darstellt. Vielleicht gibt es ganz andere persönliche oder fachliche Eigenschaften der Bewerber, die außer Acht gelassen würden, wenn man die eigene Entscheidung nur oder vor allem auf das Ergebnis eines Intelligenztests stützen würde. Ebenso verhält es sich mit anderen Tests, die praxisfern sind. Hier werden psychologische Konstrukte abgetestet, die nur mit einigem Aufwand und einiger Ungenauigkeit auf die konkrete Arbeitsleistung übertragen werden können. Tests bilden nicht den Arbeitsalltag ab, denn dieser besteht in den wenigsten Fällen aus Aufgaben, die auch nur entfernt Ähnlichkeit mit den Aufgaben eines Intelligenztests haben

Was sagt »Testintelligenz« aus?

(Zahlenreihen fortsetzen, Analogiepaare erkennen, Schlauchgebilde in Glaswürfeln gedanklich drehen …).

Ebenso verhält es sich mit Tests, die eher die Persönlichkeit des Probanden oder Bewerbers erkennen sollen. Zumeist neigen Personalverantwortliche, wie alle anderen Menschen auch dazu, Personen sympathisch zu finden und in der Folge auch für kompetent zu halten, die ihnen selbst ähnlich sind. Wenn nun ein Anforderungsprofil gebildet wird, in dem persönliche Eigenschaften eines Bewerbers abgebildet werden sollen, die diesen für eine Stelle qualifizieren sollen, so unterläuft den Personalverantwortlichen häufig folgender Fehler: Statt aus den Anforderungen einer Stelle die Eigenschaften einer Person zu definieren, die einen Bewerber für diese Stelle in besonderer Weise qualifizieren würden, werden häufig Kriterien definiert, die sich implizit vor allem daran orientieren, welchen Bewerber man gerne annehmen möchte, wer einem sympathisch, wer einem ähnlich oder auch wer einem nicht hinderlich sein wird. Auf diese Weise wird eine scheinbar objektive Personalauswahl aufgrund von wissenschaftlichen Testergebnissen getroffen, die allerdings von ihren Grundannahmen her wiederum sehr subjektiv geprägt sein kann. Doch damit erschöpft sich die Problematik der Verwendung von psychometrischen Tests noch nicht.

Problematik der Testkonstruktion

Wenn wir uns vor Augen führen, wie einerseits ein psychometrischer Text konstruiert und andererseits in der Praxis angewandt wird, so ergeben sich noch weitere Schwierigkeiten für dessen praktische Anwendung, bzw. seine Vorhersagekraft: Ein psychodiagnostischer Test wird in einem langwierigen, sich über Jahre hinstreckenden Prozess normiert. Das bedeutet, dass jeder erzielte Wert in dem jeweiligen Test mit einem Referenzwert einer repräsentativen Kontrollgruppe verglichen werden kann. Auf diese Weise kann jede getestete Person später im Vergleich zu einer angenommenen Grundgesamtheit, also bspw. der Gesamtbevölkerung gesehen werden.

Allerdings stellt sich heraus, dass diese Werte über eine begrenzte Halbwertszeit verfügen. Die Referenzwerte verändern sich also über die Zeit hinweg. Was vor zehn Jahren bspw. in einem Test für technisches Grundverständnis als gutes Ergebnis gelten konnte, mag heute bereits an Wert verloren haben, weil sich das allgemeine Niveau des Technikverständnisses in den vergangenen Jahren rasant gewandelt hat. Gleichermaßen wird sich im Bereich der Persönlichkeitstests in den vergangenen Jahrzehnten die zugrunde liegende Definition und das normierte Verständnis dessen, was als extrovertiert zu beschreiben ist, gewandelt haben. Eine Person, die in den 1970er Jahren noch als unangepasst gegolten haben mag, ist als Teil einer Referenzgruppe für unkonventionelles Verhalten aus heutiger Sicht kaum mehr geeignet.

Zum einen verliert ein Test also über die Jahre an Gültigkeit, da sich die Normen hinsichtlich Leistung und Werteverständnis verschieben und dies geschieht mitunter nicht nur über Jahrzehnte, sondern auch über wenige Jahre hinweg.

Es stellt sich jedoch noch ein weiteres Problem: Gesetzt den Fall, es wurde eine angemessene Anforderungsanalyse durchgeführt und die vermeintlich erfolgskritischen Eigenschaften wurden abgetestet, so können wir vielleicht eine Aussage darüber treffen, ob die betreffende Person zu den gegenwärtigen Bedingungen mit ihren gegenwärtigen Eigenschaften für die jeweilige Position geeignet wäre. Allerdings ist eine Aussage darüber, wie die betreffende Person mit sich verändernden Arbeitsanforderungen umgehen wird schwierig, und eine Aussage darüber, in welcher Weise sich die Person selbst entwickeln wird, im Rahmen einer statusdiagnostischen Vorgehensweise schlicht nicht vorgesehen. Durch eine sauber durchgeführte eignungsdiagnostische Maßnahme erhalten wir demzufolge nur eine momentane Aussage über eine etwaige Passung zwischen den Anforderungen einer Stelle und den Eigenschaften einer Person. Allerdings stellt sich an dieser Stelle die berechtigte Frage, als wie angemessen eine solch momentane Aussage in einer sich immer schneller wandelnden Arbeitswelt erscheinen muss. Möglicherweise passt also eine Person zum derzeitigen Anforderungsprofil einer Stelle, nicht jedoch dazu, wie sich die Stelle in den kommenden Monaten entwickeln wird.

Denn **feste Berufs- und Anforderungsprofile gibt es** – wie wir alle wissen – seit einigen Jahren **kaum mehr**. Vorhersagen über berufliche Anforderungen in den kommenden Jahren sind äußerst vage und spekulativ geworden. Es steht nicht zu erwarten, dass sich an diesem Umstand zukünftig etwas ändern wird. Im Gegenteil: Alle Zeichen deuten darauf hin, dass wir immer stärker den sich verändernden Anforderungen und Rahmenbedingungen ausgeliefert sein werden, innerhalb derer eine statusdiagnostische Beurteilung von Personen mehr und mehr an Bedeutung verlieren wird.

Was bedeutet das jedoch hinsichtlich der Vorhersage von Verhalten einer Person? Welche Aussagen können Personalbeurteiler überhaupt treffen, wenn die Bedingungen, unter denen sich Bewerber und Mitarbeiter bewähren sollen, vollkommen oder zumindest weitgehend ungeklärt sind?

Es kann für diese Fragen und offenen Probleme nur eine logische Erklärung geben.

> **Wichtig**
> Da die Bedingungen der Unsicherheit bzgl. der kommenden Anforderungen nicht geändert werden können, werden in Zukunft in der Personal- und Potentialbeurteilung die Person

Eignungsdiagnostik ist Statusdiagnostik

des Bewerbers oder Mitarbeiters ebenso in den Vordergrund rücken, wie die Person des Beurteilers. Nicht die Instrumente werden über die Qualität von Personalbeurteilung und Personalauswahl entscheiden, sondern die Personal- und Potenzialbeurteiler selbst sind das »Instrument«, das weiterentwickelt werden muss.

Einsatz herkömmlicher Tests ist der Zeit nicht angemessen

Sie selbst also, die Sie Personen hinsichtlich Ihres Potenzials und in Bezug auf Ihre Kompetenzen beurteilen sind das Werkzeug, das Sie schulen müssen. Dabei werden Sie sich nicht mehr auf schematisierende Entscheidungsbäume und immer weniger auf objektivierende Testverfahren stützen können. Denn diese Verfahren verlieren, wie oben dargestellt, immer mehr von ihrer Vorhersagekraft in einer sich dynamisierenden Arbeitswelt.

Als Personalbeurteiler müssen Sie sich also darin schulen, Kompetenzen von Personen beurteilen zu können. Da Sie in einem Unternehmen arbeiten, müssen Sie dies mit Hilfe einer Systematik tun, die auch für andere nachvollziehbar ist, die Ihr Wissen nicht bei Ihnen selbst belässt, sondern in die Struktur des Unternehmens »einspeist«.

Aus diesem Grund können wir in diesem Buch auch keine Methode der Potenzialbeurteilung vorschlagen, was Sie im Rahmen eines praxisorientierten Buches überraschen mag. Ziel dieses Buches ist es vielmehr, Ihnen darzulegen, in welcher Weise Sie für sich selbst eine Methode der Potenzialbeurteilung entwickeln können. Es muss eine Methode sein, die zu Ihnen passt und mit der Sie optimal arbeiten können. Dieses Buch soll Sie auf diesem Weg begleiten und Ihnen Handreichungen dazu geben, ein Vorgehen der Potenzialbeurteilung zu entwickeln, das Ihren Anforderungen, die sich wiederum selbst ständig verändern, am besten entspricht, und das sie selbst den dynamischen Bedingungen in der Arbeitswelt und in Ihrem konkreten Unternehmen beständig aktualisieren und anpassen können.

2.6.2 Potenzialanalyse

Wie wir gesehen haben, bringen eignungsdiagnostische Vorgehensweisen in der Auswahl von Personal einige grundsätzliche Schwierigkeiten mit sich. Insbesondere das statische Verständnis von Personeneigenschaften und sich dynamisch verändernde Anforderungen, denen sich die Person gegenübersieht, sind hier als wesentliche Hemmnisse für eine lernende und somit auch stets aktuelle oder zumindest immer wieder aktualisierte Potenzialbeurteilung zu nennen. Ein Ausweg aus diesem Dilemma der statischen Beurteilung schien lange Zeit ein Vorgehen zu sein, das man als **Potenzialanalyse** zusammenfassen kann.

Hauptsächlich mit der Durchführung von Assessment-Centern in der Gruppe oder auch als Einzelverfahren wurde versucht, Auskunft darüber zu erlangen, über welche Potenziale Personen verfügen. In welcher Weise sie sich also innerhalb der kommenden Jahre im Unternehmen entwickeln würden und welche Hierarchiestufe sie realistischerweise wohl erreichen könnten. Im Gegensatz zum zuvor beschriebenen Ansatz der klassischen Eignungsdiagnostik, in der sowohl Person als auch Anforderung als statische Größe verstanden werden, finden wir in der potenzialanalytischen Vorgehensweise nun eine Dynamisierung der Person vor. Nicht nur der aktuelle Zustand einer Person und deren Passung zu den aktuellen Anforderungen werden beurteilt, sondern auch die Entwicklungsmöglichkeiten dieser Person.

Assessment-Center als scheinbar objektives Vorgehen

Wir wollen an dieser Stelle nicht die möglichen Vorgehensweisen, die sich als potenzialanalytisch bezeichnen lassen, aufführen und besprechen. Vielmehr hinterfragen wir, in welcher Weise auch ein potenzialanalytisches Vorgehen nur begrenzte Aussagen treffen kann.

Der wesentliche Problempunkt einer solchen Vorgehensweise liegt darin, dass man dabei zumeist davon ausgeht – zumindest implizit – genau zu kennen, welche Anforderungen in den kommenden Jahren im Unternehmen gestellt werden. Es wird also suggeriert, die Karriereleiter innerhalb des Unternehmens zu kennen und deshalb eine verlässliche Aussage darüber treffen zu können, wie weit der jeweilige Bewerber auf dieser Leiter aufsteigen können wird.

> ❗ **Wichtig**
> Gegenüber einer Annahme, in der also sowohl Person als auch Anforderungen als statisch angenommen werden, kann man die Potenzialanalyse als Verfahren beschreiben, in dem zwar die Person als dynamisch, bzw. entwicklungsfähig aufgefasst wird, die Bedingungen, innerhalb derer sie sich bewegt, also im Wesentlichen das Unternehmen, als eine Größe mit konstanten, weitestgehend statischen Bedingungen beschrieben wird.

Dies ist eine sicher sinnvolle und häufig auch erfolgreiche Vorgehensweise, die sich jedoch mitunter mehr Vorhersagekraft zuspricht, als sie tatsächlich zu leisten imstande ist.

> ❗ **Wichtig**
> Auch in der Potenzialanalyse gilt die Devise, dass jede Potenzialanalyse und daraus folgende Prognose nur so gut sein kann, wie die ihr vorausgehende Anforderungsanalyse.

Wie wir bereits festgestellt haben, kann eine Anforderungsanalyse jedoch in Zeiten des **Strukturwandels** und der permanenten und sich stets darüber hinaus noch beschleunigenden **Veränderungsdynamik** in der Arbeitswelt und damit auch in beinahe jedem Unternehmen nur noch in sehr begrenztem Maße darüber Auskunft geben, mit welchen Anforderungen der Einzelne in den kommenden Jahren konkret konfrontiert sein wird. Wenn die wirtschaftlichen Gegebenheiten oder die Entscheidungen der Geschäftsführung einen Umbau des Unternehmens zur Folge haben, können sich die Aufgaben der Mitarbeiter zuweilen innerhalb sehr kurzer Zeit mehrfach sehr stark verändern und unter Umständen nur noch wenig mit den Anforderungen zu tun haben, aufgrund derer eine Vorhersage über ihre Bewährung innerhalb des Unternehmens versucht wurde.

Problem der sich wandelnden Anforderungen

Interessant ist in diesem Fall, der uns in den kommenden Jahren sicherlich immer häufiger begegnen wird, die Frage danach, wie wir Vorhersagen über das Verhalten und über die Entwicklung von Personen treffen können, wenn wir uns eingestehen müssen, gar nicht mehr zu wissen, welchen Anforderungen diese in den kommenden Jahren genau ausgesetzt sein werden. Wir befinden uns in diesem Punkt erst am Beginn einer Entwicklung. Noch gibt es viele Menschen, die in relativ stabilen Berufsfeldern arbeiten, also bspw. im Wesentlichen in ihrer beruflichen Laufbahn stets mit Wirtschaftsprüfungsaufgaben zu tun zu haben oder in vergleichbaren Kontexten arbeiten. Viele Menschen erfüllen noch im Großen und Ganzen Aufgaben, die mit ihrer Qualifikation als Ingenieur, Mediziner, Jurist, Psychologe o. Ä. zusammenhängen. Wir können jedoch bereits heute absehen, wie sehr sich die Tätigkeiten von Personen immer mehr von den, durch ihre Basisqualifikation definierten, Aufgabenfeldern entfernen und somit die **Ausbildungsabschlüsse** mehr und mehr an **prognostischer Kraft** hinsichtlich der künftigen Einsatzfelder der jeweiligen Absolventen **verlieren**.

Es erweist sich als problematisch, das Potenzial einer Person vorhersagen zu wollen, weil sich dieses immer auf einen relativ genau gefassten Referenzrahmen beziehen muss, auf Aufgaben- und Tätigkeitsfelder, auf eine Organisationsstruktur, eine Hierarchie, innerhalb derer sich eine Person in den kommenden Jahren vertikal oder horizontal bewegen kann. Entfällt dieser klar umrissene Referenzrahmen, so werden auch Vorhersagen über zukünftiges Verhalten immer unsicherer, um nicht zu sagen: unsinniger. Höchstens auf folgende Aussage kann man sich aufgrund eines solchen Vorgehens noch zurückziehen, die ungefähr lauten müsste:

> Wenn unsere Messung der Eigenschaften dieser Person genau ist, dann können wir uns für den Fall, dass sich an den äußeren Arbeits-

bedingungen und an der Plänen der Person nichts oder nur wenig ändert, mit gewisser Wahrscheinlichkeit vorhersagen, wie sie sich in den kommenden Jahren entwickeln wird.

Es stellt sich die Frage, ob es angesichts solcher Unsicherheiten nicht sinnvoller wäre, Bewerber mithilfe eines Münzwurfs oder eines Würfels auszuwählen. Der Aufwand hierfür wäre deutlich geringer und gaukelt zumindest keine Objektivität und prognostische Kraft vor, die faktisch nicht einzuhalten ist.

2.6.3 Kompetenzorientierung

Im gleichen Maß, in dem sich der Wandel der Anforderungen beschleunigt, haben die beiden oben genannten Herangehensweisen von Potenzialanalyse und Eignungsdiagnostik inhaltlich an Bedeutung verloren. Diese Veränderung lässt sich schwer belegen. Allerdings ist das Aufkommen eines neuen Konstruktes ein klarer Hinweis auf die aufgestellte These: So hat der Begriff der Kompetenz in den vergangenen zehn Jahren mehr und mehr in der Forschung und etwas zeitversetzt auch in Politik und Wirtschaft an Bedeutung gewonnen. Mit der Einführung des Begriffs der **Kompetenz** wird versucht, den aktuellen, sich beschleunigenden Entwicklungen in der Arbeitswelt Rechnung zu tragen.

Allerdings muss in diesem Zusammenhang eingeräumt werden, dass es bislang noch kein kohärentes Theoriegebäude gibt, das befriedigende Antworten auf die Fragen gibt, wie Kompetenz entsteht, wie sie sich weiterentwickeln lässt und letztlich auch, was unter Kompetenz genau zu verstehen ist. Dennoch kann der Begriff der Kompetenz wesentlich dazu beitragen, den aktuellen Problemen, die in der Beurteilung von Personen eine Rolle spielen, sehr fruchtbar und sinnvoll zu begegnen. Warum und in welcher Weise wird im Folgenden erörtert. Um jedoch zunächst eine Grundlage für ein gemeinsames Verständnis von Kompetenzen zu schaffen, befassen wir uns zunächst mit dem Begriff und seiner Bedeutung.

Was sind Kompetenzen?

Es gibt Kompetenzentwicklungsprogramme, -messverfahren, Forschungsetats für das Thema Kompetenzen. Regierungen, Universitäten und Unternehmen beschäftigen sich mit Kompetenzen. Aber es herrscht alles andere als Klarheit darüber, was Kompetenzen eigentlich genau sind.

Kompetenz – ein vielfältiger Begriff

Einige Vorschläge für die Definition des Begriffs Kompetenzen:
- Kompetenzen sind ein Bündel aus Kenntnissen, Fertigkeiten und Einstellungen.[3]
- Kompetenzen beschreiben das individuelle Vermögen, die Befähigung und das Potenzial eines Menschen.[4]
- Kompetenzen bezeichnen die Fähigkeit der Bewältigung komplexer Anforderungen, indem in einem bestimmten Kontext psychosoziale Ressourcen (einschließlich kognitive Fähigkeiten, Einstellungen und Verhaltensweisen) herangezogen und eingesetzt werden.[5]
- Kompetenzen sind Selbstorganisationsdispositionen.[6]

Wir wollen uns nicht anmaßen, einem dieser Definitionssätze seine Berechtigung abzusprechen. Doch es fällt uns schwer, die einzelnen Sätze in ihrer Bedeutung voneinander abzugrenzen. Zudem werden unterschiedliche Begrifflichkeiten in die Diskussion geworfen, die einer Klärung bedürfen. Wenn Kompetenzen ein Bündel sind, dann stellt sich etwa die Frage, ob und in welcher Weise, die Elemente eines solchen Bündels miteinander interagieren. Wodurch ist erfolgreiches Handeln gekennzeichnet?

Was meint der Begriff der Selbstorganisation – bedeutet er, Kompetenzen entstünden und entwickelten sich quasi von selbst? Welche Annahme steckt hinter dem Wort Disposition? Die Skala möglicher Bedeutungen reicht von der genetischen Veranlagung über die Einstellung gegenüber Dingen und Sachverhalten bis hin zu einem Verständnis von Disposition als einem Zur-Verfügung-Stehen. Betrachten wir darüber hinaus, wenn wir das Können von Personen beurteilen wollen, nicht eigentlich das Handeln und nähern uns dem eigentlichen Objekt unserer Untersuchung somit auf einem Umweg?

Darüber hinaus gibt es noch ein weiteres Problem bzgl. der »Beobachtbarkeit« oder Messbarkeit von Kompetenzen. Sofern wir Kompetenzen als erfolgreiches Handeln verstehen, dann setzen wir den Kompetenzbegriff mit dem Begriff der »Performanz« gleich. Wir beobachten, was jemand kann und stellen fest, ob die beobachtete Person eine Handlung adäquat ausführt. Allerdings erfahren wir auf diese Weise noch nicht, über welche Handlungsmöglichkeiten die Person über die unmittelbar beobachtete Handlung hinaus verfügt, und in welchen unterschiedlichen Handlungskontexten die betroffene Person

---

[3] Definition der EU-Kommission (2005)
[4] Definition des Bundesministeriums für Bildung und Forschung
[5] Definition der OECD (2005)
[6] Definition nach Erpenbeck (2003)

ihre Handlungsweise anwenden kann. Denn darin besteht Kompetenz nach den meisten Definitionen, dass man eine Handlungsweise auf neue Situationen adäquat anpassen kann.

> **Exkurs**
>
> Der Psycholinguist Chomsky hat auf das Problem der Spannung zwischen Performanz und Kompetenz bereits in den 1970er Jahren aufmerksam gemacht (Dresselhaus 1979). Chomsky wies darauf hin, dass wir an einer Person immer nur ihre unmittelbare Sprachfertigkeit beobachten können. Allerdings verfügen Menschen über unterschiedlich ausgeprägte Fähigkeiten, sich die unendlichen Kombinationsmöglichkeiten, die uns durch die Sprache gegeben sind, zunutze zu machen. Möglicherweise formulieren zwei Personen etwa ein und denselben Satz, oder lösen in einem Intelligenztest eine sprachliche Aufgabe in ein und derselben Weise. Sie zeigen also dieselbe Performanz. Jedoch lässt sich aus dieser Performanz nicht linear zurückverfolgen, welche und wie viele andere Möglichkeiten der jeweiligen Person zur Verfügung stehen, mit ihrem individuellen Sprachschatz umzugehen. Wir müssen also unterscheiden zwischen den Begriffen der Kompetenz und der Performanz. Im landläufigen Sinn jedoch wird dies häufig nicht getan und die beiden Begriffe werden gleichgesetzt, ohne zu berücksichtigen, dass es an ganz unterschiedlichen Faktoren liegen kann, wenn zwei Personen mit ähnlich ausgeprägter Kompetenz eine ganz unterschiedliche Performanz zeigen können.

Wir stehen also hinsichtlich der Kompetenzen vor einer Reihe offener Fragen, die wir nur zum Teil und auch dann häufig nur vorläufig beantworten können. Doch eine andere Erkenntnis reift in uns, wenn wir merken, dass wir gewillt sind, beinahe jeglicher Kompetenzdefinition zunächst zuzustimmen, ihr aber noch einen ergänzenden Nachsatz nachschieben zu wollen: Kompetenzen scheinen nicht einfach nur Eigenschaften von Personen zu bezeichnen. Kompetenzen bezeichnen mehr als einen bloßen Zustand.

> ❗ **Wichtig**
> **Kompetenzen beziehen sich sowohl auf die Person, als auch auf das Handeln einer Person, als auch auf die Umgebung, in der dieses Handeln stattfindet. Möglicherweise ist die definitorische Unschärfe ein wesentlicher Bestandteil des Kompetenzkonzeptes.**

Vielleicht ist es Bestandteil von Kompetenzen, dass man sie nicht letztgültig definieren, sondern nur von verschiedenen Blickwinkeln aus betrachten und beschreiben kann. Das wäre in der Tat eine interessante

Unschärfe ist kennzeichnend für die Definition von Kompetenz

Neuerung: Man könnte Kompetenz als ein Konstrukt verstehen, das per se in seiner Anlage immer wieder nur als vorläufige Übereinkunft besteht. Wir werden diesen Gedanken festhalten. Unter Umständen weist er uns einen Weg aus dem definitorischen Dickicht, auf das bereits der Psychologe Weinert (2001) hinwies, als er feststellte, dass ein negatives Verhältnis zwischen der Verbreitung des Kompetenzbegriffes und seiner Eindeutigkeit bestehe. Wir können nicht davon ausgehen, inzwischen einen Fortschritt gemacht zu haben, indem die Eindeutigkeit erhöht wurde und das Wirrwarr unterschiedlicher Kompetenzbegrifflichkeiten eingedämmt oder gelichtet wäre. Ganz im Gegenteil. Da es kein kohärentes Theoriegebäude über Kompetenz und deren Entstehung gibt, ist anzunehmen, dass die Unklarheit, oder sagen wir die Vielfalt der Auffassungen darüber, was Kompetenzen sein können, gewachsen ist. Und nicht nur das – möglicherweise ist die Vielfalt der Kompetenzdefinitionen essentieller Bestandteil dessen, was Kompetenzen tatsächlich sind.

Natürlich ist diese Feststellung unbefriedigend. Sie sagt etwa ähnliches aus, wie wenn ein Physiker über die »Weltformel« spricht und darüber sinniert, ob es vielleicht Teil einer Gesetzmäßigkeit dieser Formel sei, dass der Mensch a priori gar nicht in der Lage sei und es per Definition vielleicht auch niemals sein wird, diese zu erkennen.

Aus diesem Grund ist es angebracht, nach Gemeinsamkeiten unter den unterschiedlichen Kompetenzdefinitionen zu suchen, um zu einer Arbeitsdefinition von Kompetenzen zu kommen und zu einem gemeinsamen Verständnis dessen, was man beschreibt, wenn man Kompetenzen zu beobachten und auch zu bewerten versucht.

Den unterschiedlichen Definitionen von Kompetenzen sind insbesondere folgende Merkmale gemein, die wir als Teil einer Arbeitsdefinition von Kompetenzen festhalten wollen:

- Kompetenzen sind stets auf Handlungen bezogen. Kompetenzen sind also nicht einfach psychologische Konstrukte, die quasi als Persönlichkeitseigenschaft in einer Person schlummern, sondern Kompetenzen bezeichnen immer die Möglichkeit einer Person, konkrete Aufgaben erfolgreich zu bewältigen.
- Kompetenzen sind Individualitätsmerkmale. Zwar können zwei Personen eine Aufgabe erfolgreich bearbeiten, was jedoch nicht bedeutet, dass diese beiden Personen auch über dieselbe Kompetenz verfügen, da sie die jeweilige Aufgabe auf verschiedene Weise gelöst haben können, ja vielleicht sogar ganz unterschiedliche Kompetenzen dazu eingesetzt haben.
- Kompetenzen befähigen dazu, nicht nur eine Aufgabe, die immer wieder identisch ist, erfolgreich zu bearbeiten, sondern auch mit neuen, zunächst unbekannten Aufgaben angemessen zurechtzukommen.

Insbesondere der letzte der genannten drei Punkte verweist darauf, warum diese Kompetenzbeschreibung für eine Zeit, die sich dramatisch im Wandel befindet und kaum verlässliche Vorhersagen über künftige Entwicklungen zulassen, als diejenige, dass sich allerlei Anforderungen weiterhin dynamisieren und deshalb immer schlechter vorhersagbar werden, ein angemessener Ansatz sein kann.

Dies alles soll nun nicht bedeuten, dass wir Kompetenzen überhaupt nicht bestimmen oder benennen können, ganz im Gegenteil: Das Konstrukt der Kompetenzen erscheint wie erwähnt als besonders geeignet, mit den aktuellen Anforderung der Arbeitswelt umzugehen. Doch sollten wir festhalten, dass eine eindeutige Bestimmung davon, was Kompetenz ist, und wie eine einzelne Kompetenz ausgeprägt ist, verabschieden können.

Kompetenz als geeignetes Konstrukt

> **❗ Wichtig**
>
> Wir können Kompetenzen und deren Ausprägung demnach beschreiben. Dabei sind wir auf Beobachtung und Selbstauskünfte von Personen, deren Kompetenzen wir beschreiben wollen, angewiesen. Ein objektivierter Ansatz, in dem wir Kompetenzen ähnlich einer naturwissenschaftlichen Größe wie etwa der Temperatur oder dem Gewicht eines Gegenstandes, messen können, entspricht einerseits nicht dem Konzept von Kompetenzen und ist darüber hinaus langfristig nicht praxistauglich.

2.7 Beurteiler und System der Potenzialbeurteilung

Der Beurteiler – nicht die Methode – ist das eigentlich erfolgskritische Element der Potenzialbeurteilung. Methoden und bestimmte Instrumente sind nur Hilfsmittel, um eine gute und abgewogene Entscheidung zu treffen. **Ausschlaggebend ist die Kompetenz des Beurteilers**. Sie beeinflusst seinen Umgang mit den Methoden, die Durchführung des Beurteilungsprozesses und die Interpretation der Daten ganz wesentlich.

In diesem Zusammenhang sind drei Themen für die lernende Personalauswahl und -beurteilung von besonderer Bedeutung. Die erste Frage, die sich hier stellt, ist die grundlegende Frage nach dem »Warum«: Weshalb ist es sinnvoll, das eigene Vorgehen beständig durch Weiterlernen zu verbessern? Wir haben diese Frage bereits in den einleitenden Bemerkungen am Anfang dieses Buches angesprochen und sie hat uns weiter durch die zurückliegenden Kapitel begleitet; wir werden sie nun vertiefen. Hier schließen sich auch gleich die nächsten

Fragen an: In welchen Bereichen kann Lernen im Rahmen des Potenzialbeurteilungsprozesses stattfinden? Und wie kann man in diesem Bereich nachhaltig lernen und die eigene Beurteilungskompetenz verbessern? Auf diese Fragen gehen wir im Folgenden ein.

2.7.1 Warum Lernen?

Diese Frage ist so grundlegend, dass sich eigentlich ganz selbstverständlich eine Antwort darauf finden lassen müsste. Auf einer allgemeinen und formalen Ebene könnte die Antwort auf die Frage, warum wir lernen, etwa so aussehen: Unsere Welt ist nicht statisch, sondern sie verändert sich ständig. Wenn wir uns als ein handelndes System begreifen, dessen Ziel es ist, in einer sich ständig verändernden Welt handlungsfähig zu bleiben, dann stehen wir vor der Aufgabe, die in bestimmten Kontexten Erfolg versprechenden Handlungsweisen und -strategien ständig den veränderten Anwendungs- und Ausführungsbedingungen anzupassen.

Dies sei an einem einfachen Beispiel erläutert: Wenn wir gehen, dann ist das nicht nur Bewegung, sondern auch ein ständiges Abtasten des Bodens. Verändert sich die Beschaffenheit des Bodens – wird er wellig, geht es bergauf oder bergab – oder liegen Hindernisse im Weg, passen wir unsere Art des Gehens den veränderten Gegebenheiten an oder weichen den Hindernissen aus. Tun wir dies nicht, können wir unseren Weg nicht ohne Weiteres fortsetzen: Wir stolpern und laufen Gefahr, zu stürzen.

Lernen ist Anpassung an sich verändernde Bedingungen

Wenn wir nun aber ganz konkret danach suchen, wo wir lernen, wo sich die Kontexte in unseren Lebenswelten verändern, dann tun wir uns zunächst einmal schwer, eine klare Antwort zu finden. Woran liegt das? Man könnte auf unterschiedlichen Ebenen nach einer Antwort suchen, und z. B. der ständigen Veränderung und der notwendigen Anpassung das persönliche Bedürfnis nach Stabilität und Sicherheit gegenüberstellen. Die Antwort würde dann also lauten: Wir tun uns deswegen schwer, **weil wir nicht ständig lernen wollen,** denn die ständige Veränderung macht Angst und die immer neuen Anpassungsleistungen sind aufwendig. Das ist vermutlich nicht ganz falsch, doch wollen wir uns damit noch nicht zufrieden geben. Kommen wir nochmals zu unserem Beispiel vom Gehen zurück: Hier finden ständig Anpassungsleistungen statt, die uns, falls sie uns bewusst werden, kaum nachhaltig beschäftigen. Sie erhalten auf eine pragmatische Art unsere Handlungsfähigkeit und helfen uns dabei, unseren Weg auch bei veränderten Bedingungen zu finden und weiterzugehen. Sobald wir ein Hindernis oder eine veränderte Bodenbeschaffenheit erkennen, passen wir unsere Gehweise den neuen Bedingungen an.

Man könnte sagen, dass Lernen vor allem dann stattfindet, wenn wir mit unseren herkömmlichen Handlungsprogrammen nicht mehr weiterkommen, wenn wir sie anpassen müssen. Bezogen auf unser Bild vom Gehen würde Lernen also in der erfolgreichen Überwindung von Hindernissen oder der angemessenen Veränderung des Gehens in Hinblick auf eine veränderte Bodenbeschaffenheit bestehen. Tatsächlich ist das aber noch nicht wirklich Lernen.

> **Wichtig**
> **Lernen ist sehr viel komplexer und bezieht sich nicht immer auf direkt beobachtbare Handlungen, wie es in unserem Beispiel vom Gehen der Fall ist. Lernen findet auf der Ebene von Wahrnehmungen, Einstellungen, Emotionen, Bewegungen und kognitiven Steuerungsmechanismen statt.**

Darüber hinaus findet Lernen häufig gar nicht willentlich in dem Sinne statt, dass wir etwas **lernen wollen**. Kommen wir kurz zurück auf unser Argument, dass Lernen eine Anpassungsleistung sei. Interpretieren wir Lernen so weit, dann lernen wir vor allem im **Vollzug von Handlungen**, im aktiven Tun, in der Bewältigung realer Probleme in der realen Welt. Dieses »Lernen im Vorbeigehen« macht einen wesentlichen Teil dessen aus, was wir uns im Laufe unseres Lebens aneignen. Damit wird deutlich, dass die Frage **warum** wir lernen unmittelbar mit der Frage verknüpft ist, **wo** wir lernen. Wissenschaftliche Schätzungen gehen davon aus, dass wir mindestens drei Viertel dessen, was wir können, nicht in formalen Bildungsinstitutionen erlernen, sondern uns bei der Bewältigung von Alltagsaufgaben aneignen.

Lernen findet im Handeln statt

Doch hier stellt sich ein Problem: Wenn Lernen Anpassung ist, dann sind die Dinge, die wir erlernen in den Kontexten am besten brauchbar, in denen sie entwickelt wurden. Sie sind dort sinnvolle Problemlösungen, wo sie unmittelbar entwickelt wurden, um uns handlungsfähig zu erhalten. Wir neigen jedoch dazu, Lösungs- und Erklärungsansätze zu verallgemeinern, und von den Kontexten, in denen sie funktional sind, solange in andere Kontexte zu übertragen, bis ihr Einsatz offenkundig nicht mehr zielführend ist. Diese Schwelle variiert von Person zu Person und von Lebensbereich zu Lebensbereich.

Es gibt unterschiedliche Strategien, um mit den Schwellen umzugehen. Grob könnte man die Extreme dieser Strategien als **abwehrend** oder **aktiv suchend** beschreiben. Das, was wir etwas salopp als abwehrende Strategien bezeichnen, bezieht sich auf das Ignorieren von Informationen, die darauf hindeuten, dass bestimmte Lösungsansätze nicht angemessen sind. Eine aktiv suchende Vorgehensweise dagegen versucht, die Angemessenheit von Erklärungsansätzen und Lösungsstrategien zu reflektieren, bevor Fehler passieren – um damit wichtige

Reflexion und Kompetenzentwicklung

Steuerungsmöglichkeiten zu erhalten. Der Kompetenzerwerb findet vor allem auf diese Weise statt – über die **aktive Reflexion des eigenen Denkens und Handelns**. So können die bisher erlernten Inhalte an andere Bereiche angepasst werden, und in der Veränderung des bisher Erlernten findet wiederum neues Lernen statt. An dieser Stelle wird Lernen tatsächlich greifbar und findet seinen Platz im Konzept der lernenden Potenzialbeurteilung.

Was ist nun damit gemeint, dass frühere Erfahrungen auf ihre Tauglichkeit in neuen Kontexten überprüft werden müssen, und was hat das mit der Potenzialbeurteilung zu tun? Die Potenzialbeurteilung ist eine höchst komplexe Tätigkeit, die in hohem Maß auf dem persönlichen Eindruck beruht, den Personalpraktiker von den Kandidaten gewinnen, mit denen sie zu tun haben. Im Rahmen der sozialen Wahrnehmung finden Übertragungen von früheren Erfahrungen statt, die häufig nicht bewusst reflektiert werden.

> **❗ Wichtig**
> **Der Maßstab der Potenzialbeurteilung verschiebt sich damit von einem (objektiven) auf Anforderungen bezogenen Vorgehen hin zu einer Deutung von Verhaltensweisen und anderen Signalen vor dem persönlichen Erfahrungshintergrund des Beurteilers.**

Das ist nicht grundsätzlich schlecht – Es kann das Urteil über das Potenzial eines Kandidaten aber erheblich verzerren, wenn er neben den tatsächlich relevanten Anforderungen (die ohnehin schwer festzustellen sind) an dem Maßstab früherer Erfahrungen, Sympathien oder Antipathien gemessen wird, den der ihm gegenübersitzende Beurteiler verinnerlicht hat.

Es ist also notwendig, die eigenen Eindrücke zu überprüfen. Das bewusste Hinterfragen des eigenen Urteils trägt nicht nur zu einer gerechteren Beurteilung bei, sondern auch zu einer differenzierteren Beurteilungsgrundlage und damit zum Aufbau diagnostischer Kompetenz.

2.7.2 Strategisches Kompetenzmanagement

Die Potenzialbeurteilung soll dabei helfen, Mitarbeiter zu identifizieren, die Aufgaben bewältigen können, die z. T. noch nicht genau definiert werden können: verantwortlich dafür sind einerseits die sich mit zunehmender Geschwindigkeit verändernden Handlungskontexte innerhalb und außerhalb der Unternehmen, die durch die Globalisierung, technologische Sprünge und sich ändernde politische Rahmenbedingungen verursacht sind. Wer hätte z. B. Mitte der 1980er-Jahre vermutet, dass es fünf Jahre später zu einer erfolgskritischen Anforderung für exportorientierte Unternehmen werden würde, im Osten Europas und in den ehemaligen Sowjetrepubliken rasch Niederlassungen bzw. ein professionelles Netzwerk aufzubauen?

Die Potenzialbeurteilung folgt in dieser Hinsicht dem sich neu etablierenden strategischen Kompetenzmanagement in Unternehmen, das versucht, künftige Anforderungen und Mitarbeiterpotenziale aufeinander abzustimmen.

> **❗ Wichtig**
> **Ziel des Kompetenzmanagements ist es, auf der Grundlage eines aus der strategischen Planung des Unternehmens abgeleiteten Kompetenzmodells die Bedingungen für den Erwerb notwendiger bzw. erwünschter Kompetenzen auf den verschiedenen Ebenen des Unternehmens zu schaffen und die Ergebnisse zu dokumentieren (vgl. Grote et al. 2006).**

Im Sinne eines inhaltlich definierten Kompetenzmanagements werden zunehmend Kompetenzen wichtiger, die sich auf das selbstgesteuerte Lernen oder eine angemessene Einschätzung der eigenen Fähigkeiten und Stärken beziehen. Dabei handelt es sich aus theoretischer Sicht um Meta-Kompetenzen, die selbst wiederum die Entwicklung spezifischer Kompetenzen fördern, wenn sie benötigt werden. Vermehrt muss die Potenzialbeurteilung deshalb darauf ausgerichtet sein, die grundlegenden **Meta-Kompetenzen** zu erfassen bzw. einer Bewertung zugänglich zu machen.

Ohne ein in diesen Prozess zentral eingebundenes System der Potenzialbeurteilung, das nicht nur auf die Kompetenzen von neu ins Unternehmen eintretenden Mitarbeitern ausgerichtet ist, sondern auch eng mit der strategischen Personalentwicklung verzahnt ist, sind die Forderungen des Kompetenzmanagements nicht erfüllbar.

Potenzialbeurteilung als ein kompetentes System

Personalpraktiker sind mit Veränderungen auf vielen Ebenen konfrontiert, die sich auf ihre Arbeit auswirken. Daraus ergibt sich die Notwendigkeit einer ständigen, die Veränderungen begleitenden Weiterentwicklung des eigenen Vorgehens und Methodenrepertoires. Dieses fortlaufende Lernen führt auf individueller Ebene zum Aufbau und zur Weiterentwicklung von Beurteilungskompetenzen. Wenn es sich in dynamischen Regeln und Konventionen niederschlägt, kann ein **kompetentes System der betrieblichen Potenzialbeurteilung** entstehen.

Zum Erwerb dieser individuellen Kompetenzen ist die Übung eine notwendige Voraussetzung, d. h. eine häufige Durchführung des

Personalbeurteilungs- oder -auswahlprozesses. Übung alleine macht jedoch nicht kompetent, sie wäre theoretisch auch denkbar als eine endlose Wiederholung der immer gleichen Lösungsansätze, die letztlich nicht zum angestrebten Erfolg führen. Ohne ein strategisches Element wäre die Übung von geringem Nutzen, sie würde zur Verfestigung von Vorgehensweisen führen, die geringen oder keinen Realitätsbezug haben.

> **❗ Wichtig**
> **Damit Übung zu Lernen im Sinne einer aktiven Anpassungsleistung wird und sich Kompetenzen entwickeln können, ist es nötig, das eigene Handeln, seine Bedingungen und Auswirkungen immer wieder zu reflektieren und zu prüfen.**

Ein wesentliches Element der Übung ist das Nachdenken über und das Korrigieren der eingeschlagenen Lösungswege. Hier liegt der eigentliche Kern des Lernens. Ohne die Reflexion des eigenen Handelns bleiben Anpassungen zufällige Ereignisse, die in ihren Effekten nicht nachhaltig sind. Den Prozess des Lernens und des Kompetenzerwerbs kann man sich vereinfacht als Regelkreis vorstellen, in dem die Anwendung von Lösungs- oder Deutungsmustern bei bestimmten Anlässen begleitet wird von einer kritischen Reflexion der eigenen Ansätze, was wiederum zu einer Ausweitung und Spezifizierung der Lösungsmuster führt. Theoretisch ist dieser Prozess unendlich – wenn die praktische Anwendung von einer kritischen Reflexion ergänzt wird, dann ist der Aufbau bzw. die Ausdifferenzierung von Wissensstrukturen formal betrachtet eine logische Folge. Damit ist natürlich noch nichts darüber ausgesagt, wie angemessen die Deutungsmuster und Wissensstrukturen in Hinblick auf die Realität sind, doch kann man davon ausgehen, dass die Reflexion der eigenen Ansätze auch hier wieder eine wichtige Funktion erfüllt.

Wir werden im Folgenden auf zwei zentrale Lernfelder aus dem Bereich der Personalbeurteilung näher eingehen: die eigene Intuition und die soziale Interaktion in der Bewerbungssituation.

2.8 Kompetenz, Expertise und Intuition

Entwicklung zum Experten

Ein Experte ist eine Person, die in ihrem Bereich dauerhaft herausragende Leistung erbringt (vgl. Gruber & Ziegler 1996). Wie aber kann man zum Experten werden? Herr K. hätte sich möglicherweise als Experte für die Beurteilung von Bewerbern für eine in seinem Unternehmen zu besetzende Führungsposition betrachtet. Doch hat er im Rahmen der Stellenbesetzung eine Reihe von Fehlern gemacht, die darauf hindeuten, dass er noch kein Experte war. Er ist sich dessen bewusst geworden, als sich eine Entscheidung, von deren Qualität er überzeugt war, in eine von ihm gänzlich unerwartete und ungewollte Richtung entwickelt hat. Die Selbsteinschätzung des Expertenstatus entspricht also nicht immer der Realität. Was aber ist ein »wirklicher« Experte? Hier kann uns eine wissenschaftliche Einschätzung weiterhelfen, wie sie z. B. Dreyfus und Dreyfus (1987) entwickelt haben. Sie haben sich damit beschäftigt, wie man zum Experten wird und unterscheiden dabei insgesamt fünf aufeinander aufbauende Stufen. Wir haben dieses Modell auf vier Stufen reduziert, die im Folgenden dargestellt sind.

Stufe des Novizen
Der Weg des Experten beginnt als Novize, der zunächst einfache theoretische Regeln erlernt und erstes theoretisches Wissen über einen Bereich erwirbt. Man könnte diese Stufe in etwa mit der eines Absolventen vergleichen, der im Rahmen seiner akademischen Ausbildung theoretisches Wissen darüber gesammelt hat, wie Personalauswahl oder ein Potenzialbeurteilungsprozess abläuft. Es wäre jedoch ein großer Irrtum, die Stufe des Novizen alleine den frisch in den Beruf startenden Absolventen vorzubehalten. Natürlich können auch Personen mit langjähriger Arbeitserfahrung Novizen im Bereich der Potenzialbeurteilung sein, wenn sie mit den entsprechenden Aufgaben bisher nicht praktisch zu tun hatten. **Das Wissen ist auf der Stufe des Novizen noch rein theoretisch und nicht sonderlich differenziert.** Erinnern wir uns an das Fallbeispiel von Frau U.: Sie ist keine Novizin in dem oben dargestellten Sinne mehr, da sie bereits in einer Reihe unterschiedlicher Gespräche Erfahrungen sammeln und ihr theoretisches Wissen in die praktische Anwendung übersetzen konnte. Der Besuch eines Seminars zum »richtigen Führen von Bewerbungsgesprächen« hat sie jedoch wieder dahin gebracht, diese Regeln und Erfahrungen radikal infrage zu stellen – sie beginnt nun wieder von vorne.

Stufe des fortgeschrittenen Anfängers
Durch das Sammeln von tatsächlichen Erfahrungen – also die Anwendung des theoretisch Gelernten in realen Situationen – wird der Novize zum fortgeschrittenen Anfänger. Kennzeichen des fortgeschrittenen Anfängers ist eine noch **starke Bindung an (formalisierte) Regeln**, die sich auf den Ablauf und die Gestaltung des Bewerbungsgespräches sowie die Interpretation von Informationen beziehen. Diese starke Regelgebundenheit ist auch bei Frau U. zu beobachten; sie ersetzt jedoch die bisherigen Vorgehensregeln durch neue Regeln, die sie im Seminar erlernt hat.

Stufe des kompetenten Beurteilers

Je mehr der Beurteiler durch die von ihm gesammelten Erfahrungen dazu imstande ist, sich von formalisierten Regeln zu lösen und die Beurteilungssituation aktiv und differenziert zu gestalten, desto mehr gelingt es ihm, Beurteilungskompetenz aufzubauen. Die Stufe des kompetenten Beurteilers ist im Wesentlichen dadurch gekennzeichnet, dass Methoden **sicher und flexibel** eingesetzt und gehandhabt werden können. Die im Rahmen der Beurteilungssituation erfassten Konstrukte können nunmehr differenziert aufeinander bezogen werden. Durch die große Menge an Querverbindungen werden die Urteile selbst differenzierter und sicherer.

Stufe des Experten

Die Beurteilungsgrundlage des Experten ist die Intuition, die sich als Ergebnis reicher und reflektierter Erfahrungen ergeben hat. Die Reflexion spielt dabei eine wesentliche Rolle; einerseits kann sich die reichhaltige und differenzierte Intuition des Experten nicht entwickeln, ohne dass die Erfahrungen und Deutungsmuster ständig und kritisch reflektiert würden. Andererseits ist es ein Charakteristikum der **Intuition von Experten**, dass sie ihre Schlussfolgerungen und Ahnungen in hohem Maß reflektieren. Die Intuition eines Experten ist Ausdruck einer extrem hohen Organisiertheit des Wissens.

Man kann sich diese Organisation als Haus vorstellen, in dem in bestimmten Zimmern Erfahrungen und Wissen zu bestimmten Gegenständen abgelegt sind. Dieses Haus ist aber kein gewöhnliches Haus – die Zimmer verfügen über Verbindungen und Türen zu den anderen Zimmern, die ständig neu entstehen. Damit ist gemeint, dass die Wissensbausteine untereinander extrem gut vernetzt sind. Durch diese Vernetzung entstehen ad hoc neue Bedeutungseinheiten und Deutungsmuster, was auf eine weitere Besonderheit des Hauses verweist: Die Zimmer selbst verändern sich, werden größer oder es entstehen ganz neue Räume.

Bei Expertenurteilen lässt sich häufig beobachten, dass die Beurteilung durch die Differenziertheit und Vernetztheit der Wissensbausteine in den Schlussfolgerungen (die sich gut begründen lassen) über die Situation und die direkt erfragbaren Daten hinausreicht. Die diagnostische Kompetenz eines Experten im Bereich der Personalbeurteilung ist mit der eines Coaches vergleichbar, der im Gespräch Zusammenhänge und Sachverhalte erspürt, die noch nicht ausgesprochen sind.

zunehmend differenzierte Informationsverarbeitung

Aus psychologischer Sicht entsprechen die Prozesse, die an dem Entstehen von Expertise beteiligt sind, einer fortwährend differenzierteren Verarbeitung von Informationen. Dies wird möglich durch zunehmend **komplexere Strukturen,** in die zu erfassende Informationen eingeordnet werden können. Ein Novize ist von der Fülle der in einem ihm neuen Gebiet anfallenden Informationen zunächst so überwältigt, dass er sich Grundlagen aneignen muss, die ihm einen Überblick über das Feld verschaffen. Je mehr praktische Erfahrungen er mit diesem Feld macht, desto leichter fällt es ihm, zwischen relevanten und weniger relevanten oder unwichtigen Informationen zu unterscheiden – die Menge an Informationen reduziert sich damit bereits deutlich.

Der kompetente Beurteiler verfügt über eine differenzierte Wissensstruktur, in der die wesentlichen Regeln für den Umgang mit unterschiedlichen Situationen, Konstellationen und Problemen enthalten sind, die er bewusst nutzen kann.

Mit fortschreitender Expertise werden diese Einheiten immer umfangreicher, sie bilden immer mehr Wissen ab, das auch in Form von relevanten Erfahrungen und Situationen je nach Bedarf aktiviert werden kann. Wichtig dabei ist, dass nicht nur die Wissensgrundlage, sondern auch die Urteile immer differenzierter und komplexer werden.

Die Beurteilung selbst bezieht sich ebenfalls auf zunehmend größere Einheiten; beurteilt wird nicht mehr nur ein bestimmter Teil der Person, sondern zunehmend die **Person »als Ganzes«**. Nun kann man zu Recht fragen, wie sich dann das Urteil eines Experten von dem eines unbedarften Anfängers unterscheidet, der ebenfalls ein Gesamturteil über eine Person trifft. Im einen Fall sind Vorurteile und im anderen Fall ein differenzierter Erfahrungsschatz die Grundlage. Deutlich wird das u. a. dann, wenn die betreffenden Personen gebeten werden, ihre Urteile zu begründen. Die Argumentationskette bleibt im ersten Fall lückenhaft und unvollständig (nebenbei: ein wichtiges Indiz für mangelnde Glaubwürdigkeit), im zweiten Fall kann sie immer weiter ausdifferenziert werden und mit Querverbindungen unterschiedlicher Daten belegt werden. Der wesentliche Unterschied zwischen beiden Urteilen ist der dahinterstehende Grad an Reflektiertheit.

Blick auf die Person als Ganzes

> **! Wichtig**
> **Die kritische Reflexion des eigenen Vorgehens trägt nach allem, was wir heute wissen, entscheidend dazu bei, Informationen zu ordnen und immer differenziertere Wissensstrukturen entstehen zu lassen.**

Expertise besteht also auch in der Reduktion von Komplexität (vgl. Dörner 1987) wie sie z. B. bei Schachspielern deutlich wird. Aus entsprechenden Experimenten mit Schachspielern hat man zahlreiche Hinweise auf die Natur von Expertise gewinnen können. Stellt man z. B. eine Schachpartie in Form eines Spielbrettes und willkürlich darauf angeordneter Figuren einem Schachexperten und einem Schachanfänger vor, dann kommt man zu dem Ergebnis, dass der Schachexperte die Position der Spielfiguren auf dem Brett nach der gleichen

Betrachtungszeit perfekt replizieren kann, der Anfänger sich dagegen nur einen Bruchteil des Ganzen korrekt merken kann. Der Schachexperte merkt sich bestimmte Konstellationen, die mit spezifischen Bedeutungen verbunden sind, z.B. chancen- oder gefahrenreiche Stellungen, und bezieht dabei wesentlich mehr Informationen ein, als nur die benachbarten Spielfelder. Durch das Gesamtbild des Spielbrettes in Form von miteinander verbundenen Optionen erwächst ein intuitives Verständnis für die Stabilität oder Instabilität bestimmter Konstellationen. Die Dynamik der Gesamtsituation wird so sichtbar.

Übertragen auf die Situation der Personalbeurteilung bedeutet das, dass ein Experte

- es schafft, die wesentlichen Informationen zu erfassen,
- diese Informationen so gezielt erfasst, dass damit weitreichende Aussagen möglich werden,
- und sich über die Querverbindungen der von ihm erfassten Konstrukte untereinander und zu anderen, über die unmittelbar zugänglichen Daten hinausreichenden Konstrukten im Klaren ist.
- Dabei reflektiert er sein eigenes Vorgehen und die von ihm getroffenen Schlussfolgerungen kritisch und systematisch und verfeinert so die eigenen Wissensstrukturen in immer stärkerem Maße.

Durch Reflexion und Evaluation wird die Intuition überprüfbar und kann verbessert werden. Dadurch ergibt sich neben der Verbesserung des Wissens ein weiterer Vorteil, das Wissen wird erklärbar und somit nachvollziehbar (vgl. Schuler 2002).

Um die eigene Intuition schärfen zu können, ist es außerdem notwendig, sich über die Einflüsse, die für die Wahrnehmung anderer Personen eine Rolle spielen, klar zu werden. Wir werden im Weiteren darauf zurückkommen, wollen aber zunächst kurz darstellen, weshalb bestimmte Dynamiken in der Wahrnehmung anderer eine Schlüsselrolle bei der modernen Potenzialbeurteilung einnehmen.

Professionalisierte Beurteilung

3.1 Zwei kleine Experimente – 65

3.2 Fehler und Professionalität – 67

3.3 Vorbeugung durch kritisches Abwägen – 69

3.4 Aufbau der lernenden Potenzialbeurteilung – 73

Menschen sind »soziale Wesen«, die sich Gedanken darüber machen, wer derjenige ist, mit dem sie zu tun haben.

Es ist nicht nur ganz natürlich, über andere nachzudenken und sie in bestimmte Kategorien einzuordnen. In komplexen sozialen Gesellschaften ist es von zentraler Bedeutung, sich ein Bild vom Anderen zu machen, nicht zuletzt um den eigenen Platz definieren zu können. Wichtig ist es dabei, sich bewusst zu machen, dass die Schlussfolgerungen, aufgrund derer wir andere Menschen bestimmten Kategorien zuordnen, immer auf individuellen Erfahrungen beruhen. Der Mechanismus, der hinter einer solchen Einordnung steht, ist ganz einfach: Derjenige, mit dem wir besonders gute Erfahrungen gemacht haben, bleibt uns im Gedächtnis ebenso wie derjenige, mit dem wir besonders schlechte Erfahrungen machen.

den ersten Eindruck hinterfragen

Doch wenn wir einen Menschen kennenlernen, erinnert er uns nur in den seltensten Fällen direkt an andere Personen. Es sind vielmehr bestimmte Wesenszüge, Verhaltensweisen und äußere Merkmale, die Vermutungen oder Gewissheiten reifen lassen, wie der andere ist, wie er sich unter bestimmten Umständen verhalten wird. Da wir in unserer Wahrnehmung die Neigung haben, aus einem einzelnen Eindruck auf das **Gesamtbild** unseres Gegenübers zu schließen, können wir uns nicht auf unseren ersten, flüchtigen Eindruck verlassen, insbesondere dann nicht, wenn wir mit unserer Einschätzung über Andere professionell arbeiten wollen.

Die Beurteilung anderer Menschen ist ein Thema, das seit langer Zeit professionalisiert wird. »Professionalisiert« bedeutet in diesem Zusammenhang, dass über die Kriterien nachgedacht wird, nach denen andere Menschen beurteilt werden. Es wird versucht, Zusammenhänge zwischen diesen Kriterien und späterem Verhalten zu konstruieren und nach bestimmten zentralen Anforderungen zu suchen, denen Menschen in bestimmten Situationen genügen sollten. Die entsprechenden Hinweise darauf, dass Menschen mit den Anforderungen zurechtkommen, versucht man dann aus bestimmten Daten abzulesen.

> ❗ **Wichtig**
> **Die Stringenz der Verbindungen zwischen diesen Hinweisen, den zu bewältigenden Anforderungen und den Merkmalen der Tätigkeit machen einen wichtigen Teil der Potenzialanalyse aus.**

andere zu beurteilen gehört zum Alltag

Man hat in unterschiedlichen Kontexten schon immer versucht, **Prognosen** über das zukünftige Verhalten von Menschen abzuleiten – das ist ein integraler Bestandteil unseres Zusammenlebens. Wir sind auf andere Menschen in unterschiedlichem Ausmaß angewiesen und machen uns Gedanken darüber, wie sie sich unter welchen Umständen verhalten werden. Wir erarbeiten also Prognosen über das Verhalten der Anderen – was aber ist die Grundlage dieser Prognosen, was sind die Daten, aufgrund derer wir so weitreichende Schlussfolgerungen anstellen?

Dass wir uns Gedanken über uns und die anderen machen, ist ein alltägliches psychologisches Phänomen. Der Persönlichkeitspsychologe Klaus Schneewind hat darüber nachgedacht, was Grundlage und Ziel alltagspsychologischer Theorien ist.

> Der Umstand, dass wir uns überhaupt Wissen über uns selbst und unsere Mitmenschen aneignen, hat weniger etwas mit einem abstrakten Wissensdurst als vielmehr mit höchst lebenspraktischen Zwecken zu tun. (Schneewind 1978, S. 4).

Die Ziele der **Alltagspsychologie** siedelt Schneewind auf unterschiedlichen Ebenen an. Sie hat zum Ziel, Informationen über eigene und fremde Verhaltensweisen zu sammeln, um sich damit besser auf neue Situationen einstellen zu können. Dabei ist es von besonderer Wichtigkeit, nicht nur Daten zu sammeln, wie sich andere bzw. man selbst verhalten, sondern auch, unter welchen Umständen man sich wie verhält.

Um die eigene Urteilsfähigkeit zu verbessern, ist es in jedem Fall notwendig, die Grundlage unserer Prognosen zu kennen und sie zu hinterfragen. Im Alltag werden wir das kaum systematisch tun, da der Anlass dafür fehlt; wir nehmen hier Fehlurteile leichter in Kauf und werden dann in der Regel sagen, wir hätten »uns getäuscht«. Genau darum geht es: Wir täuschen uns selbst, machen uns selbst glauben, etwas zu sehen. Im beruflichen Kontext begegnet man vielen Menschen, die sich – wie Herr T. im eingangs angeführten Beispiel – in einem Bewerber getäuscht haben. Sie sind dann gründlich verunsichert, weil sie ihre Urteilsfähigkeit generell infrage stellen. Aus einer solchen grundsätzlichen Verunsicherung gibt es kaum Auswege, da sie kaum konkrete Punkte erkennen lässt, an denen eine Weiterentwicklung ansetzen könnte. Diese konkreten Punkte sind in den Vermutungen verborgen, die wir über die andere Person anstellen.

3.1 Zwei kleine Experimente

Beobachten Sie sich einmal selbst dabei, wie Sie zu einem Urteil über andere Personen kommen. Das muss gar nicht im beruflichen Kontext sein, auch in einer privaten Situation kann diese Übung hilfreich sein. Wichtig dabei ist, dass Sie die Person möglichst zum ersten Mal sehen, und dass Sie möglichst wenig vorab von ihr wissen. Sie können sich auch eine Person vornehmen, die Sie im Zug oder im Bus sitzen sehen.

Alltagsbeobachtungen

Stellen Sie sich dann die folgenden Fragen und lassen Sie dabei einmal Ihre Fantasie spielen:
- Welche Eigenschaften hat diese Person nach meinem ersten Eindruck?
- Welche Hobbys hat sie?
- Was isst dieser Mensch gerne?
- Wie verhält sich die Person in Stresssituationen?
- Wie verhält sich die Person in Gruppen?
- Welchen Beruf hat die Person?
- Was ist dieser Person wichtig?
- Welche Schulnoten hat diese Person?
- Wohin verreist diese Person?
- Was tut diese Person in der Freizeit?
- Welcher Typ Mensch ist sie?
- Was tut sie gerne, was weniger gerne?
- Wem aus meinem Bekanntenkreis ist sie ähnlich? Warum?
- Mit welchen Menschen wird sie gut zurecht kommen, mit welchen ihre Probleme haben?

Tauschen Sie sich – wenn möglich – mit einer anderen Person über Ihre Überlegungen aus. Am besten schreiben Sie beide auf, was Sie über die jeweilige Person denken und vergleichen Ihre Urteile im Anschluss. Vermutlich werden sich Ihre Einschätzungen erheblich voneinander unterscheiden.

der erste Eindruck – ein Urteil mit Folgen

Hierbei handelt es sich um eine Art Gesellschaftsspiel. Es kann jedoch sehr hilfreich sein, um zu sehen, dass das eigene Urteil, der spontane Eindruck, dem man häufig umgangssprachlich eine so große Bedeutung beimisst, falsch sein kann und nur wenig mit den tatsächlichen Eigenschaften eines Gegenübers zu tun haben muss. Aus diagnostischer Sicht kann dem **ersten Eindruck** keine große Aussagekraft zugesprochen werden. Eine besondere Bedeutung besitzt er dennoch: Häufig führt der erste Eindruck zu einem spontanen Urteil über die andere Person, das im Folgenden nicht mehr hinterfragt wird, sondern als Ausgangspunkt für die Suche nach möglichst vielen Informationen wird, die eben diesen ersten Eindruck bestätigen sollen. Darüber hinaus werden die Informationen in der Regel nicht nur gesucht, sondern auch in der »gewünschten« Richtung bewertet.

Ein anschauliches Experiment führte der Kriminologe Schwind in seinen Vorlesungen an der Bochumer Ruhr-Universität mit künftigen Juristen regelmäßig zu Demonstrationszwecken durch (Himmelrath 2001). Er stellte den Studierenden 13 Personen vor, unter denen sich vier Straftäter befanden. Die angehenden Juristen sollten über den Augenschein beurteilen, wer von den Personen ein Straftäter sei. Zudem sollten die Berufe der übrigen Personen geschätzt werden. Die Trefferquote war regelmäßig ausgesprochen schlecht. Auch nach einer Vorstellungsrunde, in der die Kandidaten über ihre privaten Interessen erzählten, wurden regelmäßig Staatsanwälte für Verbrecher und Verbrecher für Banker oder Ärzte gehalten. Zwar handelt es sich hierbei nicht um ein wissenschaftliches Experiment, doch aber um ein praxisnahes Beispiel, das man selbst einmal ausprobieren kann.

Vor allem ist interessant zu hinterfragen, wie man zu dem jeweiligen Urteil gelangt ist. So stellt sich bei Nachfragen heraus, dass die Studierenden ihre Urteile häufig mit der Wahl der Kleidung begründen und auch Physiognomie und Frisur eine wesentliche Rolle bei der Unterteilung in »schuldig« und »unschuldig« spielen. Ähnliche Fehlschlüsse kann es natürlich im Bereich der Personalauswahl geben. Insbesondere, weil es hier nur um Nuancen geht, die nicht so schwerwiegend sind wie die Unterscheidung in Staatsanwalt oder Straftäter.

3.2 Fehler und Professionalität

Im beruflichen Kontext gibt es also reichlich Anlässe dafür, die eigenen Urteile systematisch zu hinterfragen: Fehlurteile können zum Teil erhebliche Konsequenzen nach sich ziehen, die auch andere betreffen, und die den Interessen der Organisation entgegenlaufen. Sie verursachen nicht nur Kosten, sondern beinträchtigen auch das Funktionieren mehr oder weniger großer Teileinheiten von Unternehmen. Man sollte hier nicht einer »**Null-Fehler-Mentalität**« folgen – diese Einstellung führt vor allem dazu, dass Fehler vertuscht werden, da sie nicht vorgesehen sind. Zudem tragen Systeme, die die Möglichkeiten stark einschränken, Fehler zu machen, zu einem Verkümmern von Kompetenzen bei (Frese 1991).

Wir können davon ausgehen, dass es eine fehlerfreie Technik, Methode oder Organisationsstruktur nicht gibt. In jeder Struktur verbergen sich »**latente Fehler**«, die erst durch das Zusammentreffen unterschiedlicher Umstände sichtbar werden (vgl. Reason 1994). Wir können weiter davon ausgehen, dass auch der Mensch kein fehlerfrei agierendes System ist, sondern aus den unterschiedlichsten Gründen immer wieder Fehler begeht (vgl. Dörner 1992). Man kann sogar so weit gehen, zu behaupten, dass es ein integraler Bestandteil des menschlichen Handelns ist, Fehler zu machen. Wenn wir Fehler als ungeplante Störungen auf dem Weg zu einem Ziel auffassen, dann muss noch eine weitere Komponente hinzukommen, um trotz der »natürlichen Neigung« zum Fehler handlungsfähig zu bleiben: **das Prinzip des Lernens aus Fehlern**.

Menschen machen Fehler

> **Wichtig**
> **Fehler sind einer unserer mächtigsten Lernmechanismen – das Lernen durch Versuch und Irrtum ist nicht nur eine Grundlage um uns neue Kompetenzen anzueignen und mit bisher unbekannten Anforderungen zurecht zu kommen, sondern auch eine zentrale Erkenntnisquelle und Grundlage wissenschaftlichen Arbeitens.**

Der Biologe von Weizsäcker (1986) betrachtet Fehler sogar als den Motor der Evolution, sozusagen als Quelle von Innovationen in der Natur. Im Allgemeinen sind wir Fehlern gegenüber aber ausgesprochen negativ eingestellt, wir haben eine abwehrende Haltung vor allem gegenüber den eigenen Fehlern etabliert.

mit Fehlern produktiv umgehen

Wenn wir Fehler als notwendige Begleiterscheinung unseres Handelns verstehen und akzeptieren, dann sollten wir versuchen, mit ihnen positiv umzugehen. Eine dieser Möglichkeiten wurde eingangs bereits kurz angesprochen: das von Popper in die Wissenschaft eingeführte Falsifikationsgebot. Eine weitere Möglichkeit, die sich pragmatisch auf den Alltag richtet, ist das **Fehlermanagement**.

Man kann Fehlermanagement verstehen als das sinnvolle Herangehen an einen Fehler mit den Zielen:
- Folgefehler zu vermeiden,
- die negativen Effekte der Fehler nicht aufkommen zu lassen
- und die Fehlerfolgen schnell zu beseitigen (vgl. Frese 1991).

In zwei Studien konnten van Dyck et al. (2005) zeigen, dass sich eine Kultur des positiven Fehlermanagements für Unternehmen sogar in Hinblick auf ihre finanziellen Kennzahlen auszahlt.

> **Wichtig**
> **Fehlermanagement kann als der produktive und offene Umgang mit Fehlern verstanden werden, mit dem Ziel, die Lernpotenziale zu erschließen, die sich in Fehlern verbergen.**

eine positive Fehlerkultur etablieren

Merkmale einer solchen Kultur des positiven Umgangs mit Fehlern sind u. a.
- Wahrnehmung von Fehlern: Fehler werden als eine Möglichkeit zur Verbesserung des Arbeitsprozesses und eine Quelle des individuellen Lernens interpretiert.
- Umgang mit Fehlern: Beim Auftreten von Fehlern wird darüber nachgedacht, wie der Fehler umgehend korrigiert werden kann – wenn nötig unter Einbeziehung der Kollegen.
- Kooperation: In einer Kultur des Fehlermanagements wird die Erfahrung der Kollegen zur Bewältigung des Fehlers soweit möglich herangezogen.

- Kommunikation: Wenn ein Mitarbeiter einen Fehler macht, teilt er dies den anderen mit, damit sie diesen Fehler nach Möglichkeit vermeiden können.

Wesentliche Bestandteile eines **produktiven Fehlermanagements** sind die frühzeitige Entdeckung von Fehlern und die Möglichkeit, sich über begangene Fehler offen auszutauschen. Van Dyck et al. (2005, S. 1238) empfehlen daher:
- dass Unternehmen spezifische Kommunikationswege schaffen sollten, um sich über begangene Fehler auszutauschen
- dass Fehler angemessen dokumentiert
- und als Gelegenheiten genutzt werden, um vorausschauend zu lernen.

Diese Forderungen werden uns im Weiteren begleiten. Wir betrachten sie als eine wesentliche Voraussetzung einer lernenden Potenzialbeurteilung und widmen ihnen daher das abschließende Kapitel dieses Buches.

3.3 Vorbeugung durch kritisches Abwägen

> **Wichtig**
> Charakteristisch für eine systematische Beurteilung gegenüber einem spontanen Eindruck ist einerseits das Misstrauen gegenüber der eigenen Urteilsfähigkeit und andererseits die Suche nach objektiveren Daten, als sie sich aus dem persönlichen Eindruck üblicherweise ergeben.

Dieses kritische Hinterfragen des eigenen Urteils kann als eine wesentliche Vorbedingung von Fachkompetenz im Bereich der lernenden Potenzialbeurteilung betrachtet werden.

Der Grund dafür liegt darin, dass durch das kritische Hinterfragen der eigenen Urteile der Blick geweitet wird und sich auch auf die eigenen Fehler oder vorschnellen Urteile richtet, die – das hat die wissenschaftliche Psychologie immer wieder bestätigt – geradezu zwangsläufig ein Teil unseres Urteils über andere Menschen sind.

den eigenen Blick weiten

Auf unsere Urteile über andere sollten wir uns also nicht immer verlassen, sie führen uns manchmal zuverlässig in die Irre, indem sie denjenigen, die wir beobachten, ein ganz bestimmtes Gesicht geben. Ein Anderer wird denselben Gesprächspartner wieder auf seine Art und Weise wahrnehmen, wiederum ein Anderer noch einmal anders usf. An dieser Stelle weisen wir nochmals auf ein Prinzip der wissenschaftliche Diagnostik hin: das der **Objektivität**. Objektivität meint, dass wir nach Wegen suchen müssen, und die wissenschaftliche Diagnostik hat sich diesem Grundsatz weitestgehend verpflichtet, wie wir unsere subjektiven Eindrücke beherrschen können. Um das Ziel der Objektivität zu erreichen wird häufig auf standardisierte Testverfahren zurückgegriffen, in denen Daten erhoben werden, die vom Beobachter unabhängig sind. Tests wurden – von Ausnahmen abgesehen – ursprünglich nicht für den Bereich der Personalbeurteilung entwickelt und sind bei genauerem Hinsehen auch nur bedingt für dieses Einsatzfeld geeignet. Sie sind verhältnismäßig starre Verfahren, die kaum Raum für individuelle Anpassungen oder Ausgestaltungen lassen (was mit den Prinzipien ihrer Konstruktion und dem hohen Aufwand zur Pflege von Referenzdaten zusammenhängt, aber hier nicht weiter vertieft werden soll).

kritische Diskussion

Wenn wir Objektivität als das Kontrollieren unserer eigenen Subjektivität betrachten, dann gibt es eine Reihe von Alternativen zu Testverfahren, die für den Alltag eines Personalpraktikers geeigneter erscheinen. Die praktikabelste Form der Objektivierung dürfte die Diskussion unserer Eindrücke **mit anderen Beobachtern** sein. Solange es sich um reine Verhaltensbeobachtungen handelt, werden dabei keine großen Unterschiede zutage treten. Sobald wir aber beginnen, das, was wir sehen, über die reine Beobachtung hinaus zu deuten, kommt unsere Subjektivität ins Spiel. Eine offene und kritische Diskussion kann dann dabei helfen, die Eigenheiten der eigenen Wahrnehmung in der Differenz zu den Eindrücken anderer Personen zu erkennen.

Doch Vorsicht: Nicht jede Diskussion ist gleichermaßen dazu geeignet, die eigenen Vorurteile aufzudecken. Die Gruppe ist in diesem Sinne nicht immer schlauer als der einzelne. Zuweilen kann es in der Gruppe zum sogenannten **Groupthink-Phänomen** kommen.

> **Exkurs**
>
> Groupthink bezeichnet in der Sozialpsychologie ein Phänomen, in dem sich die einzelnen Mitglieder einer Gruppe der vermuteten Mehrheitsmeinung innerhalb der Gruppe unterordnen, ohne den eigenen Standpunkt oder den der Gruppe kritisch zu hinterfragen (Janis 1972, 1982). Entscheidungen, die unter Groupthink-Bedingungen getroffen werden, sind häufig besonders irrational und qualitativ schlechter als Entscheidungen einzelner Gruppenmitglieder. Als plakative, aber durchaus treffende Beispiele für das Auftreten von Groupthink können wir die Entwicklungen betrachten, die sich in extremistischen Gruppierungen oder Staaten herausbilden. Hier können mitunter Millionen Menschen einer politischen Richtung und Führerschaft anhängen, die nicht mehr
> ▼

nach objektiven Kriterien bewertet, sondern fanatisch unterstützt wird. Beispiele hierfür gibt es in Geschichte und Gegenwart genug. Aber man muss nicht ins Weltgeschehen blicken, um Beispiele für Groupthink-Phänomene zu finden. Vielleicht fällt Ihnen auch in Ihrem Unternehmen ein Beispiel ein, an dem sich zeigen lässt, dass durch eine Gruppenentscheidung eine Handlungsalternative gewählt wurde, die sich im Nachhinein als »unvernünftig« erwiesen hat.

Es gibt bestimmte Bedingungen, unter denen Groupthink vermehrt auftritt. Dazu gehören gemeinhin ein großer Gruppenzusammenhalt, eine schwache Organisationsstruktur, ein oder mehrere die Gruppe dominierende Mitglieder und das Fehlen verbindlicher Normen und Stress; insbesondere Stress, der durch Druck und das Gefühl, in der jeweiligen Situation nicht handlungsfähig zu sein, entsteht. **Auch ein fehlerintolerantes System kann Groupthink-Phänomene begünstigen**. Insbesondere dann, wenn der Selbstwert der handelnden Personen verletzt wurde und diese infolgedessen Kritik nicht mehr offen äußern.

Wann tritt Groupthink auf?

Unter den genannten Bedingungen können Symptome von Groupthink auftauchen, die sich insbesondere darin äußern, dass die eigene Gruppe und deren Entscheidungen quasi für unfehlbar gehalten werden. Fehlentscheidungen und -handlungen werden gerechtfertigt und rationalisiert. Der eigenen Gruppe wird der Anspruch zugemessen, moralisch höher zu stehen, als andere Personen oder Gruppierungen. Auf Personen innerhalb der Gruppe, die von der herrschenden Meinung abweichen, wird Druck ausgeübt. Unerwünschte Denk- und Handlungsweisen werden nicht wahrgenommen, abgewertet oder negativ sanktioniert.

Es ist offensichtlich, dass in einer solchen Gruppe keine rationalen Entscheidungen getroffen werden können und auch Fehlentscheidungen nicht als Lernquelle begriffen werden, da die Gruppe weder willens noch in der Lage ist, einen eigenen Fehler überhaupt zu erkennen.

Natürlich handelt es sich hierbei um eine recht drastische Formulierung des Phänomens. In abgeschwächter Form wird Ihnen Groupthink sicher auch bereits begegnet sein.

Es gibt einige Regeln, die man beachten kann, um Gruppendenken zu vermeiden. Zunächst ist es wichtig, einen Weg der Entscheidungsfindung festzulegen. Es muss klar sein, wie eine Gruppe von Personalverantwortlichen ihre Entscheidungen trifft – mehrheitlich, einstimmig, mit einer Mehrheit oder einem Veto-Recht, das bei einer einzelnen

Person liegt o. ä. Außerdem muss klar sein, welche Inhalte Grundlage der Entscheidung sein sollen und sein dürfen. Es ist also wichtig, dass eine Gruppe sich im Klaren darüber ist, welche Anforderungen bspw. im Rahmen eines Bewerbungsprozesses berücksichtigt werden sollen. Des Weiteren kann eine Person in der Gruppe als **advocatus diaboli** fungieren, sich also bewusst in eine Rolle begeben, in der sie die Diskussionsbeiträge der einzelnen Gruppenmitglieder zu hinterfragen und von einer anderen Seite zu betrachten versucht. Noch eine Möglichkeit ist es, Voten zunächst anonym abzugeben, um die persönliche Sanktionierung zu vermeiden. Allerdings eignet sich ein solches Vorgehen wohl nur für größere Gruppen, in denen Entscheidungen getroffen werden müssen. In einem kleinen Gremium, das üblicherweise über die Anstellung eines Bewerbers entscheidet, wirkt eine anonyme Stimmabgabe unrealistisch und künstlich.

Es gibt noch einige weitere einfache Regeln, deren Einhaltung den Ertrag von Diskussionen im Rahmen der Personalbeurteilung deutlich steigern können: Eine der wichtigsten Regeln ist es, bei der Suche nach einer schnellen Einigung in der Diskussion nicht an der Oberfläche zu bleiben, denn dort dominieren die Gemeinsamkeiten. Versuchen Sie, »unter die Oberfläche« zu schauen und dort den Kern des Bewerbers oder Mitarbeiters und Ihrer eigenen Wahrnehmungsgewohnheiten zu erkennen.

eigene Wahrnehmung hinterfragen

Unsere **Wahrnehmungsgewohnheiten** ähneln sich abhängig davon, wie lange wir zusammenarbeiten. Einerseits gibt es bestimmte Punkte, die sich in unserer Aufgabe, unserer Abteilung oder unserem Unternehmen als funktional erwiesen haben, und die wir zur immer weniger hinterfragten Grundlage unseres Handelns machen. Das Gleiche gilt auch für die direkte Zusammenarbeit mit Kollegen: Wir neigen dazu, uns in unseren Urteilen einander anzugleichen und Unterschiede in der Wahrnehmung mit der Zeit verschwinden zu lassen. Das muss nicht unbedingt heißen, dass damit die Urteile, die wir über Bewerber treffen, objektiver würden. Es bedeutet zunächst nur, dass wir immer mehr einer Meinung sein werden, je häufiger wir bereits gemeinsam in ähnlichen Situationen waren und uns darüber geeinigt haben, wie diese Situationen zu deuten sind.

> ❗ **Wichtig**
> Versuchen Sie deshalb bewusst, auch Erklärungen für Verhaltensweisen oder Äußerungen des Bewerbers durchzudenken, die nicht Ihrem spontanen Eindruck entsprechen. Bemühen Sie sich auch, Kollegen mit unterschiedlichem Erfahrungsschatz in die Bewerberauswahl mit einzubeziehen und lernen Sie von ihnen!

3.4 Aufbau der lernenden Potenzialbeurteilung

Es soll nicht der Eindruck entstehen, als wären wir der Meinung, dass die persönlichen Eindrücke, die Personalfachleute von Bewerbern erhalten, grundsätzlich falsch seien. Würden wir eine Beurteilung von Bewerbern nur auf der Grundlage von »objektiven wissenschaftlichen Verfahren« durchführen, blieben zentrale Anliegen der Bewerberauswahl unberücksichtigt. Die Eignungsurteile wären in wichtigen Punkten unvollständig und damit nicht zufrieden stellend. Wir sind der Meinung, dass Sie – die Experten vor Ort – diese Lücken mit Ihrer Wahrnehmung und Ihrem Wissen am besten füllen können, dass gute Personalbeurteilung ohne Sie nicht möglich ist. Wir halten es für den falschen Weg, außerhalb Ihres Alltags immer ausgereiftere Methoden zur Beurteilung von Bewerbern zu entwickeln, die letztlich wenig mit Ihrem Know-how und Ihrer Kompetenz als Praktiker zu tun haben.

eigenen Weg finden

Wir glauben, dass es ein deutlich mehr Erfolg versprechender Weg ist, Ihnen Vorgehensweisen zu eröffnen, wie Sie Ihre Beurteilungskompetenz steigern können. Dafür gibt es keine Patentrezepte und kein Verfahren, die sich verordnen ließen. Kompetenz und Expertise müssen wachsen und dieses Wachstum kann immer nur persönlich und in der Auseinandersetzung mit den eigenen Erfahrungen geschehen. Die Schritte der lernenden Potenzialbeurteilung sollen Sie dazu anregen, Ihren persönlichen Weg zu finden und die Lerngelegenheiten zu entdecken, die Ihre Tätigkeit für Sie bereithält.

Um Ihnen dabei zu helfen, haben wir die aus unserer Sicht wichtigsten Teilbereiche gesammelt, die zum weiten Arbeitsfeld der Personalbeurteilung gehören. Wir skizzieren in diesem Buch keine fertigen Lösungen – leider. Wir sind uns dessen bewusst, dass Ihnen bei der Fülle Ihrer Aufgaben wenig Zeit dafür bleibt, sich mit sich selbst und der Art und Weise Ihres Urteilens zu beschäftigen. Einfache Lösungen sind in solchen Situationen verständlicherweise besonders attraktiv. Andererseits besteht bei den meisten Personalfachleuten ein großes Interesse an einer zuverlässigen und verlässlichen Beurteilung des Potenzials und der Kompetenz von Bewerbern oder Mitarbeitern, um begründete Empfehlungen zu deren weiterer Entwicklung abgeben zu können.

Wir versuchen deshalb, Ihnen eine nachhaltige Wertschöpfung zu erschließen, die sich nicht im Zukauf bestimmter von anderen entwickelter Methoden, Verfahren oder irgendwelcher »Tricks« erschöpft. Der Zukauf von Fachkompetenz ist ein Weg zu geringerer zeitlicher Belastung durch das Beurteilungsgeschäft, der die Möglichkeit bietet, sich auf andere Kernbestandteile Ihrer Tätigkeit zu konzentrieren. Wenn dieses Motiv für Sie im Vordergrund steht, ist Ihnen am meisten durch die Empfehlung gedient, dieses Buch schnell wieder aus der

es gibt keine »Tricks«

Hand zu legen. Zwar wird mit zunehmender Dauer der Verwendung ein Lerneffekt eintreten, der Ihre Entscheidungen nicht nur besser, sondern auch schneller machen wird, doch zunächst wird es nötig sein, in die Weiterentwicklung Ihrer Kompetenz zu investieren. **Diese Investition umfasst vor allem eines – Zeit.**

Wir haben die lernende Potenzialbeurteilung so aufgebaut, wie wir es aus ergonomischen Gesichtspunkten heraus für die beste Lösung halten. Am Beginn jedes Abschnitts geben wir eine kurze Einführung in die Thematik, die wir mit einem Überblick über unterschiedliche Vorgehensweisen und Ihren Nutzen oder Schaden beginnen. Diese Darstellung ist notgedrungen normativ – den erhobenen Zeigefinger der Wissenschaft, die alles besser weiß als die Praxis, sich aber zu wenig damit befasst, was dort tatsächlich geschieht, haben wir allerdings versucht, zu vermeiden.

Diese Art der Darstellung soll Ihnen die Möglichkeit geben, Ihren Standort zu bestimmen – wie kritisch Sie sich betrachten, bleibt Ihnen überlassen. Im Anschluss daran folgen in jedem Kapitel Abschnitte, die Ihnen schrittweise zeigen sollen, wie Sie Ihre Vorgehensweise verbessern können und wie Sie die entsprechenden Ansatzpunkte finden, um Ihre Fach- und Methodenkompetenz weiterzuentwickeln.

Aufgabenanalyse

4.1 Wie geht das? – 76

4.2 Welche Vorgehensweise passt zu Ihnen bzw. der aktuellen Situation? – 78

4.3 Empfehlungen für eine gute Aufgabenanalyse – 80

4.4 Lernfelder und kritische Überprüfung des eigenen Vorgehens: So werden Sie zum Experten – 83 *ein vernachlässigter Teil im Beurteilungsprozess*

Genau zu wissen, für welche Aufgaben man einen neuen Mitarbeiter sucht oder welche Aufgaben auf einen Mitarbeiter in Zukunft zukommen werden, ist die erste und grundlegendste Voraussetzung einer guten Beurteilung. Wenn Sie dies lesen werden Sie vielleicht sagen: »Aber das ist doch banal! Dieses Kapitel kann ich mir getrost sparen!« Versuchen Sie, Ihre Ungeduld zu bezähmen und trotzdem weiterzulesen. Denn die Aufgabenanalyse ist einer der am meisten vernachlässigten Punkte im Beurteilungsgeschäft, was wiederum für große aber vermeidbare Unschärfen im Ergebnis des gesamten Beurteilungsprozesses sorgt. Außerdem ist die Aufgabenanalyse eine erheblich genauere Beschreibung einer Tätigkeit, als es etwa für eine Stellenbeschreibung funktional wäre.

Sie ist deswegen ein so wichtiger Teil des gesamten Beurteilungsprozesses, weil aus ihr die weiteren Schritte logisch erwachsen: Voraussetzung für den klaren Blick bei der Beurteilung von Bewerbern ist das Wissen darum, wonach man sucht.

Durch eine spezielle Vorgehensweise der Aufgabenanalyse lassen sich **Veränderungspotenziale der Tätigkeiten** schnell erkennen: Das wiederum ist eine unabdingbare Voraussetzung von praktisch tatsächlich bedeutsamen **betrieblichen Kompetenzmodellen**, die dann, wenn sie inhaltlich sinnvoll sind, als wichtige strategische Eckdaten der Personalarbeit dienen und Grundlage einer strategischen Personalentwicklung sind.

4.1 Wie geht das?

Die **Anforderungen einer Tätigkeit** zu kennen, ist eine Grundvoraussetzung der Potenzialdiagnose. Die Aufgabenmerkmale werden dann in einem zweiten Schritt in **Anforderungen** übersetzt, **die der Stelleninhaber bewältigen muss**. Die Trennung zwischen beiden Schritten ist deshalb sinnvoll, weil damit die Systematik der Potenzialbeurteilung erhöht wird. Dies gilt – anders als bei der Potenzialdiagnose selbst – unabhängig von der Expertise des Beurteilers.

Wie sollte man dabei vorgehen? Die in der Arbeitspsychologie verbreiteten Aufgaben- und Tätigkeitsanalysen sind in der Regel zu aufwendig und für die Bedürfnisse der Praxis zu schwerfällig. Dennoch ist es anregend, sich die grundsätzliche Vorgehensweise genauer anzusehen.

Ein typisches Prozedere besteht u. a. darin, mit einem vorgefertigten Protokollbogen einen Stelleninhaber zu beobachten und seine Tätigkeit entsprechend der vorgegebenen Analyseeinheiten und -kriterien zu beschreiben. Die theoretische Grundlage dieser Vorgehensweise bezieht sich in der Regel auf die Regulationsanforderungen der Arbeitstätigkeit.

Ziel ist eine differenzierte Bewertung von Arbeitstätigkeiten hinsichtlich bestimmter Kriterien wie z. B. der Entscheidungsfreiheiten der Tätigkeit oder des sozialen Systems, innerhalb dessen die Tätigkeit durchgeführt wird. Diese Form der Tätigkeitsbeschreibung ist aufwendig, sie ist aber auch aus einem anderen Grund für unsere Belange unbrauchbar, denn sie trennt nicht ausreichend zwischen der Beschreibung der Tätigkeit und den Anforderungen, denen die Person genügen muss. Was aber ist eine Alternative zu diesem Vorgehen?

Die Praxis hält in der Regel keine wirklich brauchbare Alternative bereit – hier ist die Diagnose häufig eine Sammlung von mehr oder weniger begründeten Vermutungen darüber, welche Tätigkeiten der künftige Stelleninhaber auf welche Art ausüben soll, um seine Aufgaben erfolgreich zu bewältigen (eine Vermischung der beiden Schritte, die wir trennen wollen). Eine Aufgabenanalyse nach den Regeln und Vorgaben der wissenschaftlichen Eignungsdiagnostik wird hier kaum betrieben (Lang-von Wins et al. 1998). Ausschlaggebend dafür sind zeitökonomische Gründe und die Schwerfälligkeit dieses Vorgehens im Vergleich zu den sich dynamisch weiterentwickelnden Aufgabenbereichen in den Unternehmen (Lang-von Wins 2000). Einen Ansatz für eine mögliche Lösung bieten computerbasierte Methoden zur Anforderungsfeststellung, die helfen, die subjektive Aufgabenanalyse annähernd zu objektivieren (vgl. Miesen et al. 1999).

gängige Vorgehensweisen sind oberflächlich oder schwerfällig

> ❗ **Wichtig**
> **Die Konkretheit, mit der situative Tätigkeitsanforderungen formuliert werden können, ist eine wichtige Determinante der Potenzialbeurteilung: Je klarer und präziser zukünftige Anforderungen bestimmt sind, desto eher lassen sich entsprechende Indikatoren bei der Person finden, die Aufschluss über ihr Potenzial geben, mit diesen Anforderungen erfolgreich zurecht zu kommen.**

Wie kann man auf eine weniger aufwändige Art und Weise die Aufgabenmerkmale bestimmen?

Eine Methode von geringem Aufwand besteht darin, eine **Mind Map** von den mit einer Tätigkeit verbundenen Aufgaben anzufertigen. Die Methode entwickelte der britische Psychologe Buzan in den 1960er Jahren, um Ideen schnell visualisieren zu können. Heute werden Mind Maps darüber hinaus zur Sammlung, Organisation, Reorganisation und Strukturierung von Ideen und Informationen genutzt (vgl. Buzan, T. & Buzan, B. 2005). Für jede dieser Tätigkeit zuzuordnende Aufgabe würde dementsprechend ein Hauptast der Mind Map stehen, die sich dann weiter verzweigen kann. Wichtig dabei ist – wie auch bei anderen Herangehensweisen –, dass Sie versuchen, Ihre Eindrücke bzw. Ergebnisse zu objektivieren. Dazu sollten Sie Ihre Mind Map mit der

Mind Map als Hilfe

entsprechenden Map eines Kollegen vergleichen, der aus seiner Perspektive versucht, die Tätigkeit in Aufgaben aufzuteilen. Das sollte der Vorgesetzte des künftigen Mitarbeiters sein, der aus seiner Funktion heraus einen guten Überblick über die Tätigkeit und die »benachbarten« Tätigkeiten hat. Im nächsten Schritt sollte die Mind Map entsprechend einiger Fragen **ergänzt** werden:

- Welche anderen Tätigkeiten werden von der zu beschreibenden Tätigkeit ergänzt bzw. welche anderen Tätigkeiten ergänzen die zu beschreibende Tätigkeit?
- Wie wird sich die zu beschreibende Tätigkeit künftig entwickeln? Sind z. B. technologische Innovationen absehbar, die die Tätigkeit, ihre Teilaufgaben oder benachbarte Tätigkeiten verändern werden?
- Wie wichtig ist die Tätigkeit für die Strategie des Unternehmens bzw. der Abteilung?

In jedem Fall sollte darauf geachtet werden, dass zunächst die Tätigkeit beschrieben wird. Bewertungen und erste Übersetzungsschritte, die Aussagen darüber machen, was der Stelleninhaber können muss, um die Tätigkeit erfolgreich auszuführen, sollten vermieden werden.

4.2 Welche Vorgehensweise passt zu Ihnen bzw. der aktuellen Situation?

bisheriges Vorgehen

Um den Blick zu öffnen und auf Punkte zu lenken, die Sie möglicherweise noch verbessern können, ist es zunächst günstig, sich möglichst genau zu vergegenwärtigen, wie Sie bisher vorgegangen sind. Bitte nehmen Sie sich kurz Zeit, um darüber nachzudenken, wie Sie bei der Aufgabenanalyse vorgehen. Um Ihnen diesen Schritt zu erleichtern, überdenken Sie bitte folgende zwei Fragen. Überlegen Sie bitte
- wie Sie im Allgemeinen vorgehen,
- und wie Sie bei der letzten zu besetzenden Stelle konkret vorgegangen sind.

Die Antworten, die Sie auf diese beiden Fragen finden, müssen keineswegs identisch sein. Die Überlegungen hinsichtlich der letzten zu besetzenden Stelle heben möglicherweise die Besonderheiten gerade dieser Stelle bzw. Tätigkeit hervor, wogegen die allgemeinen Überlegungen eher Hinweise auf Ihren spezifischen Stil der Aufgabenanalyse geben. Versuchen Sie nun, Ihre übliche Vorgehensweise auf dem in ◘ Abb. 4.1 dargestellten Kontinuum einzuordnen, und lesen Sie dann weiter.

Positionsbestimmung

Das Kontinuum zeigt eine Richtung auf, die von einer unsicheren zu einer zunehmend sichereren und weniger fehleranfälligen Praxis führt. Die Benennungen der jeweiligen Stationen sind bewusst exem-

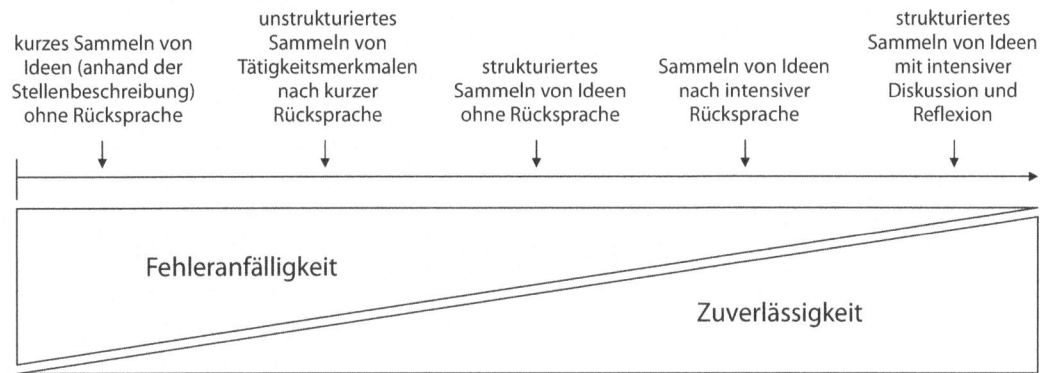

● Abb. 4.1. Einordnungsraster zum Vorgehen bei der Aufgabenanalyse

plarisch gewählt. Die folgenden Fragen zu Ihrem bisherigen Vorgehen bei der Aufgabenanalyse können Ihnen dabei helfen, Ihre Position genauer zu bestimmen.

Reflexionsfragen

- Nehmen Sie die Einschätzung der wesentlichen Aufgaben- und Tätigkeitsmerkmale selbst vor?
- Wenn ja: Wie kommen Sie zu einer Einschätzung der wesentlichen Tätigkeitsmerkmale? Wie trennen Sie wesentliche von unwesentlichen Tätigkeitsmerkmalen?
- Wenn nein: Von wem erhalten Sie die Angaben über die Tätigkeit und die damit verbundenen Aufgaben und auf welcher Grundlage sind diese Angaben entstanden? Haben Sie die Möglichkeit, genauer nachzufragen? Wenn ja: Machen Sie von dieser Möglichkeit auch Gebrauch?
- Wie informativ sind die Angaben, die Ihnen nach der Aufgabenanalyse vorliegen? Könnten Sie die Tätigkeit einem »naiven« und nicht mit der Tätigkeit vertrauten Menschen so beschreiben, dass er sie so versteht, dass er genau sagen könnte, was zu tun ist und was die spezifischen Merkmale der Tätigkeit sind?
- Haben Sie die Möglichkeit, sich mit Kollegen über die Art der Tätigkeit und die Analyse ihrer Merkmale auszutauschen? Nehmen Sie diese Möglichkeit auch wahr?
- Wie systematisieren Sie die mit der Tätigkeit verbundenen Aufgaben?
- Wie erhalten Sie Informationen darüber, welche Bestandteile der Tätigkeit sich möglicherweise bald verändern werden und in welche Richtung diese Veränderung gehen wird?

Sie sehen, es gibt bereits hier einige Fragen, die es sich lohnt zu beantworten. Die Antworten auf diese Fragen zu finden wird nicht immer leicht sein. Möglicherweise erscheint Ihnen diese Vorgehensweise auch »verkopft« oder praxisfern. Bitte überlegen Sie sich dennoch, wie Sie bei Ihrer Form der Aufgaben- und Aufgabenanalyse vorgehen.

> **❗ Wichtig**
> **Das ist insbesondere deswegen so wichtig, weil das Reflektieren des bisher Üblichen große Chancen zur Innovation und damit zur Weiterentwicklung bietet. Um dieses Potenzial möglichst gut auszuschöpfen, bitten wir Sie, erst dann mit dem nächsten Kapitel fortzufahren, wenn Sie den Eindruck haben, dass Sie Ihre Form der Aufgabenanalyse genau und kritisch einordnen können. Dann wird Ihr Lerngewinn am größten sein.**

4.3 Empfehlungen für eine gute Aufgabenanalyse

Eine Aufgabenanalyse ist der erste diagnostische Schritt im Beurteilungsprozess, der wiederum aus einigen Teilschritten besteht. Die Mittel, die die Wissenschaft empfiehlt, um eine Tätigkeit auf ihre verschiedenen Teile hin zu analysieren und zu zerlegen, werden in der Praxis oft und zu Recht als zu aufwendig und kaum handhabbar empfunden. Die folgenden Empfehlungen sind ein Kompromiss, der versucht, bewährte Prinzipien einer wissenschaftlichen Aufgabenanalyse auf Ihre Praxis zu übertragen. Diese Prinzipien sind die **Standardisierung** und **die Objektivität**.

Standardisierung

Standardisierung bedeutet, zu versuchen, ein für alle Tätigkeiten möglichst identisches Vorgehen für ihre Analyse zu entwickeln. Das muss nicht bedeuten, dass von vornherein genau festgelegt wird, wie bei einer Aufgabenanalyse vorzugehen ist, und dass dieses Vorgehen ein für allemal beibehalten werden soll. Sicher werden Sie oder Ihre Kollegen Ihre Erfahrungen im Umgang mit der von Ihnen favorisierten Vorgehensweise einbringen wollen – dafür sollte das Verfahren offen sein. Hier empfiehlt sich im Übrigen ein regelmäßiger Austausch mit den Kollegen um von deren Erfahrungen zu profitieren.

Rahmen festlegen

Es sollte aber gleichzeitig ein **verbindlicher Rahmen** festgelegt werden, der das Vorgehen einer Aufgabenanalyse definiert. Das ist aus Sicht eines einzelnen Personalfachmannes deswegen wichtig, weil **explizit formulierte Annahmen** oder Hypothesen eine wichtige Grundlage des Lernens sind. Wenn etwas explizit formuliert wird, wird es überprüfbar, durch die Überprüfung differenzieren sich die Annahmen und werden feiner – das eigene Wissen wird vertieft.

> **Beispiel**
>
> Sicher ist es Ihnen schon vorgekommen, dass Sie – ob nun im privaten oder beruflichen Bereich – mit einer Person zunächst ein und derselben Meinung zu sein glaubten. Wenn Sie jedoch konkretisiert und ausformuliert haben, was Sie genau meinten, haben Sie vielleicht festgestellt, dass Sie sich plötzlich nicht mehr einig waren. Das Ausformulieren der eigenen Meinung ist dabei ein ebenso naheliegender wie häufig vernachlässigter, aber umso notwendigerer Schritt.

Objektivität

Wir haben weiter oben bereits darüber gesprochen, dass der Begriff der Objektivität schwierig zu handhaben ist, da jeder Bewertung eine Definition der Maßstäbe zugrunde liegt. Das Bestimmen des Maßstabs jedoch basiert in den seltensten Fällen auf einem objektiven Vorgehen. In unserem Zusammenhang bedeutet Objektivität im Wesentlichen **Nachvollziehbarkeit**. Auch ein Kollege soll die von ihnen angefertigte Aufgabenanalyse nachvollziehen können. Er sollte verstehen können, wie genau die entsprechende Tätigkeit beschaffen ist, was dort zu tun ist, und wo Potenziale für künftige Veränderungen liegen. Es ist hilfreich, sich selbst in die Position eines Kollegen zu versetzen, und sich immer wieder zu fragen, wie er verstehen würde, was sie erarbeiten. Wichtig ist dieses Prinzip deswegen, weil damit Ihre Annahmen bzw. die Ergebnisse Ihrer Analyse auch für andere hinterfragbar werden und ein wenig von der eingegrenzten Wahrnehmung nur einer Person gelöst werden.

Aufgabenanalyse muss nachvollziehbar sein

> **❗ Wichtig**
>
> **Objektivität heißt nicht, dass Sie die Aufgabenanalyse immer zu zweit oder in noch größerem Kreis durchführen müssen, sondern, dass Sie nach dem standardisierten Vorgehen immer andere Personen in die Aufgabenanalyse miteinbeziehen, die Ihnen Informationen über die Art der Tätigkeit geben können.**

Sicher wird es einige Tätigkeiten geben, die sie so gut kennen, dass sich nach Ihrem Dafürhalten eine eingehende Befragung von Stelleninhabern oder Vorgesetzten erübrigt. In solchen Fällen wird die Aufgabenanalyse dann eher den Charakter einer oberflächlichen Befragung haben, die durchgeführt wird, um die Kollegen formal miteinzubeziehen. Zugegeben: Dieser Weg ist sicher am einfachsten und kann dabei

Wissensbasis für den Beurteilungsprozess

helfen, Zeit zu sparen. Doch lässt sich mit gutem Recht danach fragen, ob diese Art der Aufgabenanalyse das Wissen schafft, das Sie für den weiteren Beurteilungsprozess benötigen.

Das Schema für ein konkretes Vorgehen bei einer Aufgabenanalyse kann folgendermaßen aussehen:

1. Zunächst wird ganz konkret überprüft, **was** im Rahmen dieser Tätigkeit alles zu tun ist. Zweckmäßig ist es hierbei, die Vorgesetzten, Kollegen oder bisherigen Stelleninhaber (soweit vorhanden) miteinzubeziehen und sie so konkret nach der Tätigkeit zu fragen, dass eine möglichst genaue Standortbestimmung entsteht. Auf dieser ersten Ebene der Aufgabenanalyse dominiert die Frage: **Was ist genau zu tun?** Diese Frage zielt ab auf die Inhalte der Tätigkeit, von denen zunächst eine beschreibende Bestandsaufnahme angefertigt werden soll.
2. Erst auf der zweiten Ebene wird gefragt: **Wie muss man das tun?** Hier wird die Tätigkeit z. B. hinsichtlich ihrer fachlichen und sozialen Schwierigkeiten eingestuft. Die Notwendigkeit zu kooperieren und die Stellung im Netz der weiteren betrieblichen Tätigkeiten werden in diesem Schritt benannt.
3. Die **strategische Ebene** der Aufgabenanalyse liegt in der Frage danach begründet, was die Tätigkeit zu den Unternehmenszielen beiträgt (Einbettung der Tätigkeit, zweite Bewertungsebene) und wo mit welchen Änderungen wahrscheinlich zu rechnen ist. Diese Änderungspotenziale können dann wiederum ein wichtiger Bestandteil einer strategisch-vorausschauenden Personalentwicklung werden.

Informationen für die strategische Personalentwicklung

Eine hilfreiche Methode zur Abbildung von künftigen möglichen Änderungen ist die Darstellung und Beschreibung von **Szenarien**. Hierbei sollten Sie Szenarien entwerfen, die in sorgfältig ausgearbeiteten Geschichten über die Zukunft viele Ideen und Ansatzpunkte für Ihre Arbeit darstellen. Sie können dadurch schon heute Entscheidungen treffen, die gegebenenfalls erst in der Zukunft relevant werden. In Ihrem konkreten Fall als Personalpraktiker, der mit der Aufgabenanalyse und Potenzialeurteilung betraut ist, kann Ihr Vorgehen wie folgt aussehen:

1. Identifizieren Sie Personen, ob unternehmensinterne oder -fremde Kollegen, Vorgesetzte, Experten, Volkswirte etc. die viele unterschiedliche Perspektiven und Meinungen beitragen.
2. Organisieren Sie regelmäßige Treffen, auf denen ein systematischer, idealer Weise ein moderierter Austausch zwischen den Teilnehmern stattfinden kann. Fokus soll hierbei vor allem auf Verschiebungen in der Gesellschaft, der (Volks-)Wirtschaft, der Politik, Technologien,

im Kunden- und Konsumentenverhalten etc. liegen, die Einfluss auf die zukünftige Arbeitswelt und auch auf den Bewerbermarkt haben.
3. Organisieren und gruppieren Sie die Ansichten, Meinungen und Äußerungen zu Clustern im Mind Map und beachten Sie dabei auch Verbindungen, die sich in Mustern zeigen können.
4. Bewerten Sie diese Cluster und Szenarios nach Relevanz und Wichtigkeit für Ihr Unternehmen und Ihre Praxis der Personalauswahl und -beurteilung. Nutzen Sie hierfür auch den Blick von Außenstehenden oder branchenfremden Personen, die nicht betriebsblind sind. Konzentrieren Sie sich dabei nicht nur auf Worst-Case-Szenarien, sondern auch auf Szenarien, mit scheinbar weniger bedeutsamen Auswirkungen auf Ihr Unternehmen.
5. Analysieren Sie allein oder mit anderen zusammen, welches der soeben erarbeiteten Szenarien welche Auswirkungen auf Ihr Unternehmen und somit möglicherweise auch auf Ihre und andere Tätigkeiten haben wird.
6. Leiten Sie Indikatoren oder Warnsignale für jedes Szenario ab, die Sie frühzeitig warnen und vielleicht auch für ein ganz bestimmtes Szenario beispielhaft sind.
7. Werten und überprüfen Sie fortlaufend die Szenarien und handeln Sie frühzeitig, um Veränderungen Rechnung tragen zu können.

Schritte für die Erarbeitung von Zukunftsszenarien

Diese recht pragmatische Methode kann Ihren Blick für Zukunftsthemen schärfen und Sie rechtzeitig zu wichtigen Entscheidungen und Handlungen anregen. Sie zeigt zudem nachdrücklich auf, wie viele Faktoren Einfluss auf Tätigkeiten und damit einhergehende Anforderungen nehmen. Darüber hinaus unterstreicht das Denken in Szenarien, wie dynamisch und veränderbar Unternehmensumfelder und somit zwangsläufig auch Unternehmen selbst sind, und dass ein statisches Verständnis von Arbeit und Tätigkeiten höchst zweifelhaft ist.

Es wird noch nicht danach gefragt, was Personen können müssen, um diese Tätigkeit erfolgreich ausführen und weiterentwickeln zu können – das ist Aufgabe des nächsten Schrittes, der Anforderungsanalyse.

4.4 Lernfelder und kritische Überprüfung des eigenen Vorgehens: So werden Sie zum Experten

Wenn Sie sich in ◘ Abb. 4.1 hinsichtlich Ihres bisherigen Vorgehens verorten konnten, sollten Sie die möglichen Ansatzpunkte für eine Veränderung Ihres Vorgehens erkennen können. Stellen Sie sich hierfür folgende Fragen.

> **Reflexionsfragen**
> - In welcher Situation befinde ich mich (bezogen auf die Grafik)?
> - Wo sind meine Ansatzpunkte, wo soll ich hin, wie kann ich mein Ziel definieren?
> - Wie kann ich mich selbst überprüfen und Verbesserungsmöglichkeiten entdecken?
> - Wie kann ich mir dessen bewusst werden, was ich kann und wo meine diagnostischen Kompetenzen liegen? Wie kann ich mein Vorgehen kritisch überprüfen und hinterfragen?

Grundlage der folgenden Schritte

Wenn Sie sich diese Fragen stellen und die damit verbundenen Antworten suchen, trägt das dazu bei, dass Sie Ihre Erfahrungen immer stärker ausdifferenzieren und immer mehr Expertise aufbauen. Sie werden zunehmend die **Abhängigkeiten unterschiedlicher Aufgaben** erkennen und auch die **Entwicklungsperspektiven von Aufgaben** besser benennen können. Darin liegt eine wichtige Voraussetzung einer längerfristig angelegten Personalarbeit. In Hinblick auf den Zyklus der Potenzialbeurteilung schafft eine differenzierte Aufgabenanalyse eine sichere Grundlage für die auf die Person bezogenen Analyseschritte, die nun folgen.

Anforderungsanalyse: Aufgaben in Anforderungen übersetzen

5.1 Wie geht das? – 86

5.2 Anforderungslisten: Vollständigkeit oder Relevanz? – 92

5.3 Sammeln von Anforderungen – 93
5.3.1 Anforderungsanalyse durch Informationssammlung – 94
5.3.2 Anforderungsstrukturanalyse – 96

5.4 Ordnen der Anforderungen – 100

5.5 Übertragen der Anforderungen auf Personen – 103
5.5.1 Kompensatorisches Anforderungsmodell – 103
5.5.2 Vorbereitung des Potenzialbeurteilungsverfahrens – 108

Nehmen wir an, Sie möchten die Stelle eines Projektmanagers besetzen. Seine Aufgaben können sehr vielfältig sein. Die Koordination von Mitarbeitern und externen Dienstleistern kann ebenso dazugehören, wie der Kontakt zum Kunden, die zeitliche und inhaltliche Planung, das Präsentieren von Ergebnissen und natürlich eine Reihe fachlicher Aufgaben. Hier haben wir nun zunächst eine beispielhafte und stark verkürzte Liste von Aufgaben und Tätigkeiten eines Projektmanagers, die dieser auf **unterschiedliche Art und Weise** bewältigen kann.

unterschiedliche Wege zur Ausführung von Aufgaben

Zum Beispiel kann es sich um einen Menschen handeln, der sehr mitarbeiterorientiert führt, oder um jemanden, der nicht so nah am Mitarbeiter arbeitet. Der fachliche Hintergrund kann ganz unterschiedlich ausgeprägt sein. Für manche Aufgabenbereiche eignen sich Generalisten besonders gut, für andere wiederum die Spezialisten. In manchen Firmen ist ein eigenständig arbeitender Projektmanager besonders gefragt, in anderen ein Mitarbeiter, der sehr teamorientiert arbeitet usw.

Viele Personalauswähler fertigen eine solche Liste überhaupt nicht erst an, sondern beschränken sich auf allgemeine fachliche Voraussetzungen und beginnen danach gleich damit, welche Eigenschaften eine Person, die sie einstellen wollen, mitbringen soll. Hier wird mit Begriffen wie »Teamfähigkeit«, »Kritikfähigkeit«, »Belastbarkeit«, »Flexibilität«, »Kreativität« und vielem mehr jongliert. Eine detaillierte Analyse jedoch, **für welche Aufgabe welche Eigenschaft** im Unternehmen am meisten gebraucht wird, bleibt meistens aus. Doch genau das soll die Trennung von Aufgaben- und Anforderungsanalyse leisten: Analysieren Sie genau, was die Aufgaben sind und beantworten Sie anschließend die Frage, wie diese Aufgaben idealerweise bewältigt werden sollen.

> **❗ Wichtig**
> **Das Potenzial einer Person ist ihre Befähigung, die Anforderungen des Aufgabenkomplexes, dem sie zugeordnet wird, erfolgreich zu bewältigen.**

5.1 Wie geht das?

von Aufgaben zu Anforderungen

Gegenwärtig verändern sich die Bedingungen für die Ausführung bestimmter Tätigkeiten in den Unternehmen sehr stark – an der Tätigkeit des Projektmanagers wird dies besonders deutlich. Ausgehend von der immer weiter fortschreitenden Öffnung und Internationalisierung der Märkte, technologischen Innovationen und Anpassungsmaßnahmen der Unternehmen an die sich verändernden Märkte gehen die mit einer Tätigkeit verbundenen Anforderungen an den jeweils betroffenen Mitarbeiter zum Teil deutlich über das Bearbeiten reiner Tätigkeitsmerkmale hinaus. Doch wir wollen zunächst versuchen, aus den Kernaufgaben einer Tätigkeit auf die zentralen Anforderungen an die Person zu schließen, die diese Tätigkeit verrichtet, und kommen später nochmals auf diesen Punkt zurück. Im vorhergehenden Abschnitt der Aufgabenanalyse lag der Fokus auf der möglichst klaren Beschreibung der Tätigkeit. Dieses Wissen dient nun als Grundlage dafür, die Anforderungen, die der Mitarbeiter erfüllen soll, zu beschreiben.

Wie bereits erwähnt, werden in der Personalauswahl häufig Begriffe, die sich auf Tätigkeitsmerkmale beziehen, mit den Anforderungen, die eine Person mitbringen muss, um eine Tätigkeit auszuführen, vermischt. Nach wissenschaftlichen, aber auch nach praktischen Erwägungen ist es jedoch am sinnvollsten, die Tätigkeit, für die ein Bewerber gesucht werden soll, zu untersuchen, und dann erst den Schritt von den Aufgaben zu den dafür notwendigen Voraussetzungen des Stelleninhabers zu machen (▶ Kap. 4).

In ▶ Kap. 4 ging es darum, wie eine bestimmte Tätigkeit beschaffen ist, welche ihrer Aspekte besonders wichtig sind, und wie sie sich wahrscheinlich entwickeln wird. In diesem Kapitel beschäftigen wir uns dagegen damit, welche Anforderungen die unterschiedlichen Aspekte einer Tätigkeit an den Mitarbeiter stellen und was er dafür können muss.

Wie aber kann man die Merkmale der Aufgabe in Anforderungen übersetzen, die der Stelleninhaber erfüllen muss? Zunächst erhalten Sie wieder die Möglichkeit, die eigene Vorgehensweise auf dem bereits aus dem genannten Bewertungsraster aus dem vorhergehenden(▶ Kap. 4) kritisch zu verorten (◘ Abb. 5.1).

Zunächst fragt man danach, was der Stelleninhaber können muss, um die mit der Tätigkeit verbundenen Aufgaben zu erfüllen. Dabei sollten zunächst nur die Fertigkeiten in Form von nötigen Qualifikationen benannt werden. Das sich damit ergebende **fachliche Anforderungsprofil** hat eher statischen Charakter und stellt die Minimalanforderungen dar, die formal nötig sind, um die Aufgaben zu bewältigen. Es kann jedoch bereits um diejenigen Fertigkeiten und Qualifikationen ergänzt werden, die nötig sein werden, um die Tätigkeit in Zukunft auszuführen. Das Ableiten fachlicher Voraussetzungen aus den Anforderungen einer Tätigkeit dürfte in der Regel keine großen Schwierigkeiten bereiten; die Komplexität steigt bei der Ermittlung der nichtfachlichen Anforderungen zum Teil deutlich an.

Ableiten fachlicher Anforderungen

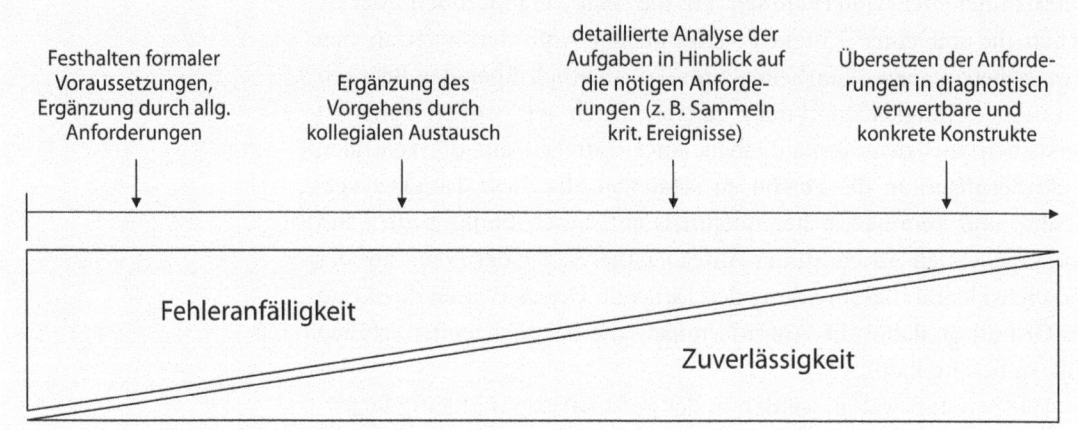

Abb. 5.1. Einordnungsraster für die Anforderungsanalyse

Wie soll verkauft werden?

> **Beispiel**
>
> Eine mit einer Tätigkeit verbundene Aufgabe kann es sein, Dienstleistungs-Produkte zu verkaufen. Diese Aufgabe kann nun, abhängig von der jeweiligen Person, in unterschiedlichster Weise ausgefüllt werden:
> Manche Personen können sehr gut über den persönlichen Kontakt zum Kunden verkaufen; andere versuchen, den Kunden durch sachliche Argumente zu überzeugen. Wieder andere versuchen eine Kombination aus den beiden Methoden, um ein Produkt zu verkaufen. Demgegenüber versuchen manche Personen, vor allem eine **langfristige Kundenbindung** aufzubauen oder achten nur darauf, möglichst schnell möglichst viel zu verkaufen, ohne auf eine langfristige Kundenbindung Wert zu legen und somit Ausfälle durch die Masse an Neuakquisitionen aufzufangen. Alle diese skizzierten Charaktere müssen formal betrachtet dieselbe Tätigkeit ausführen: Sie müssen etwas verkaufen. Je nachdem, wie die Marketingstrategie des Unternehmens ist, welche Philosophie sie verfolgt oder (wenn sie eine Mischstrategie aufsetzt) welche anderen Vertriebsmitarbeiter sie bereits beschäftigt, ergeben sich aus der Tätigkeit vollkommen unterschiedliche Anforderungen an die Person, die künftig im Namen Ihres Unternehmens Produkte verkaufen soll.

Das **Was** ist somit aufgrund der Tätigkeitsbeschreibung sehr einfach zu benennen.

Das **Wie** dagegen ist eine Frage, die sehr viel schwieriger zu beantworten sein wird.

An die Frage des **wie** schließen sich nämlich noch weitere Fragen an. Wenn bspw. eine Person gesucht wird, die vor allem eine langfristige Kundenbindung aufbauen soll, bleibt zunächst offen:

- Auf welche Weise soll sie eine langfristige Kundenbindung aufbauen?
- Was muss sie deshalb können?
- Kann fehlendes Können im einem Bereich durch besonders stark ausgeprägte Kompetenzen in einem anderen kompensiert werden?
- Wie erkenne ich als Beurteiler, ob eine Person diese Dinge leisten kann?

Es wird offenkundig, dass mit der Vorstellung der Anforderungen auch der Gedanke eines »best way«, einer optimalen Art und Weise, verknüpft ist, der unter den gegebenen Bedingungen mit höchster Wahrscheinlichkeit zum Erfolg führt. Dieser »best way« ist für bestimmte Tätigkeiten einfach zu benennen, bei anderen dagegen fällt es schwer, einen bestimmten Weg festzulegen, der wahrscheinlich zu einem guten Ergebnis führen wird. Ganz wesentlich dafür verantwortlich sind die mit der Ausführung einer Tätigkeit verbundenen **Freiheitsgrade**, d. h. die Möglichkeiten des Stelleninhabers, sich für den einen oder den anderen Weg der Tätigkeitsausführung zu entscheiden. Diese Freiheitsgrade variieren grundsätzlich in Abhängigkeit von der hierarchischen Position, die mit der Tätigkeit verbunden ist.

Eine Führungskraft hat eine Vielzahl unterschiedlicher Möglichkeiten, die mit ihrer Position verbundenen Ziele zu erreichen – sie wird sich je nach Kompetenzschwerpunkt, von ihr identifizierter Aufgabe und verfügbaren Ressourcen **für einen Weg** entscheiden und trifft damit implizit eine Entscheidung **gegen eine Vielzahl anderer möglicher Wege**. Die Entscheidungsmöglichkeiten etwa in der Position eines Sachbearbeiters, der eine Datenbank zu pflegen hat, lassen sich damit nur schwer vergleichen. Für ihn ist im Rahmen seiner Tätigkeit weit mehr vorgegeben, als für die Führungskraft. Für Führungskräfte können sich die erfolgskritischen Anforderungen in kurzer Zeit ganz wesentlich verändern. Dafür verantwortlich sind politische Rahmenbedingungen, die über den Zugang zu Märkten entscheiden, technologische Innovationen, die in kurzer Zeit in den Markt gebracht werden müssen, um einen Vorsprung vor den Mitbewerbern zu gewinnen oder die Dynamik der Märkte, in denen sich ein Unternehmen bewegt. Fusionen oder Unternehmenskrisen wiederum erfordern eine gänzlich andere Art der Führung (vgl. Lang-von Wins et al. 2006, S. 266; ▶ Übersicht).

Entscheidungsmöglichkeiten beim Ausführen der Aufgaben

Notwendige Kompetenzen eines Turnaround-Managers
- Fachkompetenzen
  - Wissen um die spezifischen Bedingungen der Produkte bzw. Dienstleistungen des Unternehmens
  - Wissen um wirtschaftliche Zusammenhänge (Markt)
  - kennt erfolgreiche Strategien zur wirtschaftlichen Restrukturierung
- Methodenkompetenzen
  - kann komplexe Sachverhalte vor Zuhörern unterschiedlicher Kenntnisstufe einfach und verständlich darstellen
  - kann frei sprechen und ad hoc-Statements von mindestens mittlerer Komplexität abgeben
  - kann präsentieren
  - gut ausgeprägte analytische Fähigkeiten
- Sozialkompetenzen
  - kann andere führen und für Neues gewinnen
  - ist sich der Signalwirkung des eigenen Handelns bewusst und geht als Vorbild voran
  - erkennt mögliche Konflikte, kann sie ansprechen und lösen
  - wirkt ausgleichend
  - kann Ziele auch gegen Widerstände durchsetzen
  - kann die Stärken der Mitarbeiter aktivieren
- Persönliche Kompetenzen
  - hohe Leistungsbereitschaft
  - Fähigkeit, Widersprüche auszuhalten (Ambiguitätstoleranz)
  - handelt integer und übernimmt Verantwortung für seine Handlungen
  - steht dem Unternehmen und den mit dem Wandel verbundenen Zielvorstellungen loyal gegenüber
  - kann starke Belastungen aushalten und produktiv überwinden
  - ist offen für Kritik
  - ist bereit, Risiken (auch persönliche) einzugehen
- Handlungskompetenzen
  - hohes Lernpotenzial (Lernmotivation und -fähigkeit), versucht über den eingeschlagenen Weg hinaus zu denken
  - lernt aus Fehlern, ohne in eine Verteidigungshaltung zu gelangen
  - produktives Hinterfragen der eigenen Entscheidungen/des eigenen Weges

steigende Komplexität

Das Beispiel zeigt zwei wichtige Punkte der Anforderungsermittlung im Rahmen der Potenzialbeurteilung auf: Erstens führen die mit einer spezifischen Tätigkeit verbundenen Anforderungen mehr oder weniger direkt zu den **Kompetenzkonstrukten**, die sich im anschließenden Beurteilungsprozess erfassen lassen. Die Anforderungsanalyse ist damit ein wichtiger Verbindungsschritt von Aufgabenanalyse und Beurteilung von Kandidaten. Damit hängt der zweite wichtige Punkt zusammen: Je mehr Freiheitsgrade eine zu besetzende Position aufweist, desto komplexer wird die Ableitung der erfolgskritischen Anforderungen. Diese steigende Komplexität kann dazu führen, dass eine **Gegentendenz** einsetzt, die bestimmte Bereiche ausblendet, um die Komplexität wieder zu verringern und handhabbar zu machen.

> ❗ **Wichtig**
> Die Vollständigkeit einer Anforderungsliste und ihre Komplexität – d. h. die Vernetztheit der Anforderungen miteinander – ist wesentlich für das Ergebnis des Beurteilungsprozesses. Fehlende Anforderungen oder fehlende Vernetzungen der Anforderungen untereinander sind blinde Flecken im Beurteilungsprozess, die das Ergebnis deutlich beeinträchtigen

Allerdings bedeutet das auch, dass man sich auf eine überschaubare und handhabbare Menge der wichtigsten Anforderungen beschränken sollte.

> ❗ **Wichtig**
> Eine Liste mit allen wünschenswerten Eigenschaften, Kompetenzen und Qualifikationen zu erstellen, ist für den weiteren Fortgang des Beurteilungsprozesses ein schweres Handicap, das sich vor allem bei Novizen und fortgeschrittenen Anfängern in klaren Fehlurteilen niederschlagen kann.

Unter anderem deshalb ist es anzuraten, bei der Besetzung von Positionen mit höheren Freiheitsgraden bereits bei der Formulierung der Anforderungen mehrere Perspektiven zu kombinieren, um die Professionalität zu erhöhen. Mit steigender Verantwortung der zu besetzenden Position ist darüber hinaus bereits zu diesem Zeitpunkt die Beteiligung externer Berater anzuraten, die das auf die Position bezogene **implizite Wissen** der Beteiligten durch die entsprechenden Methoden sichtbarer machen und dabei helfen, es bei der Formulierung von Anforderungen für den Prozess der Potenzialbeurteilung nutzbar zu machen.

Beteiligung externer Experten

Die folgenden Beispiele verdeutlichen, wie unterschiedlich man bei der Festlegung von Anforderungen vorgehen kann. Beide Beispiele sind authentisch, in beiden Fällen handelt es sich um die Besetzung von Schlüsselpositionen im Unternehmen.

5.2 Anforderungslisten: Vollständigkeit oder Relevanz?

> **Beispiel**
>
> Herr J. ist der Gründer eines kleinen aber stabil wachsenden Biotechnologieunternehmens, der in der Regel an Auswahlentscheidungen beteiligt ist, indem er selbst mit den Kandidaten ein abschließendes Gespräch führt. Bei der Besetzung eines wichtigen und mit einiger Verantwortung verbundenen Postens beschließt er, sich bereits zu einem früheren Zeitpunkt in den Auswahlprozess einzuschalten.
>
> Er definiert zunächst die Anforderungen, die der Inhaber dieser Stelle erfüllen muss, was auf der Grundlage seiner Sachkenntnis durchaus gerechtfertigt scheint. Da es sich um eine sehr verantwortungsvolle Position handelt, ergibt sich eine umfangreiche Liste von Anforderungen, die der künftige Stelleninhaber zu bewältigen haben wird. Herr J. notiert einige dieser Anforderungen, andere bleiben implizit und werden erst bei einer späteren Rekonstruktion im Rahmen eines Gespräches offenkundig. Die vollständige Liste der von Herrn J. als relevant erachteten Anforderungen umfasst 41 Nennungen, die zum Teil noch weiter konkretisiert werden könnten. Diese umfangreiche Liste ist ausgesprochen unhandlich und erweist sich für den weiteren Fortgang des Potenzialbeurteilungsverfahrens als eindeutiges Hindernis.

eine zu große Menge an Anforderungen schafft Verwirrung

Dieser Weg versucht, möglichst alle Anforderungen zu erfassen, die mit der zu besetzenden Position zusammenhängen. Das Bestreben, das hinter dieser Sammlung steckt, ist leicht zu benennen: Es sollen möglichst **alle Anforderungen** erfasst werden, um eine möglichst **große Urteilssicherheit** zu gewährleisten. Dieses Kalkül geht jedoch in den wenigsten Fällen auf: In der Regel verwirrt eine große Zahl an unverbunden nebeneinander stehenden Anforderungen und verstellt den Blick auf die Fähigkeiten und Kompetenzen der Bewerber. Ein solches Vorgehen ist charakteristisch für Anfänger.

> **❗ Wichtig**
> Experten folgen im Gegensatz zu Anfängern eher der Regel, nicht möglichst alle Anforderungen zu erfassen, sondern nur die besonders relevanten. Denn nicht alle mit einer Tätigkeit verbundenen Anforderungen entscheiden gleichermaßen über den Erfolg des Mitarbeiters.

> **Beispiel**
>
> Frau Z. ist Personalleiterin in einem großen Verlag, zu dem auch einige Zeitschriften gehören. Für eine dieser Zeitschriften – eine Fachzeitschrift mit großem Renommee – sucht sie einen neuen Chefredakteur. Auch sie entwickelt einen umfangreichen Anforderungskatalog, der immerhin 19 Punkte umfasst. Diese Sammlung hilft ihr im weiteren Verfahren, die Kandidaten zu beurteilen und eine sichere Entscheidung für einen der Kandidaten zu treffen, die sie auch im Nachhinein als richtige Entscheidung empfindet, da sich der neue Chefredakteur bereits in den ersten Monaten bewährt und von den Mitarbeitern akzeptiert wird.

Was ist nun der Unterschied zwischen beiden Beispielen? Er liegt nicht alleine in dem Umfang der Listen begründet, die im einen Fall 41 im anderen »nur« 19 Anforderungen umfasst. Wir gehen im weiteren Verlauf dieses Kapitels weiter darauf ein. An dieser Stelle sollte man sich jedoch vor Augen führen, dass die ermittelten Anforderungen als Grundlage für die Ausschreibung der Stelle dienen. Die Stellenanzeige und die darin festgehaltenen Anforderungen bestimmen die Vorselektion des Bewerberfeldes. Neben den Gegebenheiten des Bewerbermarktes hängt von diesem Schritt die Qualität der eingehenden Bewerbungen ab.

Klarheit der Stellenausschreibung

> **❗ Wichtig**
> Bei der Bestimmung der Anforderungen sollte man sich auf die wesentlichen und aussagekräftigsten Kriterien beschränken.

Wie aber kann man die Menge an Anforderungen auf die wesentlichen Punkte reduzieren und dann daraus die erforderlichen Kompetenzen ableiten, über die der Stelleninhaber verfügen soll? Auf den folgenden Seiten liefern wir stichhaltige Anhaltspunkte für die Beantwortung dieser und weiterer mit der Anforderungsanalyse zusammenhängender Fragen.

5.3 Sammeln von Anforderungen

Die vorhergehenden Beispiele zeigen, dass die Frage nach den Anforderungen wesentlich ist.

Wie kann man zu verlässlichen Aussagen darüber gelangen, welche Anforderungen im Rahmen einer bestimmten Tätigkeit **erfolgskritisch** sind? Die Überlegung am Schreibtisch, was der Stelleninhaber können muss, führt in der Regel nicht zum erwünschten Ergebnis: Sie bleibt lückenhaft und ist in hohem Maße von dem eigenen Einblick in die Tätigkeit abhängig. Daher ist bei diesem wichtigen Schritt große Sorgfalt nötig, wie das Beispiel von Herrn J. zeigt.

zwei grundsätzliche Möglichkeiten

Grundsätzlich gibt es hier zwei unterschiedliche Erfolg versprechende Vorgehensweisen: einerseits eine Ableitung der Anforderungen aus einem bestehenden **Kompetenzmodell**, das im Wesentlichen die strategischen Ziele des Unternehmens abbildet und auf die unterschiedlichen Mitarbeiterebenen herunterbricht. Diese Vorgehensweise wird in der Regel vor allem bei Führungspositionen eingesetzt und bedarf einer weiteren Spezifizierung. Die zweite Möglichkeit setzt ein »**empirisches**« **Vorgehen** voraus: durch die Erhebung und Auswertung bestimmter Daten (z. B. die Befragung von Vorgesetzten und Kollegen) gelangt man zu den Anforderungen, die mit einer Tätigkeit verbunden sind. Diese Variante kann grundsätzlich bei jeder Position eingesetzt werden. Wir werden uns im Folgenden auf die zweite Variante konzentrieren.

5.3.1 Anforderungsanalyse durch Informationssammlung

Was muss der Stelleninhaber können?

Die am stärksten verbreitete Variante der Anforderungsanalyse ist die empirische, Informationen sammelnde Vorgehensweise: Hier wird durch systematisches Hinterfragen ergründet, welche Anforderungen mit einer spezifischen Tätigkeit verbunden sind. Diese Art der Analyse bezieht den vorhergehenden Schritt der Aufgabenanalyse mit ein bzw. baut darauf auf. Die im Rahmen der Aufgabenanalyse gesammelten Informationen über die Struktur einer Tätigkeit werden nun ergänzt durch das systematische Fragen danach, was der Stelleninhaber können muss, um die Aufgaben erfolgreich zu verrichten. Die Anbindung an die Aufgabenanalyse hilft in diesem Zusammenhang dabei, die gefundenen Anforderungen realistisch auf die Tätigkeit zu beziehen. In Erweiterung der Aufgabenanalyse wird nun aber gefragt: »Was muss der Stelleninhaber können, um die mit der Tätigkeit verbundenen Aufgaben erfolgreich zu bewältigen?«

> ❗ **Wichtig**
> In der Anforderungsanalyse wird das »Was« mit dem »Wie« kombiniert – die Aufgaben finden ihre Entsprechung in begründbaren Annahmen darüber, wie sie am besten zu bearbeiten sind.

Das Beispiel des **Turnaround-Managers** hat gezeigt, dass solche Annahmen bei Positionen, in denen die Erfahrungsmenge des Unternehmens noch gering ist, auch durch externe Erfahrungen (die sich auf den

Prozess der Restrukturierung beziehen) oder durch wissenschaftlich fundierte Ergebnisse begründet werden können. In solchen Fällen ist es ratsam, externe Berater hinzuzuziehen, da blinde Flecken im Potenzialbeurteilungsprozess große Risiken für das Unternehmen bedeuten können. In den meisten Fällen jedoch reicht das im Unternehmen verfügbare Wissen aus, um eine Anforderungsanalyse professionell zu gestalten.

Vorgehen Informationssammlung

Die besten Resultate erzielt man mit einer Anforderungsanalyse dann, wenn man einerseits die mit den Aufgaben verbundenen Routinen und andererseits kritische Situationen betrachtet, die nicht mit Alltagsroutinen zu bewältigen sind. Dieses Vorgehen – die »**Critical-Incident-Technique**« (Flanagan 1954) – gehört seit langem zum zentralen Methodeninventar der Wirtschaftspsychologie, es hat sich in vielen Kontexten bewährt.

erfolgskritische Situationen sammeln

1. Im ersten Schritt wird danach gefragt, welche Anforderungen sich aus den gesammelten Aufgaben ergeben. Hier sollten jeder Aufgabe die sich aus ihr ergebenden Anforderungen an das Handeln des Stelleninhabers zugeordnet werden. Dies kann z. B. durch Befragung der Kollegen und Vorgesetzten geschehen. Wichtig ist, dass dadurch ein möglichst umfangreiches Bild entsteht.
2. Bei jeder Aufgabe sollte danach gefragt werden, welche Schwierigkeiten sich bei der Tätigkeit ergeben könnten. Bei dieser Einschätzung kann es hilfreich sein, sich an den in einem begrenzten Zeitraum (z. B. im vergangenen Jahr oder im vergangenen halben Jahr) aufgetretenen schwierigen Situationen zu orientieren. Die entsprechende Leitfrage lautet: »Welche schwierigen, problematischen oder »komplizierten« Situationen hat es in der letzten Zeit im Zusammenhang mit der entsprechenden Aufgabe gegeben?« Alternativ ist es natürlich auch möglich, zunächst die Aufgaben möglichst vollständig durchzugehen und dann allgemeiner zu fragen »Welche schwiergen, problematischen oder »komplizierten« Situationen hat es in der letzten Zeit in der Abteilung der neu zu besetzenden Stelle gegeben?« Im Fokus der zweiten Frage stehen einerseits eher abteilungsübergreifende Zielsetzungen und andererseits die mit der Tätigkeit verbundenen sozialen Anforderungen in Bezug auf den Kollegenkreis. Bei einem Vertriebsmitarbeiter kann z. B. die Frage nach besonders schwierigen, problematischen oder »komplizierten« Kunden im Vordergrund stehen und dann mit entsprechend verlaufenden Gesprächen weiter vertieft werden.
3. Nach der Sammlung kritischer Situationen ist danach zu fragen, wie diese Schwierigkeiten in angemessener Weise gelöst wurden bzw. gelöst werden können.

4. Im nächsten Schritt, der freilich in einigen Gesprächen bereits vorweggenommen werden dürfte, fragt man, welche Fehler man bei der Ausführung dieser Tätigkeit machen kann. Dabei sollte man unterscheiden zwischen Fehlern, die unbedingt vermieden werden müssen (im Falle des Vertriebsmitarbeiters etwa uneinlösbare Versprechen gegenüber neuen Kunden) weil ihre Folgekosten zu hoch sind, und Fehlern, die weniger existenziellen Charakter haben.
5. Im darauffolgenden 5. Schritt versucht man, Personen zu identifizieren, die sich in der Bewältigung der Aufgaben als besonders erfolgreich bzw. als besonders erfolglos erwiesen haben. Dabei sollte man zunächst bei den »Normalanforderungen« bleiben und im Anschluss danach fragen, ob diese Personen unter schwierigen Bedingungen ebenso erfolgreich oder erfolglos gewesen wären bzw. waren.

Die so gesammelten Informationen bilden zunächst die Basis für den folgenden Schritt – die **Anforderungsstrukturanalyse**. Darüber hinaus lassen sie sich aber auch als Grundlage des Einstellungsgespräches nutzen.

5.3.2 Anforderungsstrukturanalyse

In dem Beispiel von Herrn J. war aufgefallen, dass eine Vielzahl von Anforderungen gesammelt worden war, die sich letztlich als Hindernis für den weiteren Fortgang des Potenzialbeurteilungsprozesses erwiesen hatte.

> ❗ **Wichtig**
> **Die Kunst der professionell betriebenen Anforderungsanalyse besteht darin, sich auf eine eingeschränkte Menge an wirklich zentralen und erfolgskritischen Anforderungen zu fokussieren, die dann als Wegweiser dafür dienen, die passenden Bewerber anzusprechen und ihr Potenzial zu beurteilen, mit den Anforderungen erfolgreich zurechtzukommen.**

Ordnen der Informationen

Um dies zu gewährleisten, haben wir die Anforderungsstrukturanalyse entwickelt. Im Rahmen der strukturellen Anforderungsanalyse werden die gesammelten Informationen geordnet. Die hier enthaltene Struktur bildet die Grundlage für die weiteren Schritte der Potenzialbeurteilung.

Bei der strukturellen Anforderungsanalyse steht die Frage im Vordergrund: »in welcher Beziehung stehen die gefundenen Anforderungen zueinander?« Um diese Beziehungen sichtbar zu machen, ist es notwendig, die noch unverbundenen Anforderungen aufeinander zu beziehen.

> **Wichtig**
> Je mehr Expertise Sie aufbauen, desto leichter werden Ihnen diese zunächst noch unverbundenen Schritte fallen. Mit zunehmender Übung werden Sie die Anforderungsanalyse nicht mehr in die Schritte »Informationen sammeln« und »strukturelle Anforderungsanalyse« unterteilen müssen; sie werden lernen, den Prozess als Ganzes aber dennoch in aller gebotenen Differenziertheit durchzuführen.

Vorgehen bei der Anforderungsstrukturanalyse

Die Anforderungsstrukturanalyse kann in unterschiedlicher Komplexität durchgeführt werden. Die komplexeste und ohne Mitwirken eines Beraters kaum durchführbare Version orientiert sich an der Psychologie der persönlichen Konstrukte von Kelly (1955) und der im Rahmen dieses theoretischen Zuganges entwickelten **Repertory-Grid-Technik** (vgl. Scheer & Catina 1993). Mithilfe dieser Technik können alle identifizierten Anforderungen als Elemente komplexerer Konstrukte eingeordnet und in ihren Zusammenhängen erfasst werden. Das Vorgehen umfasst drei Schritte:

Vorgehen mit Berater

1. Alle Anforderungen werden auf jeweils ein Kärtchen geschrieben und auf einem Stapel gesammelt.
2. In einer zufälligen Reihung werden jeweils drei Kärtchen aus dem Stapel genommen. Entscheiden Sie, welche beiden der drei sich ähneln und benennen Sie den Grund der Ähnlichkeit. Benennen Sie außerdem den Grund der Unähnlichkeit zu dem dritten Element und schreiben Sie die Ergebnisse in einer vorbereiteten Tabelle mit.
3. Nachdem Sie dieses Vorgehen für eine repräsentative Zahl der von Ihnen gesammelten Elemente bzw. Anforderungen durchgeführt haben (es müssen nicht immer alle Elemente sein; die Zahl der beurteilten Relationen hängt ab von der Zahl der Anforderungen und der Leichtigkeit, mit der die Benennungen vollzogen werden können), beenden Sie dieses Vorgehen und betrachten Sie die von Ihnen als ähnlich eingestuften Elemente. Überlegen Sie, welche Konstrukte sich dahinter verbergen und versuchen Sie, dafür einen Namen zu finden. Lassen Sie sich dabei von den von Ihnen festgehaltenen Benennungen der Ähnlichkeiten leiten.

Dieses Vorgehen ist seiner Natur nach konstruktivistisch, d. h. es geht davon aus, dass die Realität nicht unbedingt objektiv sein muss, da sie in unseren Köpfen – durch unsere Wahrnehmung und unsere Interpretationen – existiert. Idealerweise sollte daher das Vorgehen bei mindestens einer anderen Person wiederholt werden, um festzustellen, wie groß die Basis gemeinsamer Deutungen ist. Durch den hohen

Aufwand ist es aber nur bei der Anforderungsanalyse von besonders verantwortungsvollen Positionen anzuraten.

einfacheres Vorgehen

Ein alternatives und deutlich weniger aufwendiges Vorgehen besteht in der visuellen Ordnung der Anforderungen mittels einer Clusterung. Dieses Vorgehen kann sowohl im Team als auch im Rahmen einer Einzelsitzung durchgeführt werden.

1. Zunächst werden wie bei der oben dargestellten Variante der Repertory-Grid-Technik die gesammelten Anforderungen einzeln auf Kärtchen notiert und gesammelt.
2. Im darauffolgenden Schritt wird versucht, die Kärtchen in eine Struktur zu bringen. Zunächst wird das zuoberst liegende Kärtchen an eine Metaplanwand gepinnt, dann wird das folgende Kärtchen genommen und entsprechend seiner Ähnlichkeit an die Wand gepinnt: Eine große Ähnlichkeit spiegelt sich in großer räumlicher Nähe wider, eine deutliche Unähnlichkeit in der entsprechenden Distanz. So ergeben sich Cluster von einander ähnlichen Anforderungen, die sich über ihre räumliche Nähe bzw. Distanz zueinander identifizieren lassen.
3. Nun sollen Begriffe gefunden werden, die die Cluster in ihrer Ähnlichkeit wiedergeben.
4. Danach werden Wechselbeziehungen zwischen den Clustern durch Doppelpfeile als Symbol einer gegenseitigen Beeinflussung und einfache Pfeile als Symbol einer einseitigen Wirkbeziehung eingefügt.

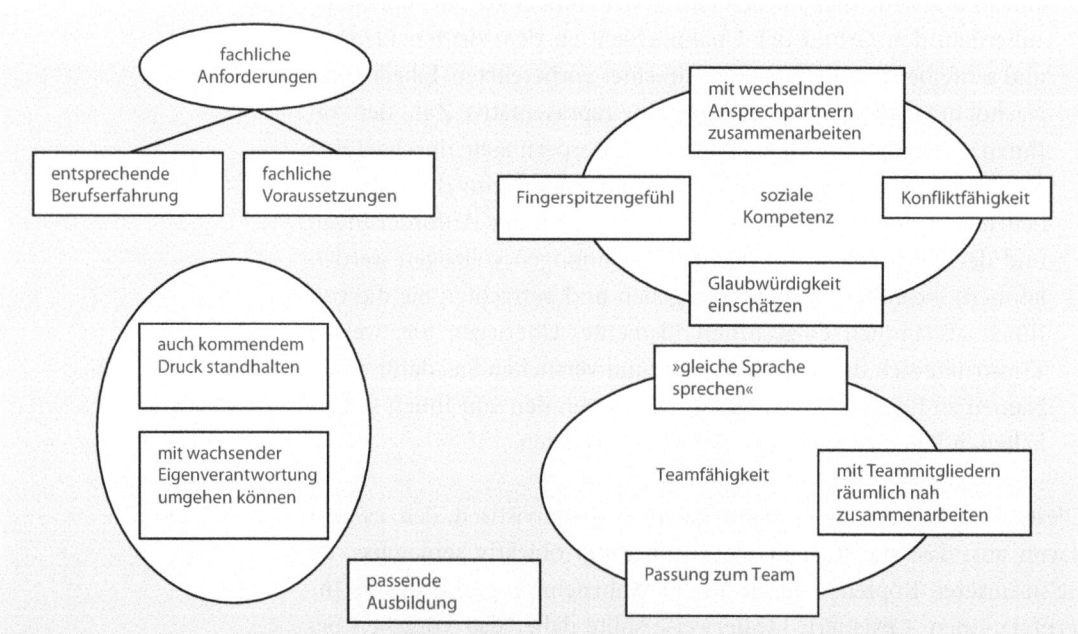

◘ **Abb. 5.2.** Beispiel einer Clusterlösung (Lang-von Wins et al. 2005)

Eine entsprechende Visualisierung ist in ◘ Abb. 5.2 und 5.3 wiedergegeben. Bei ◘ Abb. 5.2 handelt es sich um die Anforderungen an eine Führungsnachwuchskraft in einem großen Unternehmen. Die ◘ Abb. 5.3 stellt die Anforderungen an einen Softwareentwickler in einem noch jungen Softwareunternehmen dar, das im Wesentlichen aus dem Gründer und dem Entwicklungsteam besteht.

Bei beiden Vorgehen wird die Strukturierung abgeschlossen, indem die Anforderungscluster gemäß ihrer Wichtigkeit geordnet werden. Hier kann man variieren zwischen einer Ordnung der Cluster und einer Ordnung der Einzelanforderungen. Die zweite Variante ist vor allem anzuraten, wenn die Anforderungen unterschiedlich komplex sind.

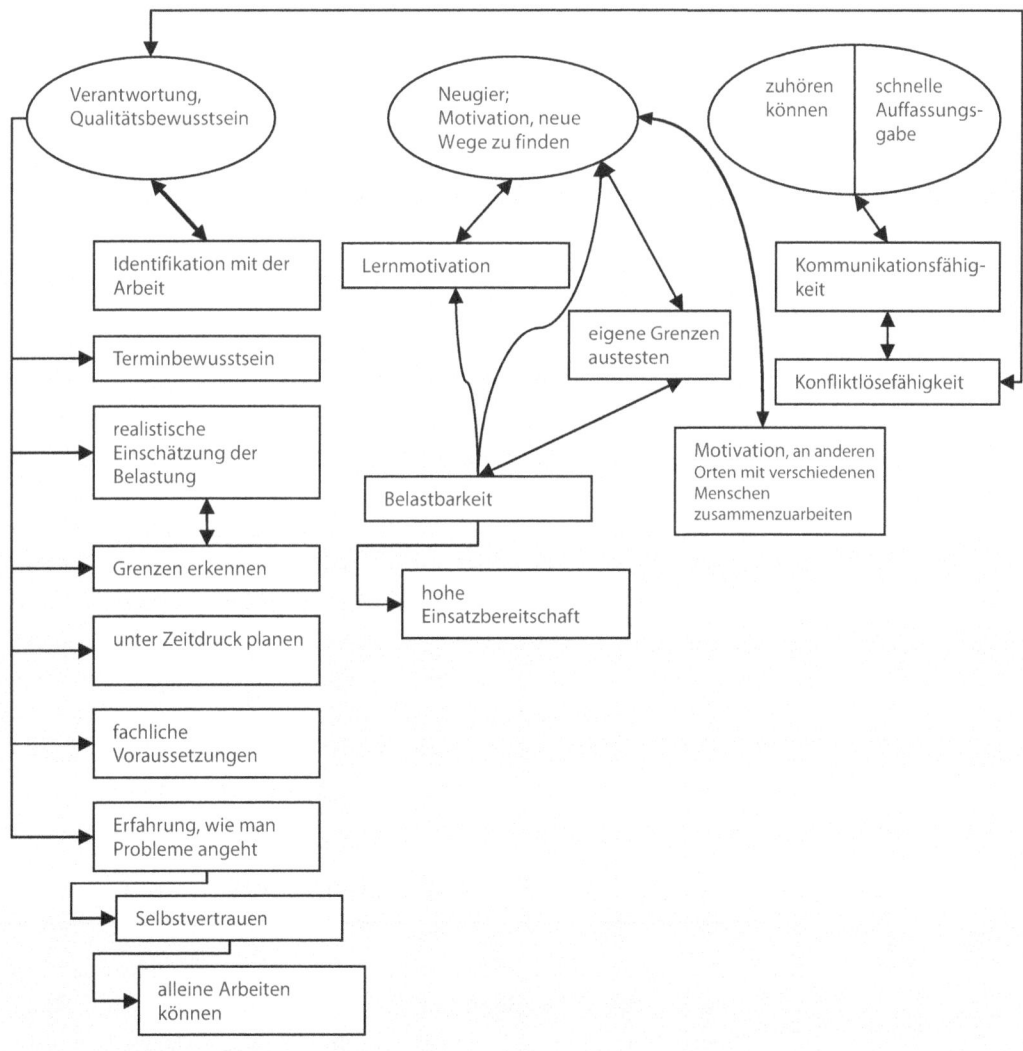

◘ **Abb. 5.3.** Beispiel einer visualisierten Anforderungsstruktur (Lang-von Wins et al. 2005)

Die folgenden 5 Fragen dienen als Anregung, eine Anforderungsstrukturanalyse durchzuführen. Sie unterstützen die Reflexion der gesammelten Anforderungen und sind eine weniger aufwendige Alternative zu den beiden anderen Vorgehensweisen. Dabei sollten zur Übung zunächst Positionen gewählt werden, die von ihren Anforderungen her maximal eine mittlere Komplexität aufweisen.

1. Welche Anforderungen sind sich ähnlich?
2. Welche Anforderungen sind den anderen übergeordnet?
3. Welche Anforderungen enthalten andere aufgeführte Anforderungen?
4. Welche Anforderungen wirken auf welche Weise auf andere Anforderungen ein?
5. Welche Anforderungen lassen sich direkt beobachten, welche nur indirekt erschließen? Welche Methoden gibt es dafür?

> **❗ Wichtig**
> **Eine Anforderungsstrukturanalyse ist besonders anzuraten, um die Kompetenzen bei Anfängern und fortgeschrittenen Anfängern zu entwickeln. Hier sollte im Rahmen von Teams, die sich aus einem Experten oder erfahreneren Kollegen und einem Anfänger zusammensetzen, die Struktur der Anforderungen und ihre inhaltliche Bedeutung systematisch hinterfragt werden.**

Unterstützung bei der Entwicklung diagnostischer Kompetenz

Da im Rahmen der Anforderungsstrukturanalyse auch immer die Unternehmenskultur und andere implizite Leistungsparameter eine wichtige Rolle spielen, kann durch den Prozess eine **schnelle Einarbeitung und Ausrichtung der diagnostischen Fähigkeiten** an den spezifischen Bedingungen des Unternehmens bzw. der Abteilung erreicht werden.

Ein zweiter Anwendungsschwerpunkt, der hier besonders herausgestellt werden soll, bezieht sich auf junge Unternehmen, in denen noch keine Expertise im diagnostischen Bereich aufgebaut werden konnte. Der Einsatz sollte hier allerdings nicht ohne einen externen Berater in Betracht gezogen werden, der über die entsprechende Expertise bereits verfügt. Im Rahmen von zwei bis vier Workshops können so Grundlagen der diagnostischen Arbeit in jungen, schnell wachsenden Unternehmen gelegt werden.

5.4 Ordnen der Anforderungen

Wie in ▶ Abschn. 5.3 schon deutlich wurde, ist die **Struktur und Ordnung der Anforderungen** ein für den weiteren Verlauf des Potenzialbeurteilungsprozesses erfolgskritischer Punkt. Wir werden uns in diesem Schritt damit befassen, wie diese Ordnung für die gesammelten Anforderungen geschaffen werden kann.

Nicht alle zunächst gesammelten Anforderungen sind gleichermaßen relevant für die erfolgreiche Ausführung einer Tätigkeit. Wie das Beispiel von Herrn J. gezeigt hat, ist es nicht nur wichtig, die Anforderungen zueinander in Bezug zu setzen, sondern auch, bei der Vielzahl von Anforderungen diejenigen herauszustellen, die wirklich erfolgskritisch sind.

> **❗ Wichtig**
> **Erfolgskritische Anforderungen sind diejenigen Anforderungen, die ein Bewerber erfüllen muss, um eine Tätigkeit besonders gut auszuführen.**

Um diese Anforderungen herauszufinden, wird in der Eignungsdiagnostik häufig ein Ansatz gewählt, mit dem man untersucht, wo die erfolgreichen Stelleninhaber im Vergleich zu den weniger erfolgreichen anders handeln. Im Gegensatz zu dem eher an Persönlichkeitsmerkmalen orientierten Vorgehen der biografischen Fragebögen, bei denen nach den Merkmalen erfolgreicher Stelleninhaber im Vergleich zu weniger erfolgreichen gesucht wird, wird hier also großer Wert auf das Handeln gelegt. Dieser Schritt schließt an die Informationssammlung an, in der nach kritischen Ereignissen gefragt wird; er muss sich allerdings nicht auf kritische oder außergewöhnliche Ereignisse beschränken. Es ist ebenso möglich, **trennscharfe Handlungsweisen** (d. h. solche, die deutlich zwischen erfolgreichen und weniger erfolgreichen Stelleninhabern unterscheiden) zu definieren, indem man das Alltagshandeln näher betrachtet. Allerdings ist dieser Schritt schwieriger, weil unerfahrene Beurteiler hier schnell sehr umfangreiche Listen formulieren, die letztlich nur noch geringen Bezug zur Tätigkeit haben.

Finden erfolgskritischer Anforderungen

In **Ergänzung zu den erfolgskritischen Anforderungen** sind diejenigen zu sehen, die unverzichtbar sind, also z. B. die fachlichen Voraussetzungen, die mit dem Ausführen einer Tätigkeit verbunden sind. Diese Anforderungen zu finden und festzulegen ist einer der einfachsten Schritte der Anforderungsanalyse, soweit er sich auf formale Voraussetzungen der Tätigkeit bezieht. In der Regel lässt sich für die meisten Bereiche leicht festlegen, über welche Qualifikationen ein Kollege oder Mitarbeiter verfügen sollte. In den meisten Fällen ist die Fachausbildung über die ein Bewerber verfügen soll, die erste und wichtigste Eingangsvoraussetzung, um überhaupt weiter – auf das Potenzial des Bewerbers – zu schauen. Die gegenwärtige Entwicklung weicht Fachgrenzen jedoch zusehends auf, es entstehen immer mehr Berufsbereiche, die über die eng definierten Fachausbildungen hinausgehen.

Aussagekraft von Fachausbildungen

Sucht man besonders qualifizierte und in ihrem Gebiet ausgewiesene Mitarbeiter, wird der Markt, auf dem man die »passenden« Bewerber finden kann, schnell recht klein. Sogar im akademischen

Bereich, in dem der Nachweis bestimmter Leistungen in einem spezifischen Fach als Voraussetzung für einen Bewerber betrachtet wird, um überhaupt im weiteren Verfahren in Betracht gezogen zu werden, kann es sich lohnen, über die traditionellen Fachgrenzen hinauszudenken, um eine größere Zahl an geeigneten Bewerbern für die Stelle zu interessieren.

Dies ist besonders in hoch innovativen Bereichen der Fall, die eine Brückenfunktion zwischen unterschiedlichen Fächern einnehmen. In solchen Fällen geht man dann dazu über, **vom Ziel her zu denken**. Man überlegt, wie der künftige Mitarbeiter und Kollege in das Gesamtprofil passen soll und welchen Beitrag er erarbeiten soll. Dann versucht man, den Ausschreibungstext so zu formulieren, dass möglichst wenig fachliche Festlegungen getroffen sind.

Versuchen Sie also zunächst, eher die Tätigkeit – also das, was getan werden soll – zu beschreiben, ohne sich voreilig auf eine Ausbildung festzulegen, die der Bewerber absolviert haben soll. Diese Fachausbildung gibt als Selektionskriterium zwar Sicherheit im Auswahlprozess, denn es handelt sich um ein objektives und gut nachprüfbares Kriterium, doch sie kann genauso einengend wirken und Bewerber, die die sonstigen Anforderungen der Tätigkeit gut meistern würden, von vornherein ausschließen. Die Festlegung der fachlichen Anforderungen sollte im Zweifelsfall (bei nicht eng fachgebundenen Tätigkeiten) auf das Ende der Anforderungssuche hin verschoben und weiter gehandhabt werden.

Häufigkeit zugeordneter Anforderungen

Kommen wir zurück zur **Relevanz der Anforderungen**: Im vorhergehenden Schritt – der Anforderungsstrukturanalyse – haben wir die Informationen geordnet, die wir vorher zu den Anforderungen der Tätigkeit gesammelt haben. Dabei haben sich bestimmte Strukturen ergeben, die den gesammelten Anforderungen implizit innewohnen. Ähnlichkeiten und übergeordnete Begriffe sind zutage getreten. Diese Ordnung kann genützt werden, um Anforderungen in Hinblick auf ihre Wichtigkeit für die Tätigkeit zu sortieren. Der Zugang dazu führt zunächst über die Häufigkeit der Anforderungen, die in einem Cluster vertreten sind: Man kann annehmen, dass jede Kategorie gemessen an der Zahl der Subkategorien bedeutsamer sein wird. Betrachten Sie hierzu nochmals die ◘ Abb. 5.2 und 5.3. Je mehr Nennungen in einem Cluster organisiert sind, desto mehr Punkte wurden dazu geäußert. Nun ist es sicher nur eine vereinfachende Annahme, dass die Zahl der Nennungen uns direkt Aufschluss über die objektive Bedeutsamkeit der damit repräsentierten Anforderungen gibt; doch wenn dieser Schritt gewohnheitsmäßig in die Anforderungsanalyse integriert und zum Anlass genommen wird, die Anforderungen nochmals zu hinterfragen, so kann man davon ausgehen, dass Objektivität mit jeder neuen Anforderungsanalyse tendenziell stärker erreicht werden wird.

> **Wichtig**
> Zusätzlich kommt hier der Gesichtspunkt der Vernetztheit zum Tragen: Je stärker eine Anforderung mit anderen Anforderungen vernetzt ist, desto zentraler ist sie aus der Sicht der reflektierenden Person für die erfolgreiche Bearbeitung der mit einer Tätigkeit verbundenen Aufgaben.

5.5 Übertragen der Anforderungen auf Personen

Im Zentrum der vorhergehenden Ausführungen stand die nach innen gerichtete Diagnose – wir haben die Anforderungen zunächst formal betrachtet und versucht, sie entsprechend bestimmter Gesichtspunkte zu ordnen, die sich auf ihre Beziehungen untereinander bezogen. Wir gehen nun noch einen Schritt weiter und versuchen, diese Vernetztheit der Struktur auch inhaltlich zu begründen.

Das Ziel dieses Arbeitsschrittes ist es, ein psychologisches Modell der Tätigkeit zu erstellen. Es besteht zunächst aus **begründbaren Annahmen** darüber, welche der mit den zentralen Anforderungen verbundenen Kompetenzen, Fähigkeiten und Qualifikationen sich durch andere kompensieren lassen.

5.5.1 Kompensatorisches Anforderungsmodell

Damit verbunden ist die Projektion der Anforderungen auf eine Person. Wir verlassen nun also die Analyseebene, die sich bisher auf die Tätigkeit bezog, und nähern uns der Person an, die in dem Rahmen, den die Tätigkeit vorgibt, erfolgreich handeln wird.

In dem bisherigen Modell haben wir zunächst versucht, alle Anforderungen »gleichberechtigt« gelten zu lassen (notieren auf Kärtchen), dann, sie entsprechend ihrer Zusammengehörigkeit zu ordnen (Anforderungsstrukturanalyse) und schließlich, die wichtigeren und umfangreicheren Anforderungen von denen zu unterscheiden, die weniger wichtig sind.

Wie sieht der erfolgreiche Mitarbeiter aus?

In diesem Abschnitt steht die **Ersetzbarkeit der Anforderungen** im Mittelpunkt. Der Gedanke, der hinter diesem Ansatz steht, geht davon aus, dass viele Tätigkeiten nicht nur auf eine einzige Weise durchgeführt werden können, sondern dass es eine Reihe unterschiedlicher Vorgehensweisen gibt, die gleichermaßen zum Erfolg führen. Wir versuchen also, noch einmal zurück zur Tätigkeit selbst zu gehen und fragen nach dem Ziel, das mit ihr erreicht werden soll. Aufgrund der bisherigen Schritte sollten Sie bereits über ein Modell davon verfügen, das sich auf einen Weg bezieht, wie dieses Ziel erreicht werden kann.

Nehmen wir nochmals das Beispiel des Projektmanagers: Er kann die mit seiner Tätigkeit verbundenen Ziele auf sehr unterschiedlichen Wegen erreichen, ähnlich ist es bei Managern. Am Beispiel des Turnaround-Managers (▶ Abschn. 5.1) wird deutlich, dass es eine Reihe von wesentlichen Anforderungen gibt, die ihre Entsprechung in den Kompetenzen der Kandidaten finden. Diese Kompetenzen sind bei den Kandidaten in der Regel sehr unterschiedlich verteilt, da auch ihre Lerngeschichten verschieden sind. Die Annahmen, die in einem Anforderungsprofil niedergelegt sind, haben also eine idealtypische Natur.

> **Wichtig**
> **Anforderungsprofile sind Orientierungshilfen im Prozess der Potenzialbeurteilung; sie sollten nicht als Raster gelesen werden, dem Bewerber auf jeden Fall und in jedem Punkt zu entsprechen haben.**

Anforderungsprofile sind Hypothesen

Aus einer erkenntnistheoretischen Perspektive betrachtet sind Anforderungsprofile Hypothesen darüber, was bei Kandidaten in welcher Ausprägung vorhanden sein muss, um eine gute bis sehr gute Leistung unter den, von einer bestimmten Position vorgegebenen, Handlungsbedingungen zu erbringen. Es entspricht der Natur wissenschaftlicher Annahmen, dass sie immer wieder überprüft und durch die Integration neuer Informationen immer weiter differenziert werden.

statische Anforderungsprofile können hinderlich sein

Die damit verbundene Veränderungsfähigkeit der Modellannahmen ist aus mindestens zwei Gründen von enormer Bedeutung für das Geschäft der Potenzialanalyse: Erstens, weil wir nicht davon ausgehen sollten, dass die unseren diagnostischen Urteilen zugrunde liegenden Modelle die Realität **tatsächlich objektiv abbilden**. Jedes diagnostische Urteil ist eine bestimmten Regeln folgende Interpretation: Es ist umso besser, je differenzierter es ist und je mehr es die eigenen Annahmen reflektiert und einer Prüfung zugänglich macht. Zweitens ist die uns umgebende Welt nicht statisch, sondern unterliegt ständiger Veränderung. Diese Veränderung bezieht sich auch auf die erfolgsrelevanten Anforderungen von Tätigkeiten bzw. auf Kompetenzen und Qualifikationen bei den Mitarbeitern. Statische Anforderungsmodelle, die festschreiben, was im Rahmen von Tätigkeiten wie getan werden soll, sind eher Hindernisse als unterstützende Werkzeuge.

Der Gedanke, dass man Bewerber entsprechend einer »best-fit-Logik« auf ein Anforderungsprofil spiegeln kann, ist einerseits verführerisch, andererseits gefährlich. Seine verführerische Kraft bekommt der Gedanke, weil wir mit einem Anforderungsprofil über ein zuverlässiges Werkzeug verfügten, um Bewerber mit einer einfachen Logik entsprechend ihrer Passung zum Profil einteilen zu können und mit mathematischer Genauigkeit eine Entscheidung über ihre zukünftige Bewährung in einer bestimmten Position treffen zu können.

Der »best-fit-Logik« entspricht auch die Annahme, dass es zuverlässige Mittel und Wege gibt, um die beste Passung zwischen dem theoretisch geforderten Profil und dem im Bewerber manifestierten Kompetenz- und Qualifikationsprofil feststellen zu können. Damit ließe sich die Potenzialbeurteilung auf die genaue Feststellung der Anforderungen und der Bewerberkompetenzen reduzieren, es gäbe eindeutige Falsch- und Richtiglösungen. Doch genau die gibt es im Bereich der Potenzialbeurteilung nicht.

keine eindeutigen Lösungen

Die Potenzialbeurteilung macht zwar begründete, differenzierte und nachvollziehbare Aussagen darüber, wie sich Kandidaten unter welchen Umständen in Zukunft verhalten werden – welche Handlungspotenziale sie haben – aber diese Aussagen sind notgedrungen unscharf. Sie sind nicht zuletzt deswegen unscharf, weil wir es mit zwei ausgesprochen komplexen Systemen zu tun haben, die sich einer einfachen Vermessung entziehen: einerseits eine Tätigkeit, die vielfachen Veränderungen unterliegt und in ein komplexes soziales System eingebettet ist, das die Angemessenheit der Handlungen stark beeinflusst. Andererseits eine handelnde Person, die ihre Ziele, Befähigungen und Fertigkeiten unter bestimmten Umständen zum Einsatz bringt, unter anderen nicht; ein System, das in hohem Maß dynamisch ist und beständig weiter lernt, d. h. Regeln definiert, wie es sich in seiner Umwelt verhalten sollte. Von Rosenstiel (2002) hat in großer Anschaulichkeit systematisiert, wie Verhalten zustande kommt.

Er unterscheidet **4 gleichermaßen wirksame Einflussgrößen des Verhaltens**:
- das persönliche Wollen,
- das eigene Können,
- die situative Ermöglichung und
- das soziale Dürfen.

Würden wir uns in der Potenzialanalyse nur auf das Können einer Person beschränken, so blieben wesentliche Bereiche im Dunkeln, die Prognose des zukünftigen Verhaltens würde ungenau und fehlerhaft.

Es ist eben nicht nur das objektive Können einer Person, was z. B. im Rahmen von Qualifikationen oder Fähigkeiten festgestellt werden kann, sondern ebenso die Ziele einer Person, die ihre Motivation speisen, ihre Fähigkeiten zum Einsatz zu bringen und weiterzuentwickeln oder wie es so treffend heißt, im Handeln »hinter ihren Fähigkeiten

objektiv feststellbare Daten reichen nicht aus

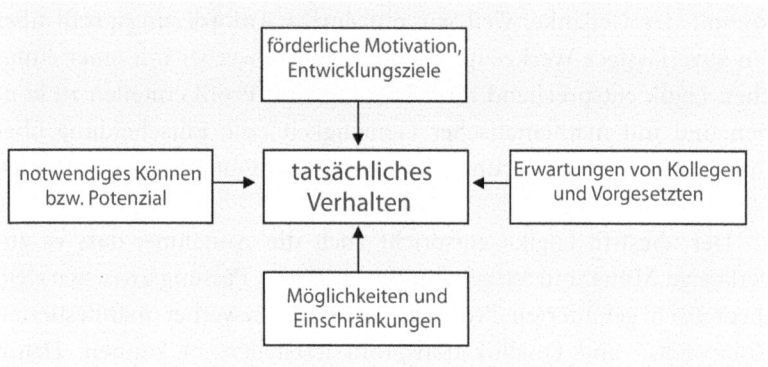

Abb. 5.4. Verhaltensbedingungen einer konkreten Position

zurück zu bleiben«. Darüber hinaus ist es auch die Interpretation der Situation durch die Person als günstig oder ungünstig, als schwierig oder einfach, die sie aktiv werden lässt. Es sind diese »besonderen Umstände« unter denen Personen mehr oder weniger aktiv werden, die hiermit gemeint sind. Außerdem ist es die Eingebundenheit in ein soziales System – das Unternehmen, die Abteilung, das Team – und die Interaktion mit dem Vorgesetzten, die die Präferenz von Verhaltensweisen beeinflusst.

In Anlehnung an die Systematisierung von v. Rosenstiel ist es auch möglich, Anforderungen auf unterschiedlichen Ebenen zu systematisieren (Abb. 5.4). Bitte nehmen Sie sich Zeit, um dieses Vorgehen für eine aktuelle Position durchzuspielen. Die folgenden Empfehlungen für die Durchführung verstehen sich als beispielhafte Abfolge; Sie können nach einer anderen Reihenfolge vorgehen, manchmal wird es auch nötig sein, zwischen den unterschiedlichen Punkten zu springen.

persönliche Ziele sind wesentliche Grundlage der Motivation

Versuchen Sie zunächst, das **notwendige Können** anzugeben. Orientieren Sie sich dabei an der Informationssammlung, die Sie zu Beginn der Anforderungsanalyse durchgeführt haben. Suchen Sie dann danach, welche **Ziele** im Rahmen dieser Position hilfreich wären, um aktiv das eigene Können einzubringen. Versuchen Sie auch, sich Gedanken darüber zu machen, welche Ziele im Rahmen dieser Position nicht erfüllt werden können – sie würden sich u. U. kontraproduktiv auswirken. Das Verfolgen persönlicher Ziele im Raum der beruflichen Tätigkeit ist eine Hauptquelle motivierten Handelns, die letztlich auch zum Aufbau neuer Kompetenzen führt. Fragen, die das Nachdenken in diesem Bereich erleichtern, sind z. B.

- Welche Person wird in dieser Tätigkeit glücklich?
- Welche Personen sind bei uns aus welchen Gründen nicht glücklich geworden?

5.5 · Übertragen der Anforderungen auf Personen

Machen Sie sich auch Gedanken darüber, wie das nähere soziale Umfeld der Position ist: Das Zurechtkommen mit den Kollegen und Vorgesetzten ist eine wesentliche Determinante der beruflichen Leistung. Dabei geht es auch darum, das bestehende Klima nicht zu gefährden.

Ein Marketingleiter eines mittelständischen Medienunternehmens, der zugleich für die Personalauswahl verantwortlich ist, beschreibt uns im Interview ein Beispiel für die Wichtigkeit des Klimas innerhalb der Gruppe für den unternehmerischen Erfolg.

> Wir suchen zwar auch danach aus, welche Erfahrungen die Leute haben, die sich bei uns bewerben. Dabei ist es uns aber gar nicht so wichtig, dass die dabei besonders gute Referenzen, Noten oder Zeugnisse haben. Uns ist meistens ein bunter Vogel lieber als jemand, der alles von der Schule bis zum Beruf la durchgezogen hat. Wir wollen ja mit den Leuten auch gerne zusammenarbeiten. Und da wir selbst nicht immer einen geraden Weg hinter uns haben, kommen wir eben auch besser zurecht mit jemandem, der zum Beispiel mal ein paar Semester Philosophie oder Archäologie studiert hat, dann nach Australien gefahren ist und von dort auch nach Südamerika, um dort ein paar Monate lang in einem Museum der Mayas zu arbeiten. Das macht dann einfach Spaß, mit solchen Leuten zu arbeiten. Das Fachliche ergibt sich dann meist eher nebenbei. Und für uns als Medienunternehmen ist diese Vielfalt auch ein gewisser Ausweis. Da sind wir natürlich in einer anderen Situation als bspw. eine Bank.

Schließlich sollten Sie sich Gedanken darüber machen, wie die Situationen strukturiert sind, in denen der Stelleninhaber handeln wird. Dabei ist es einerseits wichtig, von normalen, alltäglichen Situationen auszugehen, andererseits aber auch, sich besonders kritische Situationen zu vergegenwärtigen, die man im Rahmen der Critical-Incident-Technik erheben kann.

Die idealtypische Übertragung von Anforderungen – also Tätigkeitsmerkmalen, auf die handelnde Person – also Kompetenzen und Qualifikationen – ist eine Orientierungshilfe für die Potenzialbeurteilung. Es ist klar, dass es nahezu in jeder Tätigkeit unterschiedliche Wege gibt, um zu einem erfolgreichen Ergebnis zu gelangen. Tätigkeiten, die diese Freiheiten nicht bieten, tragen zu Desqualifizierung und Kompetenzabbau bei. Der Vielartigkeit der unterschiedlichen Handlungswege kann man u. a. dadurch Rechnung tragen, dass **kompensatorische Annahmen** im Anforderungsprofil berücksichtigt werden.

Diese Annahmen können so beschaffen sein, wie es in der Aussage des Marketingleiters zum Ausdruck kommt: Hier wird von einer

systemisches Denken

grundsätzlichen Dominanz der Passung zur Unternehmenskultur ausgegangen, die gegebenenfalls höher gewichtet wird, als die fachliche Qualifikation oder die Übereinstimmung mit einem bestimmten Kompetenzmuster. In diesem Fall wurde die Unternehmenskultur als das Erfolgsrezept des Unternehmens identifiziert, das nach Möglichkeit nicht gefährdet werden sollte. Die besondere Relevanz von Anforderungen an neue Mitarbeiter muss sich also nicht immer aus rein fachlichen Erwägungen ergeben oder in der Position selbst begründet liegen.

nicht alle Anforderungen können a priori festgelegt werden

Es wird nicht in jedem Fall möglich sein, sich bereits im Voraus Gedanken darüber zu machen, welche Anforderungen zuverlässig erfüllt sein sollten, und welche Anforderungen durch das Vorhandensein anderer Stärken kompensiert werden können. Die damit verbundene Komplexität ist einfach zu hoch, um für jeden denkbaren Fall eine Lösung oder Vorgehensweise vorzudefinieren. Eine solche feststehende Modellierung würde auch keinen Sinn ergeben, weil sie Lernchancen verstellt.

Es ist jedoch sinnvoll, sich zumindest im Groben Gedanken darüber zu machen, welche Anforderungen unverzichtbar sind, und wo es Möglichkeiten zum Ausgleich gibt. Die konkrete Abwägung wird dann in der Regel nach dem Gespräch mit den Kandidaten stattfinden, wenn die Kompetenzen eine Gestalt erhalten haben und im Zusammenhang sichtbar werden.

Ein weiterer Gesichtspunkt, der bei der Formulierung eines kompensatorischen Anforderungsmodells wichtig werden kann, sind die künftig mit einer Tätigkeit verbundenen Anforderungen. Falls sich jene vorhersehbar ändern werden, muss im konkreten Fall u. U. abgewogen werden, was schwerer wiegt: das optimale Erfüllen der gegenwärtigen Anforderungen oder das Erfüllen künftiger Anforderungen. In diesem Fall wird die Verbindung der Personalauswahl mit der -entwicklung besonders deutlich, denn es geht auch darum, abzuwägen, in welchem Maß die zur Erfüllung der künftigen Anforderungen **notwendigen Kompetenzen auch im Rahmen der Arbeit entwickelt** werden können.

5.5.2 Vorbereitung des Potenzialbeurteilungsverfahrens

Die bisher gesammelten Informationen und Annahmen über die geeigneten Stelleninhaber dienen als wichtige Anhaltspunkte für die Gestaltung des sich nun anschließenden Potenzialbeurteilungsverfahrens. Wenn Sie mit der Critical-Incident-Technik vorgegangen sind, um erfolgskritische Situationen zu erfassen, kann Ihnen das dabei helfen,

Situationen zu sammeln, die die mit der Tätigkeit verbundenen Anforderungen repräsentieren und auf dieser Grundlage situative Fragen zu formulieren, die die Beurteilung des Potenzials vor einem konkreten Handlungshintergrund ermöglichen. Die Beschreibung der besten und schlechtesten Vorgehensweisen bei der Erfassung kritischer Situationen gibt zudem bereits einen konkreten Anhaltspunkt für Skalen, die eine Bewertung der Antworten und Lösungsversuche der Kandidaten ermöglichen. Das konkrete Vorgehen im Beurteilungsgespräch ist in ▶ Abschn. 8.1 dargestellt.

Personalmarketing:
Wie spreche ich die richtigen Bewerber an?

6.1　Suche nach Experten und Nachwuchskräften　– 112

6.2　Informelle Suche nach Bewerbern　– 113

6.3　Bewerbersuche über Zeitungsanzeigen　– 114

Nachdem die Entscheidung darüber getroffen wurde, welche Anforderungen mit der Tätigkeit verbunden sind, müssen sie an die möglichen Bewerber kommuniziert werden. Das vordringliche Ziel dieser Kommunikation ist es, eine möglichst große Zahl von **geeigneten** Bewerbern anzusprechen und damit die Grundlage für die Qualität der späteren Auswahl zu legen.

Ein zweiter wichtiger Punkt liegt in der Darstellung des Unternehmens nach außen: Die Ansprache von Bewerbern ist immer auch eine werbende Maßnahme für das Unternehmen. Der Markt, auf den diese Werbung gerichtet ist, ist der um die am besten zum Unternehmen und den zu bearbeitenden Tätigkeiten passenden Bewerber. Die Vorstellung, die am besten geeigneten Bewerber seien immer diejenigen, die über die besten formalen Qualifikationen verfügen, ist irreführend, da sie andere wichtige Punkte außer Acht lässt. Die über formale Kriterien hinausreichenden Punkte sind wesentlich für das Unternehmen, da sie der Leistungsbereitschaft und der -fähigkeit der Kandidaten zugrunde liegen.

6.1 Suche nach Experten und Nachwuchskräften

Ansprache von Experten

Kandidaten für Positionen, die zur fachgerechten Ausführung der damit verbundenen Aufgaben über ein hoch differenziertes Wissen verfügen sollen, sind manchmal schwer über die gängigen Wege der Personalbeschaffung zu finden.

Experten mit Berufserfahrung sind oft am besten durch die Ansprache von Kollegen oder Mitarbeitern zu finden, die sich mit verwandten Themen befassen. Expertenkreise sind in der Regel klein und verfügen über ausreichend Berührungspunkte wie Tagungen oder Fachgremien, um untereinander bekannt zu sein. Falls Berufserfahrung für die Besetzung der Position von geringerer Bedeutung ist, ist die Ausschreibung der Stelle an den entsprechenden Lehrstühlen an Hochschulen und Fachhochschulen bzw. anderen Ausbildungsinstitutionen ein Erfolg versprechender Weg, um geeignete Bewerber zu finden.

Im **Personalmarketing**, dem Wettbewerb um qualifizierte Bewerber, gehen Unternehmen zunehmend neue Wege. Personalmessen oder Wettbewerbe, bei denen Fach- und Führungskräfte ihr Potenzial unter Beweis stellen sollen, werden bei Unternehmen immer beliebter, um eine Auswahl von möglichen Nachwuchskandidaten zu gewinnen. Personalmessen dienen dem gegenseitigen Kennenlernen von Bewerbern und Unternehmen. Hier sind generell zwei Vorgehensweisen zu unterscheiden:

1. Reine Personalmessen sind Veranstaltungen, bei denen sich die Unternehmen an eigenen Ständen dem interessierten Publikum präsentieren. Diese Veranstaltungen dienen vor allem der Darstellung nach außen. In Gesprächen, die sich an den Messeständen ergeben, kann hier versucht werden, potenzielle Nachwuchskräfte für das eigene Unternehmen zu interessieren. Neben Informationsmaterialien über das Unternehmen und Entwicklungsmöglichkeiten im Betrieb sollte ein separater Raum zur Verfügung stehen, der die Gelegenheit zu eingehenderen Gesprächen bietet.

2. Neben reinen Personalmessen gibt es Veranstaltungen, die Wettbewerbscharakter haben. Die interessierten potenziellen Bewerber füllen bereits im Vorfeld einen Fragebogen aus, der Auskunft über ihre Fähigkeiten geben soll. Die Messe selbst ist eine geschlossene Veranstaltung, zu der nur die über den Fragebogen ausgewählten Kandidaten eingeladen werden. Fester Bestandteil solcher Messen sind Vorstellungsgespräche bei den beteiligten Unternehmen, die in kleinen Kabinen abgehalten werden.

Nutzen von Personalmessen

Die Erfahrung zeigt, dass die auf der Basis eines Fragebogens getroffene Vorauswahl von den beteiligten Unternehmen meist kritisch bewertet wird. Zu unterschiedlich sind die Vorstellungen von den geeigneten Kandidaten, deren Unterschiede durch die zentralisierte Auswahl stark nivelliert werden. Eine Nachfrage an die Organisatoren mit der Bitte um eine Liste weiterer Bewerber kann jedoch erfolgversprechend sein. Kriterium für die Liste weiterer Kandidaten ist etwa das explizite Bewerberinteresse an dem betreffenden Unternehmen.

6.2 Informelle Suche nach Bewerbern

Ein anderer Weg der Bewerberansprache wird ungern offiziell dargestellt, weil er nicht dem Grundsatz der Chancengleichheit folgt. Die informelle Ansprache von potenziellen Bewerbern durch eigene Mitarbeiter bietet jedoch einen wichtigen Vorteil. Wie Hohn und Windolf (1985, S. 310) skizzieren, hat die informelle Suche nach Bewerbern vor allem das Ziel, Arbeitskräfte mit ganz spezifischen Eigenschaften anzusprechen.

> Dieser Kanal ist billig und hat den Vorteil, dass die Belegschaft selbst eine disziplinierende Funktion ausübt. Sie bürgt für die Verlässlichkeit des Eingestellten.

Wenn Mitarbeiter Bekannten oder Verwandten eine Stelle in dem Unternehmen vermitteln, in dem sie selbst tätig sind, gehen sie eine Form

Passung durch informelle Suche

der **sozialen Kontrolle** ein: Sie sind aus der Sicht des Unternehmens mitverantwortlich für den Erfolg des neuen Mitarbeiters. Aus seiner Sicht sind sie mitverantwortlich für eine gelungene Einarbeitung im Unternehmen und dafür, dass die Aufgabe zu ihm »passt«. Aus der Sicht des Personalverantwortlichen, der der Empfehlung gefolgt ist, sind sie mitverantwortlich dafür, dass der neue Mitarbeiter die von ihm erwarteten Leistungen erbringt.

Dies führt offenbar zu einer Vorauswahl im Bekannten- und Verwandtenkreis, bei der Stärken und Schwächen der in Erwägung gezogenen Personen in sehr viel höherem Maß Beachtung finden, als es im eigentlichen Auswahlprozess durch das Unternehmen möglich ist. Der empfohlene Mitarbeiter schließlich ist gegenüber seinem Kontaktmann im Unternehmen verpflichtet und daher auch zu vergleichbar höheren Vorleistungen bereit.

Darüber hinaus werden von Mitarbeitern aus dem Unternehmen auch zumeist Personen angesprochen, die sich besonders leicht in die Unternehmenskultur einfinden können. Diese Passung von Person und Unternehmen ist – wie an anderer Stelle dargestellt – ein wichtiges Merkmal für eine erfolgreiche Einarbeitung in das Unternehmen und einen langen Verbleib darin.

Sozialisierung durch »Paten«

In manchen klein- und mittelständischen Unternehmen wurden diese Vorteile so hoch gewichtet, dass sie in Form eines »**Patensystems**« mehr oder weniger festgeschrieben wurden. Die Mitarbeiter werden explizit dazu ermuntert, in ihrem Verwandten- und Bekanntenkreis nach geeigneten Kandidaten für zu besetzende Stellen zu suchen, für die sie dann eine Art »Patenschaft« übernehmen. Das dahinterstehende Kalkül bezieht sich einerseits auf die Verpflichtung der Mitarbeiter, andererseits auf die Erhaltung einer sozial homogenen Belegschaft, die ein gutes Betriebsklima aufrechterhalten soll.

Eine informelle Rekrutierung von neuen Mitarbeitern ist von der als »Vetternwirtschaft« bekannten Variante der internen Vorteilsgewährung abzugrenzen. Mögliche Vorteile informeller Rekrutierung neuer Mitarbeiter enden dort, wo die eigenen Mitarbeiter das Gefühl haben, ohne Beziehungen zu den Entscheidern im Unternehmen eine Chance auf berufliche Weiterentwicklung nur mehr außerhalb des eigenen Unternehmens zu haben.

6.3 Bewerbersuche über Zeitungsanzeigen

Der am häufigsten beschrittene Weg einer aktiven Personalbeschaffung besteht im Schalten einer Anzeige, in der das eigene Unternehmen, die Tätigkeit und ein Profil des gewünschten Bewerbers dargestellt werden. Besonders bei dieser Form der Werbung um die passenden

Bewerber sollte darauf geachtet werden, dass Floskeln (»Qualität hat einen Namen!«) vermieden werden.

Zwar können Unternehmen, deren Ruf bei der Zielgruppe besonders positiv ist, darauf vertrauen, alleine aufgrund ihres guten Namens eine ausreichende Zahl der gewünschten Bewerber anzusprechen, doch sollte beachtet werden, dass die Stellenanzeige eine wichtige Form der Außendarstellung des Unternehmens ist. Mit Stellenanzeigen sollte daher konsequent die Firmenphilosophie vermittelt werden.

> **! Wichtig**
> Statt Floskeln sollten mit der Anzeige Argumente geliefert werden, die auf die Wünsche und Ansprüche der Zielgruppe eingehen. Sollen Kandidaten angesprochen werden, die sich durch besondere Kreativität und die Fähigkeit zur Innovation auszeichnen, muss die Anzeige dem entsprechen. Eine Stellenanzeige sollte so gestaltet sein, dass sie nicht nur den akut Arbeitsuchenden anspricht, sondern auch das Interesse von Personen weckt, die nicht gezielt nach Arbeit suchen.

Andererseits kann es nicht im Interesse von Unternehmen liegen, auf jede Stellenanzeige eine Zahl von Bewerbungen zu erhalten, die die Personalabteilung hoffnungslos überfordert. Daher darf auch die Darstellung der Anforderungen an die Bewerber nicht allgemein bleiben.

konkrete Darstellung

> **! Wichtig**
> Je spezifischer die Anforderungen formuliert werden, desto leichter fällt die Auswahl der interessierenden Bewerber nach Eingang der Bewerbungen.

Beispiel

Herr P. ist Geschäftsführer in einem Unternehmen mit zehn festen Mitarbeitern. Das Unternehmen ist in Deutschland Marktführer für spezielle Nahrungsergänzungsmittel. Herr P. ist seit vielen Jahren Unternehmer und kann als »typischer Mittelständler« bezeichnet werden: Er hat das Geschäft von Grund auf gelernt, vertritt konservative Werte, ist besorgt um das Wohl und die Zukunft des Unternehmens und seiner Mitarbeiter, behält in Diskussionen mit Mitarbeitern (sofern solche stattfinden) stets das letzte Wort, bzw. dominiert diese sehr deutlich. Er ist auch davon überzeugt, selbst über die meiste Erfahrung in allen das Unternehmen betreffenden Fragen zu haben, womit er vermutlich auch recht hat, was aber zu einer sehr auf die Person des Unternehmers fixierten Unternehmens- und Kommunikationskultur führt.

Herr P. führt das Unternehmen seit etwa zehn Jahren gemeinsam mit seiner Kollegin Frau M. Beide kennen sich bereits seit etwa 20 Jahren, und wie sie beide versichern, »verstehen sie sich blind«. Sie müssen gar nicht viel über die alltäglichen Aufgaben sprechen, weil sie ohnehin wissen, was der jeweils andere dazu zu sagen hat. Frau M. ist seine rechte Hand und formell zuständig für alle Personalfragen innerhalb des Unternehmens.

In den vergangenen zwei Jahren ist der Umsatz des Unternehmens stark gewachsen. Aus diesem Grund soll ein neuer Mitarbeiter eingestellt werden. Es geht insbesondere auch darum, langfristig einen Nachfolger für Herrn P. im Unternehmen aufzubauen, da der Geschäftsführer bereits 63 Jahre alt ist und das Unternehmen in absehbarer Zeit verlassen wird.

Die Übergabe der Geschäftsführung soll also gründlich und sorgfältig vorbereitet werden. Der Nachfolger soll über mehrere Jahre hinweg sukzessive eingearbeitet werden, um die Zukunft des Unternehmens sicherstellen zu können und einen möglichst nahtlosen Übergang zu ermöglichen.

Das bedeutet zunächst, dass der Nachfolger Herrn P. im Marketing, bei Kundenkontakten, auf Messen etc. unterstützen soll, um auf diese Weise alle wichtigen Kooperationspartner kennenzulernen.

Ohne Rücksprache mit Frau M., die formal für die Gestaltung einer Stellenanzeige zuständig ist, erklärt Herr P. diese Angelegenheit zur »Chefsache« und schaltet eine Anzeige für die Besetzung einer Stelle als Marketing-Assistenz.

Zwei Wochen später sind insgesamt 170 Bewerbungsmappen eingegangen. Zumeist handelt es sich um sehr junge weibliche Bewerberinnen, die gerade eine kaufmännische Lehre oder eine Ausbildung an einer Werbeakademie abgeschlossen haben. Nach einigem Nachfragen wird klar, dass Herr P. eigentlich einen männlichen Nachfolger gesucht hat. Zudem hatte er bestimmte Vorstellungen hinsichtlich Ausbildung und Berufserfahrung für die Besetzung der Stelle, die er jedoch nicht in den Anzeigentext geschrieben hat.

Sehr wenige der 170 Bewerber entsprechen dem von Herrn P. implizit erwarteten Profil. Der Aufwand für das Beantworten und Zurückschicken der Bewerbungsunterlagen ist beträchtlich. Der Bewerber, der schließlich angestellt wird, verlässt das Unternehmen bereits innerhalb der Probezeit wieder, denn nicht nur hinsichtlich der Formulierung der Stellenanzeige, sondern auch im weiteren Verlauf der Besetzung unterlaufen Herrn P. einige Fehler, die darauf schließen lassen, dass er selbst nicht unbedingt dafür geeignet ist, seinen Nachfolger zu bestimmen und aufzubauen.

> **Wichtig**
> Stellenzeigen bestehen aus zwei Komponenten: einerseits der klaren Orientierung an den Anforderungen der Tätigkeit und andererseits der Orientierung an den Interessen und Zielen möglicher Interessenten. In beiden Punkten ist es wichtig, möglichst konkret zu sein und keine überhöhten Erwartungen zu kultivieren.

Ein in vielen Stellenanzeigen immer wieder gemachter Fehler liegt darin, dass die **Anforderungen zu abstrakt formuliert** sind und sich an modischen aber unscharfen Begriffen wie z. B. »Teamfähigkeit« oder »Geschick im Umgang mit Kunden« orientieren. Der Königsweg besteht bei Stellenausschreibungen darin, die Anforderungen möglichst konkret zu machen – ebenso, wie die mit der Tätigkeit verbundenen Entwicklungschancen.

Reflexionsfragen

- Haben Sie schon einmal den Fall erlebt, dass sich auf eine Bewerbungsanzeige andere Personen gemeldet haben, als sie es sich vielleicht gewünscht hätten?
- Wenn nein: Sind Sie sich sicher?
- Wenn ja: Woran lag dies?
- Lag es daran, dass die Bewerbungsanzeige missverständlich war?
- Lag es an Abstimmungsproblemen innerhalb der Abteilung oder innerhalb des Unternehmens?
- Werden Stellenanzeigen in Ihrem Unternehmen oder in Ihrer Abteilung von mehreren Personen gegengelesen (Vier-Augen-Prinzip)?
- Welche Fehler hat Herr P. gemacht und wie hätte er sie vermeiden können? Machen Sie sich eine Liste mit Ihrer Fehleranalyse. Welcher der Fehler könnte auch Ihnen leicht unterlaufen?
- Warum hat Herr P. die einzelnen Fehler gemacht? Wie können Sie ausschließen, einzelne von diesen Fehlern auch selbst einmal zu machen?
- Was hätte Herr P. noch falsch machen können?
- Haben Sie bereits einmal einen Fall erlebt, in dem noch mehr Fehler passiert sind, als bei Herrn P.?

Umgang mit Bewerbungen

7.1 Analyse und Bewertung von Bewerbungsunterlagen – 121

7.2 Wissenschaftliche Hintergrundinformationen – 126

7.3 Welche Vorgehensweise passt zu Ihnen bzw. der aktuellen Situation? – 130

7.4 Lernfelder und kritische Evaluation: So werden Sie zum Experten – 134

> **Beispiel**
>
> Herr F. ist Eigentümer und Geschäftsführer eines kleinen Software-Unternehmens. Er beschäftigt sich neben seinen Führungsfunktionen auch mit der Personalauswahl. Seit fünf Monaten ist eine Stelle im Vertrieb vakant, aber wegen der vielen Aufgaben im laufenden Geschäft ist Herr F. erst vor zwei Monaten dazu gekommen eine Anzeige zu entwerfen und zu schalten. Er war zuvor allzu viel mit Vertriebsaufgaben befasst, die durch den Weggang des früheren Mitarbeiters auf dieser Position angefallen waren.
>
> Da das Unternehmen gerade im Aufbau begriffen ist und immer um die Liquidität zur Finanzierung weiterer Entwicklungs- und Aufbauaufgaben bemüht sein muss, hat diese Aufgabe für ihn absolute Priorität. Inzwischen sind 150 Bewerbungsmappen eingegangen und liegen seit sechs Wochen in Herrn F.s Büro. Darunter befinden sich nach dem ersten Hinsehen einige interessante Kandidaten, aber Herr F. hatte noch keine Zeit, sich mit der systematischen Durchsicht der Unterlagen zu beschäftigen.
>
> Vor einigen Tagen nun hat er versucht, einige Kandidaten telefonisch zu erreichen und festgestellt, dass gerade die interessanten Bewerber jeweils schon eine Anstellung in einer anderen Firma gefunden haben und ihre Bewerbungen nicht mehr aktuell waren. Herr F. steht vor der Wahl, entweder Kandidaten auszuwählen, die er für nicht optimal geeignet hält, oder aber mit der Besetzung der Stelle noch länger zu warten und eine weitere Anzeige zu schalten.

sorgfältiger Umgang mit Bewerbungen

Dieses Dilemma ist charakteristisch für viele Situationen, in denen eine Stelle ausgeschrieben wird: Auf die Ausschreibung geht eine große Zahl an Bewerbungen ein, die dann aufgearbeitet werden muss. Wenn dann – wie im aufgeführten Beispiel – aber noch andere, dringlichere Aufgaben dazukommen, gerät die konzentrierte Sichtung der Bewerberunterlagen ins Hintertreffen. Die Bearbeitung der eingegangenen Bewerbungen wird häufig als ein »**Nebenschauplatz**« betrachtet, der den Termin eines Gespräches noch aufschiebt. Wenn man sich allerdings bewusst macht, dass die zum Vorstellungsgespräch eingeladenen Kandidaten dann in der Regel die Menge darstellen, aus der neue Mitarbeiter ausgewählt werden, wird deutlich, dass dieser Schritt einerseits Chancen, andererseits auch Risiken birgt.

Meistens stellen die Bewerbungsunterlagen den ersten Kontakt zwischen Bewerber und ausschreibendem Unternehmen dar und sind somit die ersten Informationen, die Personalverantwortliche über Bewerber erhalten. Aus diesen Informationen werden Schlüsse gezogen, die darüber entscheiden, ob ein Bewerber zu einem Gespräch eingeladen wird oder nicht. Die Durchsicht der Unterlagen findet nach verschiedenen Gesichtspunkten statt und ist häufig auch von der Anzahl der eingegangenen Bewerbungen abhängig: 20 Mappen benötigen einfach weniger Zeit als 120 Mappen.

7.1 Analyse und Bewertung von Bewerbungsunterlagen

In der Praxis werden aus dem Anschreiben in der Regel schon die **ersten Schlüsse** gezogen, z. B. darüber, wie interessiert oder geeignet für die Stelle ein Bewerber wirklich ist. Von vielen Personalverantwortlichen wird es als eine Art »Fenster« zu den relevanten Eigenschaften des Bewerbers betrachtet. Aus dem Bewerbungsschreiben lesen Personalverantwortliche die Motivation der Bewerber und den Bezug heraus, den diese zum Unternehmen und ihrer künftigen Stelle herstellen können.

Vielfach werden hier auch Rückschlüsse auf Persönlichkeit und Arbeitsstil des Bewerbers gezogen, das Anschreiben dient also als eine Art »Arbeitsprobe«. Fraglich ist häufig, ob diese Arbeitsprobe auch tatsächlich die **Anforderungen** der späteren Tätigkeit widerspiegelt. Muss der entsprechende Bewerber auf seiner späteren Position in der Lage sein, ausformulierte Texte zu schreiben? Oder aber sind ganz andere Faktoren für den Erfolg von Bedeutung?

Auch aus dem **Lebenslauf** werden verschiedene entscheidende Faktoren abgeklärt, bspw. die fachlichen Qualifikationen in Form von Abschlüssen oder vorhergehender Berufserfahrung. Häufig werden auch aus zusätzlichen Informationen, wie z. B. Hobbys oder ehrenamtlichen Tätigkeiten oder auch dem Foto weitere Schlüsse auf Eigenschaften des Bewerbers gezogen. Das Foto wird häufig als Mittel der Selbstpräsentation interpretiert und in Hinblick auf seine Angemessenheit in Bezug auf Größe und Qualität des Bildes sowie Kleidung des Bewerbers gedeutet.

Fraglich ist, wie »richtig« und zulässig diese Schlüsse sind, denn die Interpretation dieser Daten wird – wie bereits in ▶ Kap. 2 dargestellt – durch so genannte »implizite Persönlichkeitstheorien« beeinflusst. Jeder hat eigene Vorstellungen darüber, wie bestimmte Personenmerkmale mit Eigenschaften zusammenhängen.

implizite Annahmen

Diese angenommenen Zusammenhänge erleichtern es, die Vielzahl an Informationen, die wir ständig über unsere Umwelt und unser Gegenüber erhalten, zu bündeln und zu effektiv verarbeiten. Dadurch können wir uns unbekannte Menschen schneller einschätzen. Es handelt sich also im Grunde genommen um einen notwendigen und sinnvollen Prozess. Für die Arbeit in der Personalauswahl ist es allerdings unabdingbar, diesen Prozess zu kennen um ihn hinterfragen zu können.

> **Reflexionsfragen**
> - Sagt die Größe des Bewerbungsfotos etwas über die Person des Bewerbers aus?
> - Sagt die Kleidung etwas über seine Person aus?
> - Bedeutet eine ehrenamtliche Tätigkeit, dass ein Bewerber besonders engagiert ist? Oder dass er eigentlich keine Zeit für seine Arbeit hat?
> - Ist bspw. das Hobby »Lesen« durchschnittlich und langweilig oder aber für die zu besetzende Stelle wichtig?
> - Ist jemand, der Teamsportarten betreibt, wirklich dazu in der Lage, sich besser in ein Team zu integrieren?

Häufig wird zunächst auf formale Gesichtspunkte geachtet, um die Menge der Unterlagen zu reduzieren. Das ist unter Umständen sinnvoll, doch dieses Vorgehen wird mit hoher Wahrscheinlichkeit dazu führen, dass auch gut geeignete Bewerber aussortiert werden. Sicher kann nicht in jedem Auswahlprozess allen Qualitätskriterien entsprochen werden, die man ansetzen möchte. Dennoch sollte man sich nochmals vor Augen halten: Wenn wir einen Berg von 150 Bewerbungsmappen auf acht Kandidaten reduzieren, die letztlich zu einem Bewerbungsgespräch eingeladen werden, dann findet hier ein **ungeheurer Auswahlprozess** statt, den nicht einmal 5% der Grundgesamtheit der Bewerber überhaupt überstehen.

Wir treffen also letztendlich 150 Entscheidungen in sehr kurzer Zeit, während wir uns für die nächste Entscheidungsrunde, in der wir nur 8-mal entscheiden müssen und sehr viel weniger Informationen zu verarbeiten haben, sehr viel mehr Zeit lassen.

Risiko, geeignete Bewerber abzulehnen

Natürlich haben die jeweiligen Entscheidungsschritte eine unterschiedliche Qualität, doch sollte wenigstens bewusst sein, dass vielleicht auch eine der 142 abgelehnten Personen geeignet sein könnte, bzw. dass es sich auch hier um einen sehr wichtigen Auswahlprozess handelt, der nicht – wie es sehr oft geschieht – in die Hände von Praktikanten oder Hilfskräften übergeben werden sollte. Welche Folgen hat es, geeignete und interessante Kandidaten abzulehnen und gar nicht zu einem Gespräch einzuladen, in dem sie sich und ihre Stärken präsentieren können? Die Wahrscheinlichkeit, in den folgenden Verfahrensschritten eine gute Wahl zu treffen, reduziert sich zum Teil deutlich – im Extremfall kann es nötig werden, erneut nach geeigneten Kandidaten zu suchen.

> **Beispiel**
>
> Herr H. ist Personalreferent in einem öffentlichen Versorgungsunternehmen. Er arbeitet mit mehreren Fachabteilungen zusammen, wenn er eine neue Stelle besetzt. Üblicherweise trifft Herr H. aufgrund der Vorbesprechung mit dem Fachverantwortlichen und der daraus resultierenden Ausschreibung eine Vorauswahl unter den eingegangenen Bewerbungsunterlagen. Dabei orientiert er sich an den fachlichen und persönlichen Anforderungen, die ein Bewerber nach seinen Vorstellungen idealerweise erfüllen sollte und erstellt eine Liste von Kriterien, nach denen er die Bewerbungsunterlagen systematisch beurteilt und die passendsten acht Bewerber heraussucht.
> Diese werden dann nach Rücksprache mit dem Fachvorgesetzten zu einem Vorstellungsgespräch eingeladen. Dieses Vorgehen funktioniert in der Regel sehr gut und Herr H. kann auf eine »positive Bilanz« von Auswahlprozessen zurückschauen. Er ist überzeugt, in seiner Laufbahn bis vor kurzem noch keine gravierende Fehlentscheidung getroffen zu haben. Vor zwei Monaten allerdings hat er zum ersten Mal mit einer Abteilung zusammengearbeitet, deren neuer Leiter ein Jurist ist. Dieser setzte sich über Herrn H.s Vorauswahl kurzerhand hinweg und bestellte alle Bewerbungsunterlagen in sein Büro. Von einer Praktikantin lies er im Anschluss die 10 Bewerber mit den besten Noten aussortieren, die Herr H. beginnend mit dem Erstplatzierten auf Weisung des Kollegen abtelefonieren sollte. Das Bewerbungsgespräch sollte zunächst mit dem Bewerber mit der besten Note geführt werden. Falls dieser nicht für die Stelle zu gewinnen sein sollte, würde der Zweitplatzierte eingeladen werden usw.
> Herr H. ist nicht zufrieden mit diesem Prozedere, weiß aber auch nicht, wie er den Kollegen von seiner üblichen Vorgehensweise überzeugen kann.

Wie wichtig sind Abschlussnoten?

Reflexionsfragen

- Welche Rolle spielen Abschlussnoten in Ihrem Unternehmen bzw. in Ihrer Unternehmenskultur und wie relevant sind sie für die mit der zu besetzenden Position verbundene Tätigkeit?
- Gibt es Stellen, für die die Abschlussnote wichtiger ist, als für andere Stellen?
- Welche Informationen leiten Sie aus einer Abschlussnote ab?
- Haben Sie die Erfahrung gemacht, dass gute Absolventen stets auch die beste Leistung bringen?
- Welche Abschlussnote haben Sie selbst?
- Welche Abschlussnoten haben Ihre Kollegen?

Aussagekraft von Noten

Die Abschlussnote ist in der Regel kaum dazu geeignet, künftiges Arbeitsverhalten bzw. berufliche Leistung vorherzusagen. Streng genommen lässt sich aus einer Abschlussnote lediglich der Rückschluss darauf ziehen, dass eine Person **unter den Bedingungen einer Ausbildung oder eines Universitätsstudiums** erfolgreich handeln konnte. Allerdings unterscheiden sich diese Bedingungen erheblich von den Arbeitsbedingungen in Unternehmen. Nicht umsonst existiert der Begriff des »Praxisschocks«.

> **! Wichtig**
> **Die Forschung zeigt, dass Noten nur eine begrenzte prognostische Kraft besitzen und nur jeweils eine Vorhersage darüber zulassen, wie sich eine Person in stark reglementierten Lernkontexten weiterverhalten wird (vgl. Lang-von Wins 2007).**

fehlender Zusammenhang von Noten und beruflichem Erfolg

Dieser Prozess kann wie folgt beschrieben werden: Eine Person hat in der Schule gute Noten. Dies lässt die Vorhersage zu, dass diese Person mit gewisser Wahrscheinlichkeit auch in der Universität gute Noten erzielen wird. Wenn dieselbe Person die Universität beendet hat, wird sie vermutlich rasch eine Stelle erhalten, da viele Personalverantwortliche noch immer Abschlussnoten als bedeutendes Kriterium für die Einstellung erachten. Wenige Jahre nach dem Einstieg in das Berufsleben lassen sich jedoch aus der erreichten Position und dem aktuellen Einkommen in der Regel keinerlei Rückschlüsse mehr auf die einmal erzielte Abschlussnote ziehen (Schuler 1998; Baron-Boldt et al. 1988) – die Mitarbeiter mit den schlechteren Noten haben ihre Kollegen mit den besseren Noten bis zu diesem Zeitpunkt häufig eingeholt. Zumindest lässt sich vom Erfolg kein Rückschluss auf die einmal erzielte Note erzielen. Der berufliche Erfolg oder auch Praxiserfolg ist hier nicht von der Fähigkeit, sich Wissen anzueignen, sondern von vielen anderen, eher **handlungsorientierten und sozialen Kompetenzen** abhängig, über die Schul- oder Abschlussnoten wenig oder meist gar nichts aussagen. Eine Ausnahme bilden hier zum Teil Personen mit Jura-Studium. Zwar lässt auch die Jura-Abschlussnote keinen vernünftigen Schluss über die Kompetenzen einer Person zu, doch sind juristische Positionen im öffentlichen Dienst sehr häufig an die im zweiten Staatsexamen erreichte Note gebunden. Ob die betreffende Person jedoch von ihren anderen Kompetenzen her für eine bestimmte Aufgabe gut oder schlecht geeignet ist – darauf kann diese Note keine Auskunft geben.

zu weit reichende Schlussfolgerungen

Ungeachtet dieser Tatsache werden Abschlussnoten häufig für die Selektion von Bewerbungsunterlagen eingesetzt. Denn mit guten Noten werden in der Vorstellung zahlreicher Personalverantwortliche häufig auch weitere Eigenschaften verknüpft, die jedoch keinesfalls mit dem akademischen Erfolg einhergehen müssen. So werden Personen mit guten Noten Eigenschaften wie Fleiß, Ehrgeiz, Durchsetzungsvermögen,

Ordentlichkeit, Überzeugungsfähigkeit und vieles mehr zugeschrieben. Weder Forschung noch Praxis rechtfertigen solche Schlüsse von Klausurnoten auf Persönlichkeitseigenschaften in irgendeiner Weise.

Beispiel

Herr G. Leiter der Personalentwicklungsabteilung in einem IT-Großhandelsunternehmen. In dieser Position unterstützt er als »interner Berater« unterschiedliche Abteilungen in der Personalauswahl. Dabei irritiert ihn vor allem eine Tatsache: Zahlreiche Personalverantwortliche sortieren Bewerbungsunterlagen, die ein Eselsohr aufweisen, sofort aus. Herr G. ist der Überzeugung, dass ein Eselsohr nicht immer auf die Schuld des Bewerbers zurückzuführen ist, sondern die Bewerbungsmappe auch von der Post oder auch im eigenen Unternehmen verknickt worden sein kann. Herr G. denkt an die Bewerbungsunterlagen einiger seiner eigenen Mitarbeiter und kann sich daran erinnern, dass diese auch nicht immer formell einwandfrei gewesen sind. Dennoch ist er mit diesen Mitarbeitern ausgesprochen zufrieden. Er ärgert sich über die Uneinsichtigkeit seiner Kollegen, aber er hat keine gute Idee, wie er seinen Kollegen erklären soll, warum er es für unwichtig hält, dass die Bewerbungsunterlagen frei von Knicken und Flecken sind.

Reflexionsfragen

- Welche Bedeutung kommt der Form der Bewerbungsunterlagen in Ihrem Unternehmen oder in Ihrer Abteilung zu?
- Welche Eigenschaften schreiben Sie einer Person zu, die besonders ordentliche Unterlagen abgibt? Welche Eigenschaften schreiben Sie einer Person zu, deren Unterlagen besonders unordentlich aussehen?
- Haben Sie bereits einmal überprüft, ob eine Person mit unordentlichen Unterlagen tatsächlich dem Bild entspricht, das Sie sich zuvor von dieser Person gemacht haben?
- Wie sahen Ihre eigenen Unterlagen aus, als Sie sich beworben haben?
- Kennen Sie Unterlagen von Ihren Kollegen?
- Haben Sie einmal erlebt, dass ein Bewerber mit besonders ansprechenden Unterlagen Ihren Vorstellungen nicht entsprochen hat?
- Für welche Anforderungen im Job sind die Eigenschaften, die Sie aus der Form der Unterlagen ableiten, von besonderer Bedeutung? Handelt es sich dabei um Eigenschaften, die unter Umständen auch noch gelernt oder durch andere Fähigkeiten kompensiert werden können? Oder werden diese Eigenschaften für die zu besetzende Stelle gar nicht benötigt?

Hinterfragen eigener Schlussfolgerungen

Folgendes möchten wir zu den Bewerbungsunterlagen und zu den zum Teil bewusst auch suggestiv formulierten Reflexionsfragen anmerken: Wir möchten an dieser Stelle nicht die Verfasser unordentlicher Bewerbungsunterlagen in Schutz nehmen. Doch ist es unerlässlich, den Aussagegehalt der Informationen, die sich scheinbar aus der äußeren Form der Unterlagen ableiten lassen, zu hinterfragen. Wie bereits erwähnt, richten viele Personalauswähler ihr Augenmerk nicht vornehmlich darauf, den bestmöglichen Bewerber für eine Stelle auszuwählen, sondern versuchen vor allem **falsche Einstellungen zu vermeiden**. Dabei wird häufig übersehen oder in Kauf genommen, dass auf diese Weise mitunter auch besonders gut geeignete Bewerber aufgrund falscher Rückschlüsse zurückgewiesen werden (Fehler 2. Art, ▶ Abschn. 2.5.1).

> **❗ Wichtig**
> **Zusammenfassend lässt sich zum Umgang mit Bewerbungsunterlagen in der Praxis sagen, dass der (Vor-)Auswahl in der Regel aus verschiedenen Gründen nicht die Bedeutung zukommt, die für diesen wichtigen Entscheidungsschritt angemessen wäre. Zudem werden häufig Schlüsse sowohl aus Anschreiben wie auch Lebenslauf gezogen, die sich bei genauerer objektiver Betrachtung nicht halten lassen und auf unseren eigenen individuellen »impliziten Persönlichkeitstheorien« beruhen.**

7.2 Wissenschaftliche Hintergrundinformationen

Die Analyse der Bewerbungsunterlagen gehört zu den am häufigsten eingesetzten Verfahren der Personalvorauswahl (vgl. Seibt & Kleinmann 1990). Trotzdem gibt es relativ wenig Forschung darüber, wie in der Personalauswahl mit den Bewerbungsunterlagen verfahren wird und welche Schlüsse daraus gezogen werden bzw. werden können (vgl. Brown & Campion 1994; Robertson & Smith 2001)

geringe Aussagekraft der äußeren Form

Implizit und methodisch meist unkontrolliert werden neben den harten Daten der Berufs- und Bildungsbiografie auch formale Aspekte in das Urteil einbezogen, die aus der Gestaltung der Bewerbung abgelesen werden. Eine Vielzahl guter Ratgeber und professioneller Bewerbungsbüros hat allerdings für eine zunehmende Homogenisierung der äußeren Form gesorgt. Die ohnehin schon geringe Aussagekraft von Aspekten der formalen Gestaltung hat sich aufgrund dieses Homogenisierungseffektes weiter verringert (z. B. Schuler 1996). **Die Gefahr, wertvolles Potenzial durch vorschnelle Urteile zu verlieren, ist dabei erheblich.**

Wenn nach einer ersten Vorauswahl aufgrund der harten Daten die Zahl der Bewerber immer noch größer ist als die Zahl möglicher

Einladungen zu einer weiteren Potenzialfeststellung, müssen die Bewerbungsunterlagen weiter selektiert werden.

Hollmann und Reitzig (1995) beschreiben die Analyse der Bewerbungsunterlagen nach dem ersten Schritt der Vorselektion als zweistufigen Ablauf: Zunächst muss eine Selektion nach speziellen inhaltlichen Kriterien getroffen werden, die dann in eine Entscheidung darüber mündet, welche weiteren Verfahren die Bewerber durchlaufen sollen. Für eine Selektion aufgrund inhaltlicher Kriterien dienen der Lebenslauf und das Anschreiben. Sie vergleichen das Anschreiben mit einer **Arbeitsprobe**, die erste Hinweise auf die Persönlichkeit und den Arbeitsstil von Bewerbern gibt: Hinweise auf sprachliche Ausdrucksfähigkeit und Kreativität können aus der Bewerbung abgelesen werden, außerdem finden sich Hinweise auf die Selbstdarstellung, die bei der Auswahl beachtet werden (Schuler 1996).

Neben dem Anschreiben wird dem Lebenslauf besondere Bedeutung beigemessen. Die hier mitgeteilten Fakten werden interpretiert, ein konkreteres Bild von dem Bewerber formiert sich (das angesichts der beigefügten Fotografie weiter an Gestalt gewinnt). Brown und Campion (1994) berichten, dass aus Lebensläufen häufig Schlüsse über kognitive Fähigkeiten, Motivation, soziale Kompetenz und Führungsbefähigung gezogen werden, obwohl zu diesen Kompetenzen im Lebenslauf in der Regel **keine oder nur sehr wenige objektive Informationen** enthalten sind.

Lebenslauf

Wie Schuler (1996) anmerkt, werden die im Lebenslauf enthaltenen Daten und Fakten einerseits als Belege verarbeitet, andererseits gelten sie als Indikatoren künftiger Bereitschaften und künftigen Handelns.

Exkurs

Eine von Schuler (1996) berichtete Studie (Schuler & Berger 1979) kommt jedoch zu dem Ergebnis, dass neben inhaltlichen und formalen Kriterien die Faktoren »Attraktivität« und »Qualifikation« einen deutlichen Einfluss auf die Einstellungschancen von Bewerbern ausüben. Im Rahmen dieser Studie wurden 80 mit Personalentscheidungen befassten Führungskräften Bewerbungsunterlagen mit der Bitte vorgelegt, eine Einstellungsempfehlung abzugeben bzw. den Bewerber auszusortieren. Die Analyse der abgegebenen Empfehlungen und Ablehnungen wies neben leistungsbezogenen Parametern einen deutlichen Einfluss des **Bewerberfotos** auf die Empfehlung aus, den Bewerber einzuladen. Schuler (1996, S. 82) schließt:

Es ist erkennbar, dass die besser aussehenden Bewerber tatsächlich bessere Einstellungschancen hatten als die weniger attraktiven …

▼

> Zu diesem Befund muss angemerkt werden, dass in Deutschland seit Einführung des Allgemeinen Gleichbehandlungsgesetzes (AGG) im August 2006 kein Foto auf dem Lebenslauf mehr verlangt werden darf. Es bleibt abzuwarten, inwieweit sich dadurch die Gestaltung der Lebensläufe verändert und wie lange der Bewertung der »Attraktivität« im Lebenslauf noch Bedeutung zukommt.

> ❗ **Wichtig**
> **Diese Befunde und Überlegungen deuten an, dass die dem Urteil zugrundeliegenden Bewertungskriterien fortlaufend expliziert und validiert werden sollten. Bereits auf dieser Eingangsstufe der Potenzialbeurteilung können Urteilsverfälschungen einsetzen, die sich möglicherweise in der weiteren Beurteilung fortsetzen. Schon die Auswertung des Anschreibens kann dazu führen, die beigelegten Unterlagen und Referenzen selektiv zu begutachten.**

Informationsgehalt der Bewerbungsunterlagen

Ganz allgemein lässt sich festhalten, dass über die Gültigkeit und Zuverlässigkeit einer Analyse der Bewerberunterlagen derzeit noch kaum wissenschaftlich verwertbare Erkenntnisse existieren. Reilly und Chao (1982) haben versucht, anhand des Kriteriums »spätere Vorgesetztenbeurteilung« die Vorhersagevalidität einer Analyse von Bewerbungsunterlagen zu erfassen. Sie kommen zu dem Ergebnis, dass Schul- und Studiennoten wesentlich zur Vorhersagekraft beitragen. Wie allerdings bereits zuvor ausgeführt, eignen sich Schul- und Studiennoten primär um Ausbildungs- bzw. Studienerfolg vorherzusagen, nicht aber den beruflichen Erfolg (Schuler 1996; Rastetter 1996). Einzelne beigefügte Arbeitszeugnisse sind angesichts der nicht auszuschließenden Möglichkeit einer erheblichen Mitwirkung des Begutachteten von zweifelhaftem Wert, gewinnen jedoch bei einer Kombination mit weiteren im Beurteilungsprozess erhobenen Daten an Verlässlichkeit. Bei der Besetzung höherer Positionen werden als Ergänzung der dort an Bedeutung gewinnenden Arbeitszeugnisse oftmals zusätzliche Referenzen vom früheren Arbeitgeber eingeholt.

Bei dem auch bei uns immer üblicher werdenden Einholen zusätzlicher Referenzen über vergangene berufliche Leistungen eines Kandidaten handelt es sich nicht um ein Verfahren oder eine Methode im eigentlichen Sinn. Zu beachten ist hierbei, dass **klare Hypothesen** vorformuliert werden, aufgrund derer dann eindeutige Fragen gestellt werden können.

Zusammenfassend stellt Schuler (2000) die Aspekte, die bei der Analyse der Bewerbungsunterlagen berücksichtigt werden können bzw. sollten, wie folgt dar:

Auswertung von Bewerbungsunterlagen (Schuler 2000, S. 80)

1. Formale Aspekte
   - Ist die Bewerbung ordentlich und übersichtlich angelegt?
   - Ist sie fehlerfrei und vollständig?
   - Sind Art und Umfang der Bewerbung der zu besetzenden Position angemessen?
   - Ist ein Lichtbild vorhanden?
2. Anschreiben und Lebenslauf
   - Sind Anschreiben und ausführlicher oder tabellarischer Lebenslauf enthalten?
   - Simulationsorientierte und eigenschaftsorientierte Auswertung
3. Erforderliche Ausbildung
   - Zeugnisse
   - Praktikumsnachweise
   - sonstige Bescheinigungen
   - ausbildungsbedingter Auslandsaufenthalt
4. Erforderliche Spezialkenntnisse
   - Sprachen
   - EDV-Kenntnisse
   - sonstige Zusatzausbildungen, Lehrgänge etc.
5. Übereinstimmung Lebenslauf/Belege
   - Lückenlosigkeit
   - Zeitfolgenanalyse
6. Plausibilität des Stellenwechsels
   - Abfolge der Positionen
   - Nachvollziehbarkeit der Arbeitgeberwechsel
7. Schulnoten
   - gut geeignet zur Prognose weiterer Ausbildungsleistungen
   - wenig geeignet zur Prognose des Berufserfolgs
8. Studienleistungen
   - falls bekannt, Notenniveau von Hochschule und Studienfach berücksichtigen
9. Qualität der Diplomarbeit ist wichtiger als das Thema Arbeitszeugnisse und Referenzen
   - meist nur verlässlich, wenn von Fachleuten ausgestellt
   - persönliche (mündliche) Referenzen meist aussagekräftiger als schriftliche
10. ergänzenden anforderungsspezifische Aspekte
    - Berufserfahrung
    - Mobilität
    - ...
11. offengebliebene Fragen werden für das Gespräch vorgemerkt

Wie die ▶ Übersicht zeigt, dienen die Bewerbungsunterlagen neben ihrer Funktion für die Vorselektion der Bewerber als wichtige Hintergrundinformationen für die Vorbereitung der weiteren Schritte des Beurteilungsverfahrens. Ihnen kommt bei der Vorbereitung der Bewerbungsgespräche noch einmal eine wesentliche Rolle zu.

7.3 Welche Vorgehensweise passt zu Ihnen bzw. der aktuellen Situation?

Für die Analyse der Bewerbungsunterlagen stehen Ihnen – je nach persönlicher Vorliebe, Anzahl der eingehenden Bewerbungen und Gegebenheiten in Ihrem Unternehmen – verschiedene Möglichkeiten zur Verfügung. Auch die zu besetzende Position sollte dabei berücksichtigt werden. So können bspw. von einem Bewerber, der auf der zu besetzenden Stelle laufend mit dem PC arbeitet und Briefe erstellt, formal einwandfreie Unterlagen erwartet werden. Dagegen können die Kriterien für einen Bewerber, der in seinem beruflichen Alltag keine Texte verfassen muss und infolgedessen auch kein so fundiertes Wissen in der Textverarbeitung benötigt, völlig andere sein.

jeden Auswahlschritt an die Anforderungen anbinden

Die **Grundlage** jeder Selektion stellt also die vorangegangene Aufgaben- und Anforderungsanalyse dar, die in ▶ Kap. 4 und 5 beschrieben wurde. Von dieser Basis ausgehend lassen sich die Kriterien für die Auswahl ableiten. So sind häufig eine bestimmte formale Qualifikation oder spezielle Kompetenzen für eine bestimmte Position notwendig. Unter Umständen können jedoch andere, ähnliche Ausbildungen oder fachliche Hintergründe hier einen Mangel ausgleichen. Dieser rein fachliche Abgleich kann bereits zu einer ersten Auswahl führen.

> ❗ **Wichtig**
> Der erste Schritt der Bewerberauswahl sollte gut durchdacht sein, da an dieser Stelle besonders leicht prinzipiell geeignete Bewerber aussortiert werden.

> **Übung**
> – Gehen Sie nun in Gedanken die letzte durchgeführte Bewerbungsrunde durch und reflektieren Sie, wie der erste Entscheidungsschritt ausgesehen hat.
> – Machen Sie sich dazu einige Notizen, mit denen Sie in den folgenden Abschnitten weiterarbeiten können.

- Wie gehen Sie normalerweise bei der Selektion der Unterlagen vor? Bearbeiten Sie alle Unterlagen selbst oder übernimmt jemand anderes die Vorauswahl? Was war für Sie der Grund, Bewerbungsunterlagen sofort auf den »Nein-Stapel« zu legen? Was war der 2. Grund? War es immer derselbe oder waren hier bereits verschiedene Faktoren gleichzeitig von Bedeutung?
- Welche Schritte folgten dann?
- Nach welchen Kriterien haben Sie die Unterlagen weitersortiert?

Eine Möglichkeit, die hier gestellten Fragen in eine eigene Rangfolge zu bringen, stellt das **Kaskadenmodell** dar. Die nachfolgende Abbildung zeigt an einem Beispiel aus der Praxis, wie dieses Modell verwendet werden kann. Für jeden Entscheidungsschritt werden positive (Go-Kriterien) und negative (No-Go-Kriterien) formuliert (Abb. 7.1). Dadurch wird die Entscheidung für oder gegen bestimmte Bewerber nachvollziehbarer und transparenter.

Vorgehen mit dem Kaskadenmodell

In dieses Modell können die einzelnen Entscheidungsschritte eintragen und im Anschluss reflektiert werden. Es ist sehr wahrscheinlich, dass Sie Ihr »persönliches Kaskadenmodell« im Auswahlprozess immer wieder überarbeiten werden und sich die Priorität der einzelnen Auswahlschritte verschiebt. Auch gibt es sicherlich immer wieder Bewerbungen, in denen ein »Manko« durch ein anderes Kriterium ausgeglichen wird. Zudem wird es eventuell Kriterien geben, die für Sie gleichberechtigt nebeneinanderstehen. Auch das ist in diesem Modell möglich, wie das folgende Beispiel zeigt (Abb. 7.2):

> **Wichtig**
> **Auch nachdem Sie Ihre Kriterien mit Hilfe des Kaskadenmodells dargestellt haben, kann es Bewerber geben, die nach Ihrem Schema nicht mehr passen, bei denen Sie allerdings »einfach ein gutes Gefühl« haben. In solchen Fällen bietet es sich an, das Modell noch einmal zu überprüfen und infrage zu stellen, da Ihr Erfahrungswissen noch einen weiteren Beitrag leistet und noch weiter reflektiert werden kann.**

Bei den vorhergehenden Ausführungen haben wir nicht zwischen Lebenslauf und Anschreiben unterschieden, sondern beides gemeinsam unter dem Begriff »Bewerbungsunterlagen« zusammengefasst. Vor allem für die Analyse des Lebenslaufs lässt sich relativ schnell ein Schema finden, da hier primär Daten präsentiert werden und aus dem Lebenslauf in der Regel hauptsächlich die Qualifikationen herausgelesen werden.

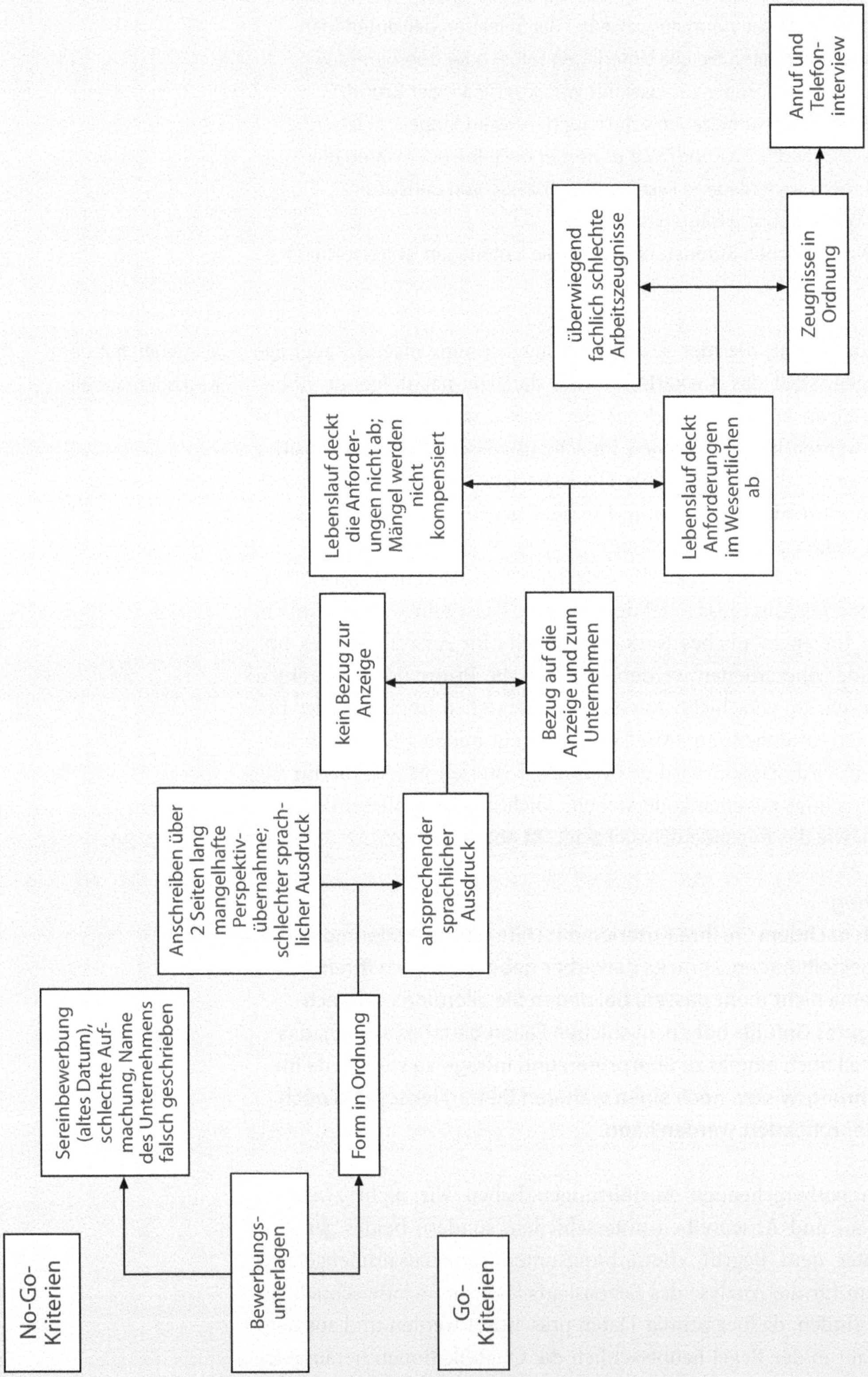

 Abb. 7.1. Beispiel eines Kaskadenmodells, um Bewerbungsunterlagen zu beurteilen (Lang-von Wins et al. 2005)

7.3 · Welche Vorgehensweise passt zu Ihnen bzw. der aktuellen Situation?

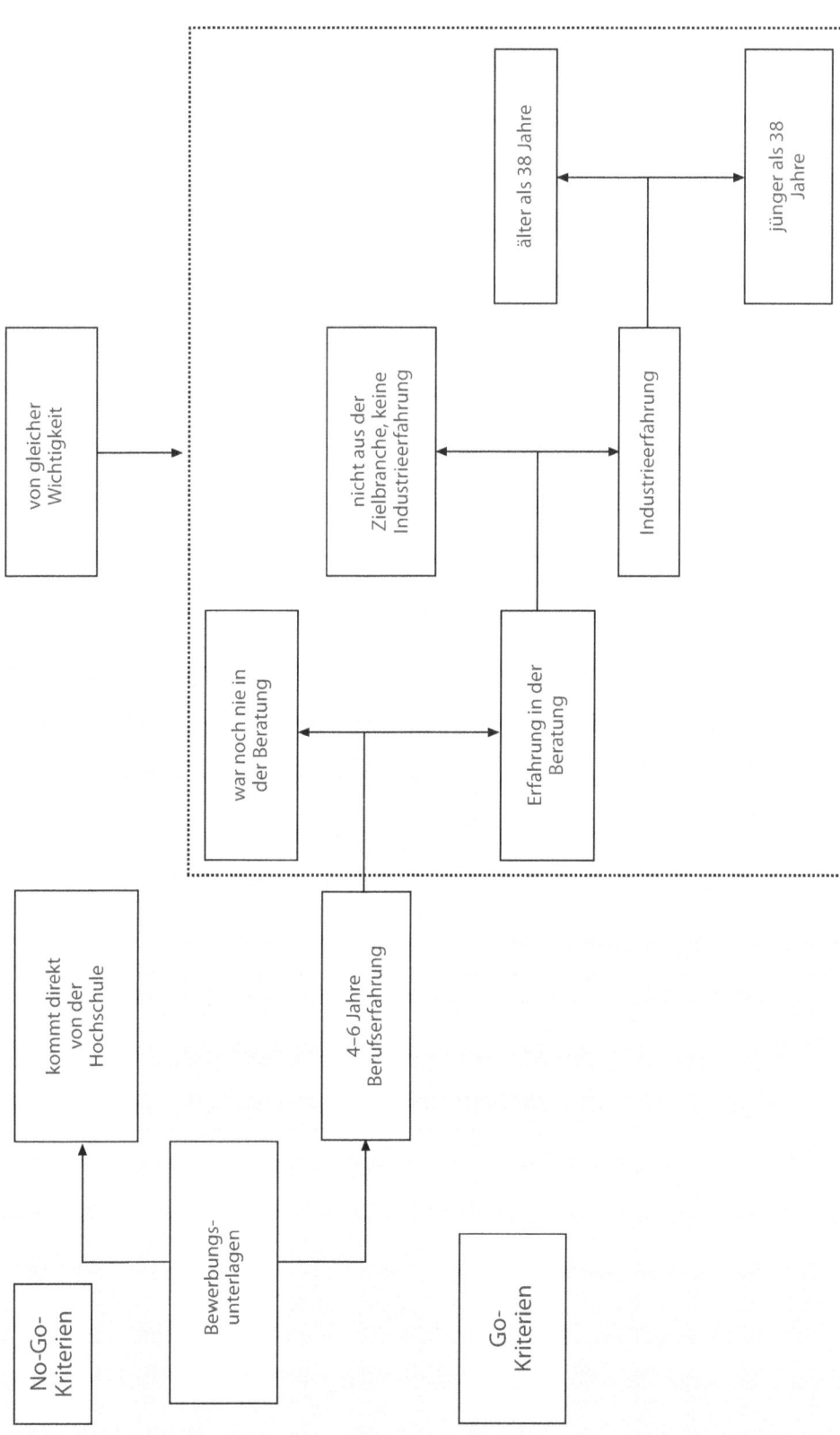

Abb. 7.2. Ausschnitt aus einem Kaskadenmodell, um Bewerbungsunterlagen zu beurteilen (Lang-von Wins et al. 2005)

standardisierte Fragebögen

Um die Vergleichbarkeit der Unterlagen von Anfang an zu erhöhen, schicken manche Unternehmen allen Bewerbern **standardisierte Fragebögen** zu oder lassen diese online ausfüllen. Faktisch wird damit eine standardisierte zweite Bewerbung verfasst, ein Vorgehen, das sich bei größeren Unternehmen immer stärker verbreitet. Standardisierte Fragebögen lassen sich aber auch bei einem Teil der Bewerber einsetzen, der für das weitere Verfahren interessant erscheint, weil ein Bewerber z. B. die formalen Voraussetzungen, die mit der Stelle verbunden sind, erfüllt und für dessen weitere Feinauswahl zusätzliche Daten generiert werden sollen. In diesem Fall entspricht der Einsatz eines Fragebogens einem zusätzlichen Selektionsschritt, der sich der Vorauswahl der Bewerbungsunterlagen anschließt und auf dem dann die weitere Auswahl der Bewerber und die Einladung zum Auswahlgespräch beruht.

Was wird erfragt?

Bei der Erstellung der Fragebögen ist es wichtig, dass Sie sich vorher Gedanken darüber gemacht haben, was Sie aus welchem Grund und mit welchen Hintergedanken erfragen. In der Regel bietet es sich an, mit den Fragebögen bestimmte **Go- oder No-Go-Kriterien** zu erfragen, die aus den Bewerbungsunterlagen nicht absehbar sind, und an die im Bewerbungsgespräch angeknüpft werden kann. Eine weitere Variante besteht darin, den zum Auswahlgespräch eingeladenen Bewerbern vorab einen Fragebogen zu schicken, der der beiderseitigen Vorbereitung des Gespräches dient. Für einen solchen Fragebogen bieten sich z. B. die folgenden Punkte an:

- Nachfragen zu den soziodemografischen Daten,
- genauere Charakterisierung der letzten bekleideten Funktion in Hinblick auf die aktuell zu besetzende Tätigkeit,
- im Vertrieb: Umsatz des Unternehmens, von dem Bewerber erwirtschafteter Umsatz,
- spezifische Interessen in Hinblick auf die zu besetzende Position.

7.4 Lernfelder und kritische Evaluation: So werden Sie zum Experten

Ziel dieses Abschnittes ist, Möglichkeiten aufzuzeigen, das eigene Vorgehen kritisch zu überprüfen und zu hinterfragen sowie die eben vorgestellten Regeln und Vorgehensweisen individuell weiterzudifferenzieren.

Sie können dazu Ihr eigenes Kaskadenmodell zur Hand nehmen und die einzelnen Kaskaden noch einmal überprüfen. Ein strenges Festhalten an dem Modell im Sinne einer Einbahnstraße ist nicht immer sinnvoll, unter Umständen passt es für die zu besetzende Position besser, Rückkopplungsschleifen einzubauen. Dies gilt vor allem, wenn

Sie in Ihrer Kaskade nicht nur die absolut notwendigen Kriterien erfasst haben, sondern auch die wünschenswerten.

Dazu können Sie sich bei jeder Kaskade folgende Fragen stellen:

- Ist diese Kompetenz bzw. Qualifikation eine **unbedingt notwendige Voraussetzung** für die Stelle? Oder kann jemand ohne diese Kompetenz bzw. Qualifikation diese Arbeit bewältigen?
- Gibt es für einen Bewerber, der an einem No-Go-Kriterium scheitert, eine Kompetenz oder Qualifikation, die dieses Manko aufwiegt? Sind solche Rückkopplungsschleifen oder Umwege in Ihrer Kaskade vorgesehen bzw. können oder wollen Sie sie mit einbeziehen?
- Haben Sie die Kriterien aus der Aufgaben- und Anforderungsanalyse in Ihre Kaskade miteinbezogen? Wie wichtig sind diese Kriterien in Ihrem Kaskadenmodell?

Umgang mit dem Kaskadenmodell

Bei der Analyse der Bewerbungsunterlagen ist es außerdem immer wieder hilfreich, folgende Fragen zu reflektieren:

Reflexionsfragen

- Versuchen Sie, Ihre Vorgehensweisen nach Möglichkeit nicht alleine, sondern mit einem Kollegen zu reflektieren, mit dem Sie Ihre Ergebnisse vergleichen und diskutieren können. Das trägt zu einer vertieften Reflexion und zu nachhaltigeren Lernprozessen bei.
- Gibt es etwas an Bewerbungsunterlagen, das Sie einfach »mögen«? Gibt es etwas, dass Ihnen einen Bewerber unsympathisch macht, auch wenn es eigentlich nichts über die Qualifikation aussagt? Wie wichtig ist für Sie bspw. die äußere Form bzw. Farbe der Bewerbungsmappe? Interpretieren Sie diese Faktoren?
- Was im Anschreiben macht einen vom Lebenslauf her geeigneten Bewerber zu einem ungeeigneten? Wie wichtig ist das Anschreiben für Ihre Entscheidung?
- Aus welchen Eigenschaften, vorigen Tätigkeiten, Hobbys oder ehrenamtlichen Engagements schließen Sie auf welche Eigenschaften? Wie können Sie diese Schlüsse validieren?
- Was sagt Ihnen das Foto über einen Bewerber? Was **kann** es Ihnen sagen?

Bewerbungsgespräch

8.1 Wie geht das? – 141
8.1.1 Hintergründe – 141
8.1.2 Methoden – 150

8.2 Wie finde ich für mich eine ideale Vorgehensweise? – 165

Das Gespräch mit einem Bewerber oder einem Mitarbeiter, dessen Potenzial oder Eignung für eine andere Stelle zu beurteilen ist, stellt die wesentliche Erkenntnisgrundlage Ihres Urteils dar. Häufig kann man sich durch die Argumentation, dass da noch ein anderer (z. B. der Fachvorgesetzte) »einen Blick auf den Bewerber wirft«, über die Wichtigkeit dieses Schrittes hinwegtrösten. Doch das sollte wirklich nur dann sein, wenn man es mit einem besonders schwierigen Fall zu tun hat. Dann sollten Sie nicht darauf vertrauen, dass der Kollege den Bewerber besser einschätzen kann, sondern die Schwierigkeit einer adäquaten Einschätzung zum Thema machen und ihn nach seinen Erfahrungen fragen. Häufig ist eine solche Situation ein wichtiger Hinweis darauf, dass der Prozess des Beurteilungsgespräches verbessert werden kann.

Ein gutes Beurteilungsgespräch verfolgt immer zumindest zwei Zielsetzungen:
- einerseits ein angemessenes Bild des Kandidaten zu erhalten, seine Schwächen aber auch seine Stärken zu erkennen,
- andererseits, ihn zufrieden aus dem Gespräch zu entlassen.

anforderungsbezogen gestalten

Die Zielsetzung gelungener Beurteilungsgespräche kann es also nicht sein, Dinge oder Sachverhalte herauszufinden, die der Bewerber nicht preisgeben möchte. In der Regel haben Themen, zu denen ein Bewerber keine Auskunft geben möchte, auch wenig Bezug zu der Tätigkeit bzw. Position, die besetzt werden soll. Diese Argumentation lässt sich auch umdrehen: Orientiert sich ein Beurteilungsgespräch an den ermittelten Anforderungen, dann wird der Kandidat in aller Regel auch auskunftsbereit und kooperativ sein.

> ❶ Wichtig
> **Ein erkennbarer Anforderungsbezug der Fragen sorgt für Transparenz im Gespräch und eine partnerschaftliche Atmosphäre.**

Falls im Rahmen eines Beurteilungsgespräches ein Kandidat aber doch einmal wenig oder geringe Auskünfte gibt, sollte natürlich nachgefragt werden. Gespräche, in denen Kandidaten ins Kreuzverhör genommen werden oder in denen sie unter Stress gesetzt werden, um zu sehen, wie sie in belastenden Situationen reagieren, sollten vermieden werden. Für Bewerber ist ein Auswahlgespräch ohnehin bereits eine belastende Situation, die durch entsprechende Fragen nicht weiter verschärft werden muss.

> ❶ Wichtig
> **Gute Beurteilungsgespräche verlaufen in der Regel auf einer sachlichen und pragmatischen Grundlage und sind getragen von dem grundsätzlichen Respekt vor dem Kandidaten.**

Persönliche Antipathie oder ein besonderes Maß an Sympathie haben hier ebenso wenig etwas zu suchen wie die bewusste Verstärkung der ohnehin dominanten Rolle des Interviewers.

Die möglichen positiven Folgen von Beurteilungsgesprächen beginnen bei dem genauen und an konkreten Punkten belegbaren Wissen um die tätigkeits- und anforderungsbezogenen Stärken und Schwächen der Bewerber. Dies ist eine wichtige Grundlage für den Prozess des Abwägens zwischen verschiedenen Bewerbern. Sie können Aussagen über sein Potenzial treffen, mit zukünftigen Anforderungen erfolgreich zurechtzukommen und geben damit auch erste Anhaltspunkte über **zukünftige Einsatzfelder und Entwicklungsmöglichkeiten**, die im Rahmen der Personalarbeit weiter verfolgt werden können (▶ Abschn. 2.7.2).

Sie können dem Unternehmen selbst bei einer **Ablehnung** des Bewerbers nützen, wenn er sich fair behandelt fühlt und das Urteil für ihn nachvollziehbar ist. Sie sollten nicht unterschätzen, welches Bild der Bewerber von Ihrem Unternehmen nach außen trägt. Sie wissen nicht, ob er nicht bei einem Unternehmen, dessen Kunde Sie sind oder das bei Ihnen Kunde wird, in eine verantwortliche Position gelangen wird. Dies gilt insbesondere für das Bild, das auf einem engen Bewerbermarkt von Ihrem Unternehmen kursiert. Jeder Bewerber, der sich nicht bei Ihnen bewirbt, weil er Schlechtes von Ihrem Unternehmen gehört hat, ist einer zu viel.

Bewerber sollen sich fair behandelt fühlen

> **Beispiel**
>
> Herr W. ist Projektmanager bei einer Unternehmensberatung. Da die Firma nur aus 15 Mitarbeitern besteht und ein neuer Mitarbeiter eingestellt werden soll, der nur mit Herrn W. zusammen arbeitet, soll dieser selbst sich um einen neuen Kollegen bemühen. Herr W. beschließt, in diesem Fall sehr systematisch vorzugehen und stellt eine Liste von Anforderungen auf, denen sein künftiger Mitarbeiter genügen soll. Sogleich fallen ihm viele Eigenschaften ein, die ihm einen neuen Kollegen sympathisch machen würden, und die aus seiner Sicht sicherstellen könnten, dass der neue Mitarbeiter fachlich in seine neue Position passt.
>
> Die Liste umfasst neben den fachlichen Qualifikationsvoraussetzungen zahlreiche Begriffe: Teamgeist, Kooperationsfähigkeit, Hands-on-Persönlichkeit, Offenheit, Kommunikations-, Kritikfähigkeit, Flexibilität, Know-how im Projektmanagement, Durchsetzungsfähigkeit, Aufmerksamkeit, Ehrgeiz, Unternehmerpersönlichkeit, Ausdauer, Konzeptionsfähigkeit, »Querdenken«, Kreativität, Originalität usw.

Schnell ist Herr W. bei einer Liste von etwa 40 Begriffen. Außerdem hat er sich vorgenommen, noch einige Fragen zu stellen, anhand derer er abschätzen kann, wie gut der jeweilige Bewerber zu ihm selbst passt. So möchte er beispielsweise fragen, welcher Spruch auf dem eigenen Grabstein der Bewerber stehen sollte.

Eine Vorauswahl geeigneter Kandidaten hat er schon aufgrund der Bewerbungsunterlagen getroffen und führt nun Gespräche mit den fünf aussichtsreichsten Kandidaten. Während der Gespräche, die er alleine führt, mach sich Herr W. zahlreiche Notizen.

Als er sich im Anschluss an die Gespräche ein abschließendes Urteil bilden möchte und seine Unterlagen noch einmal durchliest, sieht er eine Schwierigkeit: Er stellt fest, dass er in den Gesprächen keine Zeit gehabt hat, all die Dinge nachzufragen, die ihn eigentlich interessiert haben. Von manchen hat er etwas über deren Teamfähigkeit erfahren, weiß jedoch nicht, wie es um ihre Kreativität bestellt ist. Bei anderen ist es umgekehrt. Hinzu kommt, dass seine Frage nach dem Grabstein so unterschiedlich beantwortet worden ist, dass er sich nicht entscheiden kann, welche Antwort er am besten findet.

Schließlich entscheidet sich Herr W. dazu, den Bewerber einzustellen, bei dem er das »beste Gefühl« gehabt hat, denn darauf komme es schließlich beim Bewerbungsprozess an und nicht auf das Abarbeiten ellenlanger Fragenkataloge.

Reflexionsfragen

- Was verstehen Sie unter den von Herrn W. definierten Eigenschaften, die der neue Bewerber mitbringen soll?
- Gibt es eine Stelle in Ihrem Unternehmen, für die eine dieser Eigenschaften nicht wünschenswert wäre?
- Welche zentralen Eigenschaften möchten Sie erfragen, wenn Sie ein Bewerbungsgespräch führen?
- Haben Sie sich schon einmal für einen Bewerber entschieden, der Ihnen zunächst nicht besonders sympathisch war, der aber dennoch für die betreffende Stelle sehr gut geeignet war?
- Hat sich schon einmal ein Bewerber, der Ihnen zunächst nicht sympathisch gewesen ist, nachträglich doch als sympathisch erwiesen oder umgekehrt?
- Wie gehen Sie vor, um die einzelnen Eigenschaften, die Sie von einem Bewerber erwarten einzeln und unabhängig voneinander abzufragen?

Wie unschwer zu erkennen ist, beleuchtet dieses Beispiel die Schwierigkeit, in der kurzen Zeit eines Bewerbungsgesprächs die wirklich wichtigen Informationen von einem Bewerber zu erhalten. Nicht vergessen werden darf dabei, dass auch der Bewerber etwas über das Unternehmen und vor allem über die Tätigkeit, für die er sich beworben hat, erfahren sollte.

Darüber hinaus gibt es das Phänomen, dass zahlreiche Personalauswähler im Auswahlgespräch selbst einen sehr großen **Redeanteil** für sich beanspruchen. Sie erzählen häufig von interessanten Projekten innerhalb des Unternehmens und lassen den Bewerber nur sehr wenig zu Wort kommen. Studien zeigen, dass bis zu 80% der Redezeit in einem unstrukturierten und schlecht vorbereiteten Auswahlgespräch auf den Auswähler entfallen.

dem Bewerber Raum lassen

Wenn wir uns vergegenwärtigen, dass somit nur sehr wenig Zeit für die wesentlichen Informationen verbleibt, die über Anstellung oder Ablehnung eines Bewerbers entscheiden, sollte klar werden, dass man diese Zeit nicht mit Fragen wie der nach dem eigenen Grabsteinspruch oder nach einer Rede, die der Bewerber bei seiner eigenen Nobelpreisverleihung halten würde, verschwenden sollte.

8.1 Wie geht das?

8.1.1 Hintergründe

Interviews sind in ihren unterschiedlichen Ausprägungen das verbreitetste Verfahren, um das berufliche Potenzial von Personen festzustellen und zu beurteilen (Sarges 1995; Schuler et al. 1993). Im Verlauf einer Auswahlentscheidung werden oftmals mehrere Interviews miteinander kombiniert: Dem Interview mit der Personalabteilung folgt das Interview mit der betreffenden Fachabteilung (Schuler et al. 1993; Lang-von Wins et al. 1998).

Interviews sind gleichermaßen akzeptiert bei den Organisationspraktikern (Schuler et al. 1993) wie bei den Beurteilten (Fruhner et al. 1991). Sie erfüllen unterschiedliche Erwartungen beider am Auswahlprozess beteiligten Parteien, die von der Vermittlung realistischer Informationen über die Tätigkeit (Wanous 1992) bis zur Selbstdarstellung der Organisation nach außen reichen.

Sarges (1995) nennt als vorherrschende Merkmale von Auswahlinterviews im Managementbereich die Beschränkung auf die Dyade Interviewer-Proband sowie ein halbstrukturiertes und kooperatives Vorgehen.

Die Praxis zeigt, dass das **halbstrukturierte Interview**, in dem nicht so sehr prüfend vorgegangen, als vielmehr versucht wird »ein

gute Gesprächsatmosphäre

nettes Gespräch zu führen«, bei allen Beteiligten die beliebteste Variante für ein Auswahlverfahren darstellt. Hinweise auf die Richtigkeit dieser Annahme konnten wir auch in unserer Studie finden: nicht immer fühlten sich die Personalverantwortlichen wohl in ihrer Rolle als Entscheider, sondern versuchten insbesondere für eine gute Atmosphäre während der Gespräche zu sorgen und erwiesen sich häufig als ähnlich aufgeregt wie es ihr Gegenüber wohl gewesen sein dürfte.

Um Missverständnissen vorzubeugen: Natürlich ist es besonders produktiv und auch angenehm für beide Seiten, wenn ein Einstellungsgespräch in kooperativer Atmosphäre verläuft. Wenn man auf die korrekte Ableitung der Anforderungen achtet und die Fragen einen klaren Anforderungsbezug erkennen lassen, ergibt sich eine kooperativ-professionelle Atmosphäre. Wenn man dagegen den klimatischen Aspekt des Gespräches zu sehr in den Vordergrund rückt, droht die Gefahr, bestimmte Themen, die sich als heikel erweisen könnten, auszusparen.

> **! Wichtig**
> **An dieser Stelle muss nochmals betont werden, dass ein Gespräch in gegenseitigem Respekt voreinander durchgeführt werden soll. Der Beurteiler muss vorab sehr genau überlegen, was er warum wissen will. Wenn man sich darüber im Klaren ist, fällt es leichter, das Gespräch professionell zu gestalten und klare und nachvollziehbare Fragen zu stellen.**

mehrere Interviewer

So werden etwa Interviews, die von mehreren Personen geführt werden, von Bewerbern schlechter akzeptiert und verstärken darüber hinaus das **Stresserleben**. Allerdings zeigt sich, dass durch das **Mehraugenprinzip** differenziertere Informationen über den Bewerber zusammengetragen werden können und die eigene Perspektive durch die Sicht des Anderen bereichert wird. Durch Gespräche mit mehreren Interviewern können in der Regel deutlich bessere Urteile gefällt werden als in Einzelgesprächen.

Aus naheliegenden Gründen erscheinen **unstrukturiert durchgeführte Einstellungsinterviews** leichter handhabbar. Allerdings haben Interviews mit geringem Strukturiertheitsgrad nur eine sehr geringe Validität. Sarges (1995) vermutet, dass die geringe Verbreitung vollstrukturierter Interviews nicht nur auf die hohen Anforderungen zurückzuführen ist, die ein solches Interview an den Interviewer stellt. Auch die Bewerber sehen sich bei unstrukturierten Interviews weniger gefordert; die Akzeptanz weniger strukturierten Formen des Einstellungsinterviews gegenüber ist bei den Bewerbern höher (Schuler et al. 1993) als gegenüber strukturierteren Vorgehensweisen.

Gründe für eine mangelnde Brauchbarkeit von in Interviews gewonnenen Daten zum Potenzial von Personen können in drei Bereichen angesiedelt werden: Auf der einen Seite können Ursachen in der Person des Interviewers selbst liegen, d. h.

- **Erstens** kann der Interviewer die erhaltenen Informationen möglicherweise nur ungenügend verarbeiten und gelangt deshalb zu fehlerhaften Urteilen (z. B. Graves 1993; Anderson & Shackleton 1990).
- **Zweitens** kann auch die Gestaltung des Interviews fehlerhaft sein (Sarges 1995; Schuler & Funke 1989).
- **Drittens** können sich in der Interaktion von Interviewer und Bewerber Probleme ergeben, die die ganze Bandbreite von kommunikativen Störungen repräsentieren (zusammenfassend Stehle 1987).

Anderson und Shackleton (1990) konnten darüber hinaus in einer Feldstudie nachweisen, dass die Wahrnehmung und Einstufung der Bewerber durch die Interviewer zu einem großen Teil von deren, während des Interviews gezeigtem **nonverbalem Verhalten**, speziell ihrer Mimik, abhängt. Aufgrund dieser Wahrnehmungen werden ihrer Studie zufolge Urteile über die Persönlichkeit der Bewerber getroffen – so entsteht ein in hohem Maße subjektives und schwer zu hinterfragendes Bild der Kandidaten, das weniger ein Spiegel der tatsächlichen Bewerbereignung als eine Wiedergabe individueller Vorurteile ist.

häufig wird die Mimik überbewertet

Die Erfahrung, das Training, das Expertenwissen und die kommunikativen Fertigkeiten des Interviewers beeinflussen das Ergebnis des Interviews erheblich. Die Gestaltung der Informationssammlung liegt ebenso in seiner Hand, wie die anschließende Gliederung, Interpretation und Urteilsbildung. Deswegen hängen die Zuverlässigkeit und Güte der Potenzialbeurteilung entscheidend von seinem Können und seiner Methodenkompetenz ab.

> **! Wichtig**
> Der Interviewer sollte sich grundsätzlich bewusst machen, dass die aus einem von ihm durchgeführten Einstellungs- oder Beurteilungsinterview gewonnenen Daten und Ergebnisse in hohem Maße von seinen persönlichen Kenntnissen, Fertigkeiten und Vorlieben bzw. Abneigungen beeinflusst werden.

So kann sich zwar das Urteil zweier Personalverantwortlicher über ein und denselben Bewerber gleichen, wir sollten uns jedoch immer bewusst sein, dass sich der Weg zu diesem Urteil von Beurteiler zu Beurteiler erheblich unterscheiden kann. Denn niemals wird man zwei Beurteiler mit denselben Kenntnissen, Fertigkeiten und Vorlieben und Abneigungen finden. Umso wichtiger ist es, sich als Personalverantwortlicher diese Einflüsse bewusst zu machen und sich mit Kollegen über die Einflussfaktoren auf das eigene Urteil auszutauschen.

> **! Wichtig**
> Die Reflexion der eigenen Rolle und der eigenen Impulse in einem Beurteilungsgespräch gehört zu den zentralen Determinanten der Beurteilungskompetenz im Rahmen der Potenzialbeurteilung.

Deshalb gehören neben der von Sarges (1995) empfohlenen Pflege der fachlichen Expertise als Voraussetzung, geschulte kommunikative Fähigkeiten zum unverzichtbaren Rüstzeug eines Interviewers, um die Eignung eines Bewerbers angemessen zu ermitteln.

vorschnelle Urteile steuern die weitere Informationssammlung

Besonders bei Interviewern mit noch geringem Erfahrungswissen ist die **Tendenz zum Vorurteil** eine ernst zu nehmende Störgröße, die zu Verzerrungen beim Erheben und Beurteilen von Daten im Interview führen kann (Sarges 1995). Eine vielfach beobachtete generelle Tendenz bei der Urteilsbildung ist es, stärker nach theoriekonformen Informationen zu suchen, als nach Widersprüchen, die zur Umformulierung einmal formulierter Hypothesen führen müssten (z. B. Lewis & Norman 1986). Dieser Tendenz entsprechend besteht eine große Gefahr bei der Erhebung der Daten im Interview darin, vorschnell zu einem Urteil zu gelangen, und dadurch weitere Informationen zu filtern bzw. das Gespräch im Hinblick auf eine Bestätigung dieser Theorie zu führen. Auch diese Gefahr droht vor allem bei noch unerfahrenen Interviewern; Interviewer, die bereits über ein reichhaltiges und reflektiertes Erfahrungswissen verfügen, können dagegen schnell zu einem intuitiv treffenden und differenziertem Urteil kommen.

Um Expertise als Interviewer aufzubauen, ist es eine wichtige Voraussetzung, sich seine eigenen Vorurteile bewusst zu machen und sie als Hypothesen zu verstehen, die im Verlauf des Gespräches überprüft werden müssen. Diese Strategie, die sich am Falsifikationsprinzip Poppers orientiert, setzt jedoch voraus, dass der Interviewer dazu in der Lage ist, eigene Vorurteile zu erkennen. Die erforderlichen Heuristiken hierzu können durch zunehmende Erfahrung erworben werden. Unerfahrenen Interviewern sollten sie durch geeignete Schulungen und vor allem den Austausch mit Kollegen vermittelt werden. Insbesondere der Austausch mit Kollegen über die eigene Wahrnehmung und das Zustandekommen von Urteilen bietet sich als besonders hilfreiches Mittel zur Ausdifferenzierung der eigenen Urteilsfähigkeit an.

> **! Wichtig**
> Ein von mehreren Interviewern geführtes Gespräch und eine anschließende Diskussion sollte nicht nur für die Qualität der Entscheidung, sondern auch für die Weiterentwicklung jedes einzelnen der am Auswahlprozess beteiligten Personen das Mittel der Wahl sein.

Dabei können Differenzen in den Urteilen, die Teilbereiche der spezifischen Eignung des Kandidaten betreffen, ausgetauscht und hinterfragt werden. Dieses Vorgehen sollte im Laufe der Zeit zu einer fortwährenden Verfeinerung der den Interviewern verfügbaren Wissensbausteine und Heuristiken und zu einem Abbau ungeprüfter Urteile führen.

> **Wichtig**
> Neben der Expertise des Interviewers werden als bedeutendste Elemente für die Brauchbarkeit von Interviews die Interviewstruktur und der Anforderungsbezug angesehen. Eine hohe Strukturiertheit und ein hoher Anforderungsbezug tragen offensichtlich wesentlich zur Verlässlichkeit des durch das Interview gewonnenen Urteils bei.

In ◘ Tab. 8.1 sind Validitätskoeffizienten für die unterschiedlichen Formen von Einstellungsinterviews wiedergegeben.

Zur Erklärung: Der Validitätskoeffizient gibt die Korrelation zwischen dem Test und dem Kriterium an. Praktisch bedeutet dies: Hier wurde getestet, in welchem statistischen Zusammenhang die Ergebnisse eines Einstellungsinterview mit Kriterien wie dem Erfolg innerhalb des Unternehmens und dem weiteren Verbleib miteinander stehen. Validitätskoeffizienten bewegen sich zwischen -1.0 und 1.0. Ein Validitätskoeffizient von 1.0 würde bedeuten, dass alle Entscheidungen zu genau den gewünschten Ergebnissen führen – ein im psychosozialen Bereich nur theoretisch zu findender Zusammenhang. Ein Koeffizient von 0.0 hingegen würde bedeuten, dass keinerlei Zusammenhang zwischen Entscheidung und der tatsächlichen Eignung eines Kandidaten besteht.

Zusammenhang mit beruflichem Erfolg

◘ **Tab. 8.1.** Die Validität unstandardisierter und standardisierter Einstellungsinterviews (Lang-von Wins & von Rosenstiel 2000, S. 83)

1. Unstandardisiertes Interview	
Arvey & Campion (1980)	$r = .05$ bis $r = .25$
Reilly & Chao (1982)	$r = .19$
Hunter & Hunter (1984)	$r = .08$ bis $r = .14$
Wiesner & Cronshaw	$r = .13$
2. Standardisiertes, anforderungsbezogenes Interview	
Wiesner & Cronshaw	$r = .40$
Latham (1989)	$r = .30$ bis $r = .40$
Pulakos, Schmitt, Whitney & Smith (1996)	$r = .29$ bis $r = .35$

Negative Koeffizienten bedeuten einen umgekehrten Zusammenhang, der folgendermaßen ausgedrückt werden könnte: Je geeigneter ein Bewerber erscheint, desto ungeeigneter ist er in Wirklichkeit – und umgekehrt. Tatsächlich gibt es Analysen von Assessment-Centern, in denen die Validitätskoeffizienten zum Teil auch in den negativen Bereich fallen. In solchen Fällen ist davon auszugehen, dass ganz grundsätzlich die falschen Entscheidungskriterien definiert wurden, die anschließend durch ein objektiviertes Verfahren, wie es Assessment-Center zu sein scheinen, legitimiert werden. Leider trifft man diese Kultur zuweilen in größeren Konzernen, in denen die Absicherung gegenüber der nächsthöheren Hierachieebene wichtiger zu sein scheint, als der tatsächliche Nutzen einer Maßnahme.

unstrukturierte Interviews sind wenig verlässlich

Zurück zu der oben aufgeführten Tabelle: Wir sehen, dass zwar standardisierte und anforderungsbezogene Interviews keineswegs immer zu befriedigenden Ergebnissen führen, dass jedoch unstrukturierte Interviews so geringe Validitätskoeffizienten aufweisen, dass unverständlich erscheint, warum in diesen Fällen nicht einfach ein Würfel für die Auswahl von Bewerbern zu Rate gezogen wird. Denn dieser würde als Mittel zur Auswahl ebenso gute Ergebnisse liefern und nebenbei das Prozedere wesentlich verkürzen und verbilligen.

Entsprechend der Annahme, dass vergangenes Verhalten einer Person der beste Prädiktor für ihr zukünftiges Handeln sei (Janz 1989), ist eine inhaltliche Orientierung des Interviews an der **Biografie des Kandidaten** zu empfehlen. Dabei sollten nicht nur Fakten geklärt werden, die wichtige Stationen des Lebenslaufes betreffen, sondern auch in die weitere Zukunft gerichtete berufliche Pläne und Vorhaben.

Interviews sind in der Praxis der organisationalen Potenzialfeststellung und -beurteilung ein unverzichtbares »**Breitbanddiagnostikum**« (Sarges 1995). Um bestimmte Schwächen oder Stärken des Bewerbers zu erkennen, können im Interview gezielte Nachfragen gestellt werden. Die so erhobenen Stärken und Schwächen können weiter exploriert werden.

Tests als Ergänzung?

Will man Tests als Alternative zu Interviews oder als wesentlichen Teil des Auswahlprozederes einsetzen, sollte man sich die Natur dieses diagnostischen Instrumentes und gewissermaßen seine »Nebenwirkungen« bewusst machen. Wesentlich ist insbesondere das Prinzip der engen Fokussierung von Tests auf einzelne Merkmale.

Die Konzentration auf wenige Merkmale lässt eine große Menge anderer Charakteristika außer Acht und setzt voraus, dass die durch den Test erhobenen Daten tatsächlich in einer substanziellen Beziehung zum späteren Berufserfolg stehen. Dieser Nachweis muss theoretisch bei jeder neu zu besetzenden Position aufs Neue geführt werden, u. a. durch eine kritische Prüfung der Prognosekraft des eingesetzten Tests in Hinblick auf die berufliche Entwicklung des akzeptierten Kandidaten.

Theoretisch – aber in der Praxis kaum durchsetzbar – müssten dem die entsprechenden Daten der abgewiesenen Bewerber entgegengehalten werden, um sicherzustellen, dass tatsächlich die relevanten Merkmale erfasst wurden. Diese strengen Forderungen dürften den Einsatz von Tests in der Praxis extrem erschweren, weshalb man in der Regel auf ein anderes Kriterium zurückgreift, um die Prognosekraft von Tests zu erhöhen: das **Hintergrundwissen der Testanwender.**

Der ungeübte Anwender kann durch die Zahlengebundenheit von Tests leicht dazu verführt werden, die konkreten Daten zulasten der weniger konkreten Aussagen, die z. B. aus einem Interview getroffen werden können, zu hoch zu bewerten und ihnen einen ungerechtfertigt hohen Anteil beim Zustandekommen des Gesamturteils einzuräumen. Als Voraussetzung für den Einsatz psychologischer Tests hat man daher zu einem Hilfskonstrukt gegriffen, das eine kritische Distanz zu den Testwerten sichern soll. Die meisten psychologisch fundierten Tests dürfen nur von Psychologen oder unter Anleitung von Psychologen eingesetzt werden.

Tests sollten also nur ergänzend, in Bezug auf ganz eng definierte Aufgabenbereiche verwendet werden, oder aber um bspw. durch eine strukturierte Befragung im Internet (was häufig bereits mit einem Test gleichgesetzt wird) aus einer sehr großen Zahl von Bewerbern einen Anteil zu identifizieren, der ganz bestimmten Anforderungen entsprechen soll.

Die in der Verwendung von Tests auftretende Problematik zeigt das folgende Beispiel:

Voraussetzungen für den Einsatz von Tests

> **Beispiel**
>
> Herr R. leitet die Personalabteilung eines mittelständischen Unternehmens mit 500 Angestellten, das im Bereich IT-Großhandel tätig ist. Er arbeitet seit einem Jahr in dieser Position und war zuvor in einem wesentlich kleineren Unternehmen im gleichen Geschäftsfeld tätig. Von seinem Vorgänger hat er ein Personalauswahlinstrument übernommen, das innerhalb des Unternehmens hohes Ansehen genießt. Es handelt sich dabei um einen psychologischen Test, der zum einen Leistungsmaße wie Rechenfähigkeit, räumliches Vorstellungsvermögen und noch einige andere Konstrukte erfasst, und außerdem noch einen Persönlichkeitstest beinhaltet.
> Herr R. setzt diesen Test seit er im Unternehmen arbeitet konsequent ein und lässt alle eingeladenen Bewerber die umfangreichen Mate-

rialien ausfüllen. Dieser Prozess dauert für jeden Bewerber mehrere Stunden. Die anschließende Auswertung wird von einem Computer-Programm durchgeführt, das die unterschiedlichen Bewerberprofile in einer Grafik mit einem Soll-Profil vergleicht und außerdem die Summe der Abweichungen zwischen Ist und Soll ausgibt. Sobald die Summe der Abweichungen die Zahl 15 überschreitet, soll der jeweilige Bewerber abgelehnt werden.

Als sich Herr R. bei der Geschäftsleitung erkundigt, wie und wann die Soll-Profile ermittelt wurden, erhält er keine befriedigende Antwort. Es heißt, man habe sehr gute Erfahrungen mit diesem Instrument gesammelt und die Informationen über die Bewerber seien in jedem Fall interessant. Auch wenn eine Person eingestellt wird, wäre es sehr interessant, zu wissen, wie viel »Leistung der im Motor stecken hat und wie viel davon er tatsächlich abruft« – so jedenfalls drückt es der kaufmännische Geschäftsführer des Unternehmens aus.

Herr R. akzeptiert diese Art der Verwendung des Tests und beschließt ihn durchzuführen, ihn allerdings nicht in die eigene Bewertung der Bewerber einfließen zu lassen, da er selbst »nicht an Tests glaubt«. Auch die Fachbereichsleiter, mit denen zusammen er die Bewerbungsgespräche führt, sind von dem Nutzen des Tests nicht überzeugt und so glaubt Herr R. das Problem sei aus der Welt. Allerdings macht er die Beobachtung, dass die Tests bei manchen Fachbereichsleitern doch auf indirekte Weise Einfluss auf die Bewerbungsgespräche haben. Insbesondere bei zwei seiner Kollegen beobachtet er folgendes Verhalten: Sie sehen sich vor jedem Gespräch die Testergebnisse an und fragen, sobald sie eine Schwachstelle im Lebenslauf der Bewerber gefunden haben, gezielt thematisch nach den Punkten, in denen die Bewerber vom Soll-Profil abweichen. So entwickelt sich das Gespräch in einer Weise, die Herrn R. nicht recht ist. Denn aus seiner Sicht geht es seinen Kollegen in solchen Fällen nur noch darum, die Testergebnisse als Argument dafür zu nutzen, einem Bewerber seine Schwächen zu zeigen und genug Argumente zu sammeln, um diesen abzulehnen. Herr R. ärgert sich darüber, dass die Testverfahren auf diese Weise einen Einfluss auf die Personalauswahl haben, da er den Test sowieso als willkürlich und unfair den Bewerbern gegenüber empfindet.

Im Gespräch äußert er sich sehr verärgert: »Wer möchte, kann aus diesen Tests doch alles Mögliche herauslesen. Und die Leute, mit denen ich hier zusammenarbeite, könnten genauso gut ein Horoskop der Bewerber anschauen – da würde dann auch herauskommen, was sie gerne in den Bewerber hineinlesen. Und die 5 Stunden Test könnte man sich dabei sparen.«

Reflexionsfragen

- Haben Sie selbst bereits Erfahrungen mit Tests gemacht?
- Welche Tests kennen Sie?
- Können Sie **genau** sagen, **was** die Tests, die Sie kennen, messen?
- Was für ein Bild bekommt ein Bewerber vom Unternehmen, wenn er zunächst mit einem Test konfrontiert wird?
- Können Sie aus einem Datenblatt mit psychologischen Testergebnissen darauf schließen, ob eine Person fähig ist bspw. die Organisation eines Projektes zu übernehmen?
- Wie definieren Sie selbst Intelligenz? Fragen Sie einmal im Kollegen- und Bekanntenkreis, welches Verständnis andere Personen von Intelligenz haben. Stimmen diese Definitionen überein? Wie groß ist der Interpretationsspielraum, den die Definitionen lassen?
- Können Sie bei jedem Einstellungsprozess genau beschreiben, welche Eigenschaft des Bewerbers den Ausschlag für die Anstellung gibt?
- Wie kommen in Ihrem Unternehmen/Ihrem Team Entscheidungen zustande?
- Was war für Ihre eigene Anstellung in dem Unternehmen, in dem Sie jetzt tätig sind, ausschlaggebend?

Weiter oben wurde bereits ausgeführt, warum und in welcher Weise psychologische Tests für die Auswahl oder auch Vorauswahl von Bewerbern nur von begrenztem Wert sein können. Viele Personalbeurteiler streben die Verwendung von Tests auch nicht von sich aus an, sondern ziehen Tests deshalb zurate, weil diese objektivierte Daten liefern, die eine Entscheidung (unabhängig von ihrer tatsächlichen Qualität!) nach oben hin absichern können.

> **Wichtig**
> Sinnvoll erscheint eine Verwendung psychologischer Tests vor allem dann, wenn eine sehr große Grundgesamtheit von Bewerbern zur Verfügung steht.

So gibt es Projekte großer Konzerne, die bei einer sehr großen Bewerberzahl für Positionen als Nachwuchsführungskräfte oder als Auszubildende zunächst einige Wissens- oder Fähigkeitstests durchführen, die dabei helfen können, die Zahl von Bewerbern zu reduzieren. Solche Vorgehensweisen mögen pragmatisch und deshalb auch sinnvoll sein – vom psychodiagnostischen Standpunkt aus gesehen sind sie jedoch aus unterschiedlichen Gründen bedenklich. Denn alle bislang formulierten Einwände gegen die Verwendung von Tests in der Personalauswahl können nicht nur für die Auswahl von Personen aus einer kleinen Bewerberzahl, sondern auch im eben genannten Zusammenhang erhoben werden.

Aus den bisher angestellten Überlegungen und den empirischen Befunden hinsichtlich der Qualität von Einstellungsinterviews können folgende Maßnahmen zu deren Verbesserung festgehalten werden:

Anforderungsbezogene Gestaltung des Interviews

- Beschränkung auf Aspekte, die nicht anderweitig zuverlässiger gesammelt werden können,
- Durchführung in strukturierter Form,
- empirische Prüfung von Einzelfragen,
- bei geringem Standardisierungsgrad Einsatz mehrerer Interviewer,
- Standardisierung der Gewichtungs- und Entscheidungsprozedur,
- Vorbereitung der Interviewer durch ein verfahrensbezogenes Training (vgl. Schuler & Marcus 2001)

8.1.2 Methoden

Im Folgenden stellen wir einige Interviewmethoden vor, die einen inhaltlich-methodischen Rahmen für die Entwicklung eines eigenen Vorgehens geben können.

Behavior Description Interview

Das Behavior Description Interview (Janz 1989) BDI gilt unter den biografiebezogenen Interviews als die am weitesten verbreitete Methode (Schuler 2002). Die Prämisse des BDI liegt in der bereits zitierten Annahme, dass vergangenes Verhalten die beste Vorhersage über zukünftiges Verhalten erlaubt.

Ein BDI lässt sich in die folgenden fünf Schritte unterteilen (Schuler 2002)

1. überprüfbare Fakten, biografische Daten und Leistungsergebnisse,
2. Fachkenntnisse und Fertigkeiten,
3. Erfahrung, Beschreibung von Aktivitäten,
4. Bewertungen und Selbsteinschätzungen,
5. Verhaltensbeschreibungen.

Wir betrachten die einzelnen Schritte des BDI im Detail und nehmen jeweils im Anschluss eine kurze kritische Würdigung der einzelnen Verfahrensschritte vor:

Überprüfbare Fakten, biografische Daten und Leistungsergebnisse

In diesem Verfahrensschritt können geschlossene Fragen zu den »harten Fakten« gestellt werden. Beispiele: Wie viele Mitarbeiter haben Sie geführt? Welche Abschlussnote hatten Sie im Diplom? Wie lange haben Sie in ihrer früheren Position gearbeitet?

Kritische Würdigung: Die meisten dieser Daten sollten aus den Bewerbungsunterlagen bereits hervorgehen. Wenn sie im Einstellungsgespräch nochmals hinterfragt werden, so kann der Eindruck entstehen, man würde der Aussage des Bewerbers misstrauen. Der Anforderungsbezug dieses Interviewteils bleibt so lange unklar, wie die faktenbezogenen Fragen nicht an möglichst konkrete Indikatoren für diese Anforderungen der zu besetzenden Stelle angebunden werden. Anlässe für entsprechende Nachfragen sollten möglichst eindeutige Hypothesen über die Aussagekraft bestimmter Daten in Hinblick auf die Anforderungen der Stelle sein.

Fachkenntnisse und Fertigkeiten

An dieser Stelle besteht die Möglichkeit, die fachlichen Kenntnisse zu hinterfragen oder zu spezifizieren. Auch für Prüfungsfragen ist an dieser Stelle Platz.

Kritische Würdigung: Auch aus diesem Nachfragen kann eine Haltung des Misstrauens sprechen. Überprüfungsfragen eignen sich zudem sicher nicht für alle Bewerber, sondern sollten der jeweils zu vergebenen Stelle angemessen gestellt werden. Ggf. kann dieser Interviewschritt durch eine Arbeitsprobe ersetzt werden, die an anderer Stelle des Prozesses eingefügt wird.

Erfahrung, Beschreibung und Aktivitäten

Dieser Gesprächsteil ermöglicht offenere Fragen als die beiden vorangegangenen Abschnitte. Beispielsweise kann hier – je nach zu vergebender Stelle und Bewerber – dazu aufgefordert werden, in freier Form zu erzählen, worin die Aufgaben innerhalb der letzten Arbeitsstelle bestanden, worin besondere Interessengebiete bestanden usw.

Kritische Würdigung: An dieser Stelle beginnt der eigentliche biografische Teil des Interviews. Durch die offene Frageweise müssen die Interviewer einen Bezug zu den Anforderungen herstellen, da eine allgemeine Beschreibung von Erfahrungen nicht unbedingt in Beziehung zu den Anforderungen der neuen Position stehen muss.

Bewertungen und Selbsteinschätzungen

Hier kann gefragt werden, worin die Bewerber ihre Stärken und Schwächen sehen, oder welche Aspekte ihrer bisherigen Tätigkeiten für sie besonders interessant gewesen sind, was ihnen schwer und was ihnen leicht fällt.

Kritische Würdigung: Auch dieser Schritt des Gesprächs ist nicht zwangsläufig anforderungsbezogen. Zudem können etwa Fragen zu Stärken und Schwächen zu stereotypen Antworten seitens der Teilnehmer führen. Häufig werden Schwächen genannt, die in Wahrheit Stärken sind, bzw. als solche verkauft werden sollen (»Ich bin manchmal ein bisschen zu ehrgeizig.«). Aus diagnostischer Sicht ist eine allgemein gehaltene Frage nach Stärken und Schwächen absolut verzichtbar, da sie keine verwertbaren Daten liefert.

Verhaltensbeschreibungen

Die Verhaltensbeschreibungen sind der wichtigste Teil des Interviews. Hier geht es tatsächlich um Verhalten, bzw. um das Erzählen darüber und hier schließt sich auch der Kreis zu der eingangs getroffenen Feststellung, vergangenes Verhalten biete die beste Möglichkeit, sich vom möglichen künftigen Verhalten ein Bild zu machen. In diesem Abschnitt des Interviews können etwa Tageslaufanalysen vorgenommen worden oder der Bewerber wird dazu aufgefordert, besonders erfolgreiche Situationen aus der letzten Tätigkeit zu schildern. Die Erzählungen können bspw. durch folgende Zwischenfragen gegliedert werden: Wie war die Ausgangssituation? Was hatten Sie da für eine Idee? Was haben Sie gemacht? Was ist dabei herausgekommen?

Kritische Würdigung: Sicher kann man durch das Beschreiben erfolgskritischer Situationen viel über den jeweiligen Bewerber erfahren. Jedoch ist dieses Verfahren nicht unbedingt und in jedem Fall anforderungsorientiert. Der Anforderungsbezug muss jeweils in jedem Gespräch wieder von Neuem hergestellt werden, ausgehend von den Informationen, die seitens des Bewerbers zur Verfügung stehen.

Somit sind Verlauf und erhobene Informationen nicht nur in ihrer Struktur, sondern auch inhaltlich gesehen mitunter von höchst unterschiedlicher Qualität. Nicht zuletzt hängen die Informationen, die aus Verhaltensbeschreibungen gewonnen werden, auch von der Fähigkeit des Bewerbers, das eigene Verhalten zu verbalisieren ab, nicht aber unbedingt von seiner Fähigkeit, situationsangemessen zu handeln.

skalierte Bewertung

Die Aussagen während der einzelnen Schritte des BDI werden nach Möglichkeit von mehreren Interviewern mithilfe einer 5-stufigen Skala bewertet. Wichtig ist, hierbei eine sequenzielle Bewertung vorzunehmen, also nach jedem Interviewschritt eine Bewertung des bisher Gehörten durchzuführen und nicht am Ende des Interviews summarisch eine Gesamtnote abzugeben. Die Dimensionen der Bewertung müssen selbstverständlich vor Durchführung des Interviews hinsichtlich der Anforderungen aus der Stellenanalyse definiert werden.

Kritische Würdigung des BDI

Das BDI bietet eine Struktur für Einstellungsinterviews an, die viel Freiraum zur Gestaltung durch die Bewerber und durch den Interviewer gibt. Die Struktur selbst ist somit zwar Qualitätsmerkmal, aber nur insoweit, als diese Struktur auch anforderungsbezogen gefüllt werden kann. Die Struktur selbst bietet noch keinerlei Garantie für ein aussagekräftiges Interview. Sie nimmt dem Personalbeurteiler somit keine Arbeit ab, sondern verursacht zunächst einigen Aufwand, da man sich für jeden der skizzierten Gesprächsabschnitte eine gewisse **Dramaturgie** und **klare Kriterien** für die Beurteilung der Bewerber überlegen müssen.

Zudem kommen in der Struktur des BDI gerade zu Beginn einige Punkte vor, die kritisch hinterfragt werden sollten. So scheint fraglich, ob eine Überprüfung von Abschlussnote und Qualifikation im Rahmen des Einstellungsinterviews notwendig ist, bzw. ob diese Daten nicht an anderer Stelle, bspw. durch Sichtung der Bewerbungsunterlagen sinnvoller überprüft werden können. Als methodisch besonders aussagekräftig hingegen sind die **Verhaltensbeschreibungen** zu sehen.

Häufig fragen Personalverantwortliche in Bewerbungsgesprächen nicht nach den Verhaltensweisen der Bewerber, sondern versuchen bestimmte Eigenschaften auf abstrakter Ebene zu erfassen. Beispiel hierfür wäre eine geschlossene Fragen wie etwa: »Würden Sie sich als leistungsorientiert/kritikfähig/teamfähig bezeichnen?« Es liegt auf der Hand, dass eine solche Frage seitens des Bewerbers leicht zu beantworten ist. Auch Fragen nach den größten Stärken und Schwächen eröffnen häufig nicht das Gespräch, sondern verleiten den Bewerber dazu, vorformulierte Standardantworten zu erwidern.

Ein weiterer Vorteil des skizzierten Vorgehens ist die Fokussierung auf den Bewerber. Es werden einzelne Strukturmerkmale vorgeschlagen, anhand derer Informationen vom Bewerber abgefragt werden können. Da häufig der Redeanteil in unstrukturierten Bewerbungsgesprächen sehr ungleich zugunsten der Personalverantwortlichen verteilt ist, mag das BDI insbesondere in dieser Hinsicht hilfreich sein.

Der Aspekt jedoch, den Bewerber gleichfalls auch über die Stelle und deren Anforderungen zu informieren, kommt in diesem Interviewsystem nicht explizit vor. Um jedoch zu vermeiden, einen Bewerber oder spätere Mitarbeiter einzustellen, die im Nachhinein bemerken, auf einer für sie »falschen« Position angekommen zu sein, und

Nutzen einer realistischen Vorschau

schließlich im Laufe der Probezeit das Unternehmen wieder verlassen, ist eine solche realistische Tätigkeitsvorschau unerlässlich.

Aus diesen Gründen wollen wir das BDI wie auch die anderen Interviewformen lediglich als **mögliche** Struktur vorstellen; als Ausgangspunkt, anhand dessen Sie für sich ein Vorgehen entwickeln können, das für Sie als Person und für die spezifischen Bedingungen in Ihrem Unternehmen und in Ihrer Abteilung passend sind. Zu diesem Zweck geben wir Ihnen einige Leitfragen an die Hand, anhand derer Sie Ihr bisheriges Vorgehen in Einstellungsinterviews reflektieren und ggf. durch Anregungen aus dem BDI ergänzen können.

Leitfragen zur Erarbeitung eines eigenen Vorgehens

- Wie erheben Sie im Einstellungsprozess die objektiven Daten der Bewerber (Noten, Abschlüsse, Qualifikationen)?
- Ist es einmal vorgekommen, dass Sie hinsichtlich dieser Daten getäuscht worden sind bzw. sich selbst getäuscht haben?
- Wenn ja: Wie kam zu diesem »Missverständnis« und wie können Sie einen solchen Irrtum in Zukunft vermeiden?
- Wie erfassen Sie bislang die Fertigkeiten und Fachkenntnisse der Bewerber im Bewerbungsprozess?
- In welchen Fällen halten Sie es für notwendig, die Fachkenntnisse zu überprüfen, und in welchen Fällen erscheint Ihnen eine solche Überprüfung möglicherweise unangemessen?
- Haben Sie schon einmal Bewerber eingestellt, deren Fachkenntnisse sich später als völlig unzureichend erwiesen haben?
- Wenn ja: Woran lag Ihre Fehleinschätzung und wie können Sie eine solche in Zukunft vermeiden?
- Welche Möglichkeiten haben Sie, um auf die Fachkenntnisse und Fertigkeiten der Bewerber zuzugreifen?
- Welche Rolle spielen Fachkenntnisse und Fertigkeiten in Ihrem Unternehmen?
- In welchen Fällen können Sie sich vorstellen, einen Bewerber einzustellen, der zwar nicht über die genau passenden Fachkenntnisse verfügt, der Ihnen aber dennoch als besonders geeignet erscheint?
- Welche Rolle spielen Erfahrungen, Beschreibungen und Aktivitäten der Kandidaten in den Bewerbungsprozessen, die Sie betreuen?
- Wie versuchen Sie in Bewerbungsgesprächen die Berichte über Erfahrungen und Aktivitäten der Bewerber in eine Richtung zu lenken, die hinsichtlich der Anforderungen aussagekräftig ist?

- Welchen Stellenwert nehmen die Bewertungen und Selbsteinschätzungen der Bewerber bei Ihnen ein?
- Kommt es vor, dass sich Bewerber Ihrer Ansicht nach falsch einschätzen?
- Wenn ja: Wie kommen Sie zu dem Schluss, dass sich der Bewerber falsch einschätzt und wie begegnen Sie dieser Fehleinschätzung im Gespräch?
- Auf welche Weise können Sie die Stärken und Schwächen der Bewerber erfahren, ohne sich direkt mit einer geschlossenen Frage danach zu erkundigen?
- Auf welche Weise ziehen Sie im Gespräch Rückschlüsse über das tatsächliche Verhalten der Bewerber?
- Wie beziehen Sie die Verhaltensbeschreibungen der Bewerber auf die konkreten Anforderungen in Ihrem Unternehmen?
- Wie bewerten Sie die Verhaltensbeschreibungen der Bewerber?
- Beziehen Sie in der Bewertung des Verhaltens der Bewerber auch das Verhalten während des Gespräches ein?
- Wenn ja: Auf welche Weise setzen Sie das Verhalten während des Gesprächs in Beziehung zu den Verhaltensbeschreibungen und den Anforderungen im Unternehmen?
- Wenn Sie mit mehreren Kollegen zusammen ein Einstellungsinterview führen:
    - Wie teilen Sie die Gesprächs- und Frageanteile auf?
    - Wie verständigen Sie sich über die Struktur des Gespräches?
    - Wie stellen Sie sicher, dass Sie vom **selben Inhalt** reden, wenn sie Begriffe wie Teamfähigkeit oder Leistungsorientiertheit verwenden?
    - Wie einigen Sie sich auf einheitliche Bewertungskriterien?
    - Wie kommen Entscheidungen in diesem Gremium zustande?

Situatives Interview

Dem Situativen Interview (SI) liegt **keine vergleichbare Struktur** zugrunde wie wir sie zuvor im BDI vorgefunden haben. Das situative Interview beginnt mit einer frei gestaltbaren Einleitung und geht dann zu einem vordefinierten Fragenkatalog über. Im Rahmen dieses Katalogs werden den Bewerbern kritische Situationen vorgelegt, die so oder ähnlich im Unternehmen vorkommen. Der Bewerber wird dazu aufgefordert, zu beschreiben, wie er sich in einer solchen Situation verhalten würde, welche Entscheidung er treffen würde usw. Die Situationen zeichnen sich dadurch aus, dass es keine eindeutig richtigen Lösungen gibt, sondern jeweils Dilemmata geschildert werden.

Dilemma

> **Exkurs**
>
> **»Kritische Ereignisse«**
>
> Die **Technik der Kritischen Ereignisse** wurde in den 1950er Jahren vom amerikanischen Psychologen Flanagan (1954) erstmals beschrieben (▶ Abschn. 5.3.1). Ursprünglich war die Critical Incident Technique (CIT) dafür konzipiert, im militärischen Bereich zu beschreiben, in welcher Weise sich effektive von uneffektiver Arbeit unterscheidet. Es handelt sich also um eine Beobachtungsmethode, anhand derer situativen Bedingungen von erfolgreichem und nicht erfolgreichem Handeln identifiziert werden können.
>
> Im Kern lässt sich das Prinzip der CIT einfach zusammenfassen: Es werden besonders erfolgreiche Ereignisse identifiziert und anschließend auf diejenigen Faktoren untersucht, die für den jeweiligen Erfolg verantwortlich zu machen sind. Solche Faktoren können etwa Rahmenbedingungen oder bestimmte Verhaltensweisen von einzelnen Personen sein. Auf der anderen Seite können auch besonders negative Ereignisse identifiziert und hinsichtlich der beteiligten Faktoren untersucht werden.
>
> Neben der Identifikation erfolgreicher und erfolgsloser Handlungsweisen im Unternehmen kann die CIT in vielen Bereichen eingesetzt werden. Insbesondere Arbeitsgruppen im Gesundheitsbereich erarbeiten anhand der CIT ein geteiltes Verständnis bspw. über die idealtypischen Abläufe in Bearbeitung von Pflege- und Betreuungsaufgaben. Auch im Bereich des Marketings findet die CIT weite Verbreitung. Hier wird die CIT insbesondere bei Kundenbefragungen eingesetzt.
>
> Auch im Hinblick auf die Konzipierung von situativen Fragen im Rahmen eines Einstellungsinterviews kann die CIT sehr hilfreich sein. Diese Fragen sollten anhand eben jener Ereignisse konstruiert werden, die für ein Unternehmen oder für eine Organisation erfolgs- oder auch misserfolgskritisch sind. An Handlungsweisen, die sich in solchen Fällen als erfolgskritisch erwiesen haben, können sich die Musterlösungen der situativen Fragen orientieren.
>
> Die Vorteile dieser Vorgehensweise liegen darin, dass zum einen nicht das übliche und alltägliche Verhalten abgefragt wird, sondern dasjenige, das über Erfolg oder Misserfolg entscheidet. Zum anderen kann auf diese Weise gezielt gefragt und dadurch wiederum Vergleichbarkeit zwischen den einzelnen Teilnehmern im Interview hergestellt werden. Nachteile der CIT sind darin zu sehen, dass die vermutete Lösung für ein kritisches Ereignis nicht auch immer der tatsächliche Grund für einen Erfolg sein muss. Zudem findet durch die CIT tendenziell eine Abwertung der alltäglichen Arbeit statt. Tatsächlich besteht aber der Unternehmensalltag nicht nur aus Krisensituationen.
>
> Gleichwohl hat sich die Praxis, sich an kritischen Ereignissen für die Konzeption situativer Fragen in Einstellungsinterviews, vielfach bewährt und kann als etablierte und empfehlenswerte Technik bezeichnet werden.

Das geplante Verhalten bzw. die getroffene Entscheidung des Bewerbers werden notiert und hinsichtlich **vorformulierter Lösungsmöglichkeiten** bewertet.

Ein Beispiel für eine situative Frage, wie sie in Hinblick auf den Umgang mit eigenen Fehlern formuliert werden könnte:

> **Beispiel**
>
> Eine wichtige strategische Entscheidung, die Sie getroffen haben, stellt sich vor dem Hintergrund einer veränderten Geschäftssituation als gravierende Fehlentscheidung dar. Wie gehen Sie vor, um die negativen Folgen Ihrer Entscheidung zu minimieren (◉ Abb. 8.1)?
>
> Beispielantwort negativer Bereich: Ich warte ab, ob überhaupt etwas zu tun ist. Viele Fehler haben sich schon von selbst erledigt, ohne dass man eingreifen musste. Schließlich will ich nicht die Pferde scheu machen.
>
> Beispielantwort 1 Punkt:
> Ich beobachte die weitere Entwicklung und versuche dort gegenzusteuern, wo ich Möglichkeiten zum Eingreifen sehe. Dabei hole ich dort, wo es mir angemessen erscheint, auch den Rat anderer Personen ein – allerdings ohne sie in die Einzelheiten einzuweihen.
>
> Beispielantwort 3 Punkte:
> Ich suche das Gespräch mit den Betroffenen (Mitarbeiter, Vorgesetzte), um ihre Einschätzung der Situation kennenzulernen. Gemeinsam mit ihnen versuche ich, den Fehler zu analysieren und berate mit ihnen über geeignete Maßnahmen, um das Beste aus der Situation zu machen.

Beispiel einer situativen Frage

Im situativen Interview wird demnach nicht nach den Eigenschaften gefragt, die eine Person mitbringen muss, um die jeweiligen Anforderungen bewältigen zu können. Vielmehr wird dieser – häufig auch fehleranfällige – Übersetzungsschritt ausgelassen und stattdessen eine auf konkrete Anforderungen der Tätigkeit bezogene Aufgabenstellung vorgelegt. Wir sehen, dass die Anforderungen also sehr wohl in der situativen Frage enthalten sind. Jedoch wird dem geplanten Verhalten mehr Gewicht eingeräumt als der mitunter ungenauen Betitelung von Eigenschaften und psychologischen Konstrukten.

Allen Bewerbern werden die gleichen Fragen gestellt. Die Antworten werden nach einem **Punktesystem** bewertet und anschließend miteinander verglichen.

Bewertungsraster

Verhalten und Ziele

- Verhält sich abwartend — −
- Vermeidet die direkte Konfrontation mit dem Fehler — −
- Hat Angst vor den Folgen — −
- Versucht, den Fehler »auszusitzen« — −
- Beobachtet die weitere Entwicklung — 0
- Holt den Rat anderer Personen ein — +
- Versucht, negative Auswirkungen gering zu halten — +
- Sucht das Gespräch mit Betroffenen — +
- Sucht nach Ursachen — +
- Versucht, die Folgen abzuschätzen — +
- Versucht, positive Effekte zu erschließen — +
- Sucht nach Möglichkeiten, ähnliche Fehler künftig zu vermeiden — +

Σ max. 7 Punkte

Interpretationsraster

neg. Bereich −0	schlecht
1–2 Punkte	gut, aber ausbaufähig
3–5 Punkte	sehr gut
6–7 Punkte	übertrifft die Erwartungen bei weitem

Abb. 8.1. Bewertungsraster

Kritische Würdigung des situativen Interviews

verhaltensnahes Vorgehen

Das situative Interview bietet aus diagnostischer Sicht insbesondere den Vorteil der **Objektivier- und Vergleichbarkeit** der Gespräche und der Bewertungen. Auch das **verhaltensnahe Vorgehen** des situativen Interviews schützt die Interviewer davor, sich in Begrifflichkeiten zu verlieren, deren Bedeutung von Bewerter zu Bewerter höchst unterschiedlich ausfallen kann. Das situative Interview ist somit anforderungsnah.

Zugleich jedoch liegt in dem Außerachtlassen der Anforderungen auch die größte Schwäche des situativen Interviews. Denn gerade diesem Prozess sollte, wie bereits in den vorangegangenen Kapiteln ausführlich geschildert, große Aufmerksamkeit gewidmet werden. Nichts desto trotz stellen situative Fragen ein sinnvolles Instrument innerhalb eines Bewerbungsgespräches dar. Eine ausschließliche Beschränkung darauf ist jedoch nicht anzuraten.

Reflexionsfragen

- Stellen Sie den Bewerbern situative Fragen?
- Falls ja: Wie bewerten Sie die Antworten auf die situativen Fragen?
- Stellen Sie allen Bewerbern für eine Position die gleichen Fragen, bzw. beziehen Sie sich in allen Bewerbungsgesprächen auf dieselben Situationen, sofern Sie situativ fragen?
- Gehen Sie in Ihren Gesprächen grundsätzlich eher **eigenschafts- oder situationsorientiert** vor? In welchen Fällen ist es sinnvoll, eher die Eigenschaften von Bewerbern zu benennen oder nach dem möglichen Verhalten der Bewerber, also situativ, zu fragen?
- Haben Sie schon einmal **systematisch** eine situative Frage erstellt?
- Haben Sie bereits einmal kritische Situationen in Ihrem Unternehmen analysiert?
- Wenn ja: Versuchen Sie, die kritischen Situationen in erfolgs- und misserfolgskritische Situationen zu unterscheiden und überlegen Sie sich im Anschluss, ob für die jeweilige Gruppe von Situationen unterschiedlichen Anforderungen, bzw. Eigenschaften der Mitarbeiter notwendig sind?
- Wie können Sie die CIT für die Praxis Ihrer Bewerbungsgespräche nutzen?

Multimodales Interview MMI

Eine verhältnismäßig neue und vielversprechende Weiterentwicklung des Interviewansatzes bietet das Multimodale Interview, das von Schuler (1992) konzipiert wurde. Diese Form des Interviews nimmt Bezug auf andere Verfahren und stellt eine ausgereifte Struktur für einen idealtypischen Ablauf eines Bewerbungsgesprächs dar. Empirische Studien zeigen, dass durch eine fachgerechte Durchführung von multimodalen Interviews die Qualität von Einstellungsentscheidungen erheblich verbessert werden kann.

Weiterentwicklung des Interviews

Der Begriff »Multimodales Interview« ist durch seinen Entwickler geschützt. Nichts desto trotz kann die Struktur dieses Vorgehens natürlich in der Praxis frei verwendet werden.

Wie der Name schon sagt, vereint das Multimodale Interview mehrere Gesprächs- oder Test-Modi in einem strukturierten Ablauf. Wir können das Multimodale Interview als ein Interviewsystem betrachten, das die Stärken der bisher vorgestellten Interviewsysteme in sich vereint. Gleichwohl sollten Sie auch diese Struktur nicht unbedingt unverändert für Ihre Einstellungsgespräche übernehmen.

> **❗ Wichtig**
> Auch für das Multimodale Interview gilt, dass es ein Angebot ist, das Sie selbst mit Inhalt befüllen und auch auf die bei Ihnen existierenden Verhältnisse abstimmen sollten.

Kombination unterschiedlicher Methoden kann das Ergebnis verbessern

Auf diese Weise können mehrere der weiter oben aufgeführten Maßnahmen zur Verbesserung der Qualität von Einstellungsgesprächen eingesetzt werden. So bietet das MMI auf der einen Seite überhaupt eine Struktur für den Ablauf des Gesprächs und deckt auf der anderen Seite durch die inhaltlich-strukturelle Abfolge der einzelnen Verfahrensschritte eine gewisse **Methodenvielfalt** innerhalb des Gesprächs ab. Der letztgenannte Umstand ist insbesondere deshalb von Bedeutung, weil gut belegt ist, dass Daten, die mittels eines Multimethodenansatz erhoben werden, eine erheblich höhere Qualität aufweisen und ihrerseits bessere Entscheidungen ermöglichen, als wenn nur eine Methode zur Erhebung von Daten genutzt wird. Ein multimodaler, bzw. ein multimethodaler Ansatz stellt gewissermaßen eine Übertragung des Mehraugenprinzips auf die methodische Ebene dar.

Ablauf eines Multimodalen Interviews
- Gesprächsbeginn
- Selbstvorstellung des Bewerbers
- freies Gespräch
- Handlungswissen
- biografiebezogene Fragen
- realistische Tätigkeitsinformation
- situative Fragen
- Gesprächsabschluss

Die Gesamtdauer eines multimodalen Interviews beträgt ca. 30–60 Minuten.

Die einzelnen Schritte weisen idealtypisch folgende Inhalte auf:

Gesprächsbeginn

Vorstellungsgespräche sollten nicht in einer Stress erzeugenden, sondern in einer kooperativen und freundlichen Atmosphäre stattfinden. Es ist Aufgabe des Personalverantwortlichen, dies zu ermöglichen, indem der Interviewer das Gespräch informell einleitet, die einzelnen Personen vorstellt und einen Überblick über den Ablauf des weiteren Vorgehens gibt. Einen Übergang zum nächsten Teil des Gespräches bietet etwa eine oder mehrere Fragen zur Person des Bewerbers und zu dessen Intention sich zu bewerben. Für eine Überleitung eignet sich auch das Anknüpfen an einer Besonderheit, die bei der Durchsicht der Bewerbungsunterlagen aufgefallen ist.

Dieser Gesprächsteil wird nicht abschließend bewertet.

Selbstvorstellung des Bewerbers

Dieser Gesprächsteil wird im Wesentlichen vom Bewerber gestaltet. Dieser hat hier die Gelegenheit, sich kurz vorzustellen und anhand der einleitenden Frage des Interviewers darzulegen, warum er sich auf die ausgeschrieben Stelle beworben hat.

Der bzw. die Interviewer (auch im Multimodalen Interview erweist sich nicht nur die Methoden-, sondern auch die Beobachtervielfalt als qualitätssteigernd) bewerten die Aussagen des Bewerbers anhand der Kriterien, die sie in Vorbereitung des Interviews als Stellenanforderungen definiert haben. Darüber hinaus werden auch das Verhalten und der allgemeine Eindruck des Bewerbers bewertet.

Freies Gespräch

An dieser Stelle ist Raum für Fragen, die sich aus dem vorangegangenen Gesprächsteil ergeben haben. Die Interviewer sollten darauf achten, nach Möglichkeit offene Fragen zu stellen, die sowohl dem Bewerber noch mehr Möglichkeit zur Selbstdarstellung geben als auch möglichst viele Informationen generieren.

Die Bewertung dieses Gesprächsteils erfolgt wie im Schritt »Selbstvorstellung des Bewerbers«.

Handlungswissen

Hier ist eine Überprüfung bzw. Hinterfragung des Handlungs- und Fachwissens des Bewerbers vorgesehen. Ggf. kann dieser Interviewschritt auch durch eine Arbeitsprobe ergänzt werden. Wesentlich ist es, das Wissen zu hinterfragen und im Hinblick auf die Anforderungen im eigenen Unternehmen zu spezifizieren.

Das berufsspezifische Wissen wird auf einer Skala nach »richtig« oder auch »passend« und »falsch« bzw. »unpassend« bewertet.

Biografiebezogene Fragen

Dieser Fragenteil orientiert sich daran, welche persönlichen Eigenschaften ein Bewerber mitbringen muss, um die Anforderungen der Stelle möglichst gut zu erfüllen. Wichtig ist auch hier also weder einfach der allgemeine Eindruck über den Werdegang einer Person noch eine grobe Einschätzung, welcher »Typ« den Interviewern gegenüber sitzt, sondern eine begründete und zuvor klar umgrenzte Fragerichtung, die auch durch standardisierte Fragen aus biografischen Fragebögen oder Tests ergänzt, bzw. an diese angelehnt sein können. Wichtig ist zudem, sich nicht in theoretischen Erörterungen im Gespräch mit dem Bewerber zu verlieren, sondern möglichst handlungsnah und an Beispielen orientiert vorzugehen.

Zur Bewertung sollte für jede der Eigenschaften, die hinterfragt wird eine 3- bis 5-stufige Skala, deren einzelne Skalenniveaus zuvor möglichst klar umschrieben worden sind, herangezogen werden.

Realistische Tätigkeitsinformation

Dieser Gesprächsteil liegt im Wesentlichen in der Hand der Interviewer. Dem Bewerber wird eine realistische Vorschau darüber gegeben, welche Tätigkeit ihn im Falle einer Anstellung erwartet, und welche Anforderungen hiermit verbunden sind. Sowohl positive als auch negative Aspekte der Tätigkeit z. B. hinsichtlich des Unternehmensklimas und der Arbeitsweise müssen offengelegt werden. Auch Chancen und Grenzen der Fort- und Weiterbildungsmöglichkeiten, bzw. der Aufstiegschancen sollen dargestellt werden. Häufig verschweigen Personalverantwortliche an dieser Stelle negative Aspekte der Tätigkeit, was dazu führen kann, dass ein neu eingestellter und auch geeigneter Bewerber nach kurzer Zeit das Unternehmen wieder verlässt, weil er über die Gepflogenheiten innerhalb des Unternehmens unter Umständen sogar absichtlich getäuscht worden ist.

Im Anschluss an diesen Gesprächsteil findet keine Bewertung statt. Der Bewerber hat Gelegenheit Fragen zu stellen.

Situative Fragen

Um das mögliche Verhalten der Bewerber in künftigen Problemsituationen innerhalb des Unternehmens zu überprüfen, bietet es sich an, eben solche Fälle exemplarisch auszuarbeiten und den Bewerbern vorzulegen, bzw. zu schildern. Diese Technik der situativen Fragen haben wir bereits im Rahmen des situativen Interviews beschrieben. Im MMI® werden situative Fragen nach dem oben geschilderten Vorgehen als ein Element des Gesprächs enthalten sein.

Auch für diesen Interviewteil sollte eine mehrstufige Skala mit verhaltensverankerten Skalenstufen konzipiert werden, auf der eine anschließende Bewertung erfolgt.

Gesprächsabschluss

Zum Abschluss des Gespräches hat der Bewerber noch einmal die Gelegenheit offen gebliebene Fragen zu stellen. Auch die Interviewer haben hier noch einmal die Gelegenheit, weitere Fragen zu klären. Zudem sollte das Gespräch in einer generell wohlwollenden Atmosphäre beendet werden. Insbesondere der Ausblick über das weitere Verfahren und den zeitlichen Rahmen der nächsten Schritte ist hier von Bedeutung.

Auch dieser Gesprächsteil wird nicht explizit bewertet.

Die vielfältigen Vorteile eines solchen Vorgehens liegen auf der Hand: Insbesondere der strukturierte Ablauf, der sicherstellt, dass von allen Bewerbern Informationen hinsichtlich der gleichen zuvor definierten Anforderungen eingeholt werden, stellt eine pragmatische und für die Entscheidungsfindung wesentliche Voraussetzung dar. Auch der systematische Vergleich der Beurteilungen durch mehrere Interviewer bzw. der Bewerber untereinander wird anhand der verhaltensverankerten Bewertungen erheblich erleichtert. Allgemeine Eindrücke wie Sympathie und Sicherheit im Auftreten können auf diese Weise hinterfrag- und diskutierbar gemacht werden.

Beispiel

Der Geschäftsführer eines mittelständischen Unternehmens und seine Stellvertreterin besuchten einen eintägigen Workshop, , um ihre Einstellungsprozesse zu verbessern. Die Absicht der beiden Teilnehmer lag darin, aus den bisher begangenen Fehlern in Einstellungsgesprächen zu lernen, und sich an einer neuen Struktur orientierten zu können. Insbesondere hatten sie in den vergangenen Einstellungsprozessen den Eindruck, systematisch von den Bewerbern getäuscht worden zu sein.

Wie sich herausstellte, war die Schuld für diese Täuschungen jedoch nicht allein bei den Bewerbern zu suchen, sondern lag auch darin begründet, dass in den Gesprächen zum Großteil Fragen aus Handbüchern für Personalverantwortliche unverändert übernommen wurden. Es handelte sich dabei um Handbücher, in denen sowohl die Fragen an die Bewerber, als auch gewisse »Musterantworten« skizziert waren.

Der Geschäftsführer und seine Kollegin wunderten sich nun, dass ihnen häufig Bewerber begegneten, die zum Teil fast wörtlich die jeweiligen Antworten aus eben diesen Büchern wiedergaben. Ohne jedoch das Zustandekommen dieser Antworten zu hinterfragen, stellten sie die Bewerber mit den meisten »richtigen« Antworten ein.

Später stellte sich mehrfach heraus, dass sich die Interviewer in der Beurteilung der Bewerber zum Teil erheblich getäuscht hatte. Der Grund hierfür kann jedoch nicht nur darin gesucht werden, dass die Bewerber eine Täuschungsabsicht hegten, sondern muss auch bei den Personalauswählern gesucht werden. Denn einerseits waren die Fragen in den Interviews nicht konkret auf die Anforderungen im Unternehmen bezogen und andererseits müssen die Verantwortlichen davon ausgehen, dass Bewerber, die sich um eine führende Position mit Personalverantwortung bemühen, ihrerseits bereits die einschlägige Literatur gelesen haben und diese somit als »Testknacker« instrumentalisieren können.

eingehende Vorbereitung

Wie erwähnt, ist auch ein Multimodales Interview in hohem Maße von der Expertise der Durchführenden, sowie von der entsprechenden Vor- und Nachbereitung durch die Personalverantwortlichen abhängig. Insbesondere die Konstruktion situativer Fragen und der biografiebezogene Teil des Gesprächs bedürfen einer eingehenden Vorbereitung. Nicht zuletzt ist die Qualität der Entscheidungen abhängig von der Einhaltung der bereits dargestellten Maßnahmen, um die Qualität von Interviews zu verbessern

Auffällig ist außerdem die Unterteilung in bewertete und unbewertete Interviewteile. Nicht bewertet werden sollten Anfang und Ende des Interviews. Dies verweist auf die **starke Anforderungsbezogenheit**, die einen guten Auswahlprozess kennzeichnet. So mögen viele Personalverantwortliche dazu neigen, etwa das Auftreten des Bewerbers in den ersten Minuten des Gesprächs als besonders bedeutsam zu bewerten. Dabei übersehen sie jedoch mehrere störende Einflüsse, die diese Bewertung auf das eigene Urteil haben kann:

- Möglicherweise ist der Bewerber zu Anfang des Gesprächs unsicher und nervös.
- Legt sich der Beurteiler zu Beginn des Gesprächs auf seinen ersten Eindruck fest, bzw. gewichtet diesen in der eigenen Wahrnehmung als besonders bedeutsam, so wird er im weiteren Verlauf des Interviews wahrscheinlich versuchen, diesen ersten Eindruck zu bestätigen und schränkt somit den Fokus der eigenen Wahrnehmung erheblich ein.
- Auftreten und erster Eindruck sollten nur dann bewertet werden, wenn sich daraus Eigenschaften ableiten lassen, die konkret auf Stellenanforderungen bezogen werden können. Dieser Bezug lässt sich nur in wenigen Fällen herstellen.

entscheidend ist die Kompetenz des Beurteilers

Wir möchten mit einer Bemerkung zum Multimodalen Interview und zu ähnlichen Leitfäden zur Strukturierung der Interviewsituation abschließen: Die Struktur eines Interviews ist keinesfalls ein Garant für gute Entscheidungen. Auch hier gilt wie für alle anderen Instrumente, um Menschen zu beurteilen: Die Methode kann immer nur so gut sein wie die Personen, die mit ihr umgehen. Vor allem setzen auch die einzelnen Schritte eines Interviews ein erhebliches Maß an Vorbereitung voraus. Aus der folgenden Darstellung der einzelnen Schritte soll deutlich werden, dass die Struktur lediglich einen Rahmen vorgibt, der von Fall zu Fall neu zu füllen ist.

Es ist bei Weitem nicht ausreichend, einmal eine Art Standardlösung für ein Interview gefunden zu haben, die dann für lange Zeit gültig ist. Denn ebenso wie sich die Anforderungen innerhalb des Unternehmens beständig verändern, muss auch das Verfahren, das streng anforderungsbezogen sein sollte, beständig aktualisiert werden. Die äußere

Struktur bietet hierfür nur einen ungefähren Rahmen, der hinterfragbar ist und auf sich verändernde Bedingungen angepasst werden muss. Die Qualität eines Interviews liegt nicht im Abarbeiten der 8 Schritte, wie sie etwa im Multimodalen Interview vorgeschlagen werden, sondern darin, wie diese Schritte mit Inhalt gefüllt und durchgeführt werden.

> **Wichtig**
> Der Leitsatz »form follows function«, der das Erste Gebot eines jeden Produktdesigners darstellt, gilt nicht nur für die äußere Form von Gebrauchsgegenständen, sondern trifft ebenso für die Konzeption von Einstellungsinterviews zu.

8.2 Wie finde ich für mich eine ideale Vorgehensweise?

Der folgende Leitfaden soll Sie dabei unterstützen, auf der Grundlage des bisher Gelesenen Ihr eigenes Vorgehen systematisch zu verbessern:

Skizzieren Sie Ihr bisheriges Vorgehen bei Einstellungsgesprächen. Versuchen Sie, die Struktur ihrer bisherigen Gespräche aufzuschreiben, dabei sollten Sie »hart aber fair« zu sich selbst sein. Möglicherweise laufen Ihre Gespräche nicht immer nach dem gleichen Schema ab. Unter Umständen werden Sie bei genauerer Untersuchung feststellen, dass einige Gesprächsteile oder Fragetechniken bislang unsystematisch oder nicht auf eine konkrete Anforderung bezogen waren. Möglicherweise haben sich auch gewisse »Rituale« in der Interviewpraxis erhalten, die Sie von Ihrem Vorgänger übernommen haben oder die einer Konvention im Unternehmen entsprechen. Vielleicht sind diese »ritualisierten« Abschnitte des Interviews weder auf bestimmte Anforderungen im Unternehmen bezogen noch haben sie tatsächlich einen direkten Einfluss auf die Auswahlentscheidung.

Wie gehen Sie vor?

Solche Anteile finden sich zum Teil in biografischen Fragebögen, Tests oder auch in einzelnen Fragen (wie zum Beispiel der bereits zitierten Frage, was der Bewerber gerne auf seinem Grabstein lesen würde). Es sind Aufgaben, die ohne klar definierbares Ziel an die Bewerber gegeben werden; zumeist mit der Begründung, es sei »einfach interessant«, wie Bewerber bestimmte Fragen mündlich oder schriftlich beantworteten. Diese Feststellung mag sogar zutreffen.

> **Wichtig**
> Dennoch sollte die Tauglichkeit der einzelnen Schritte akribisch auf ihre Aussagekraft hin untersucht werden. Es sollte insbesondere darauf geachtet werden, eine Struktur für Einstellungsinterviews zu erarbeiten, die die Vergleichbarkeit der einzelnen Bewerber zulässt.

Denken Sie daran, dass eine der wichtigsten Ressourcen wohl auch in ihrer Tätigkeit die Zeit darstellt. Eben diese Zeit mit den Bewerbern sollte vor allem mit zielführenden, das heißt anforderungsbezogenen, Fragen und Maßnahmen gefüllt werden.

- Rufen Sie sich also zunächst die letzten von Ihnen geführten Auswahlgespräche ins Gedächtnis. Auch wenn sie in Ihren Augen nicht repräsentativ verlaufen sind – suchen Sie nicht nach Gesprächen, die besonders gut verlaufen sind, sondern nach solchen, die **typisch** für den Verlauf ihrer Einstellungsinterviews sind.
- Schreiben Sie zunächst aus dem Gedächtnis den Ablauf mehrerer Einstellungsgespräche auf. Versuchen Sie noch nicht, die einzelnen Abschnitte der Gespräche mit Überschriften zu versehen. Führen Sie diesen Schritt erst durch, wenn Sie den Verlauf der Gespräche aufgeschrieben haben.
- Schreiben Sie auch ganz äußerliche Merkmale der Gespräche auf: Zu welcher Tageszeit hat das Gespräch stattgefunden? In welchem Zimmer? Welche Kollegen haben teilgenommen? Wie haben Sie sich mit den jeweiligen Kollegen auf die einzelnen Gespräche vorbereitet? Wie lange haben die Gespräche jeweils gedauert? Eine gute Qualität der Gespräche wird dann ermöglicht, wenn sie möglichst gut miteinander vergleichbar sind. Je ähnlicher die Gespräche von äußeren Bedingungen, Aufbau und Länge sind, desto besser sind die daraus resultierenden Ergebnisse miteinander vergleichbar.
- Sehen Sie sich danach z. B. die Struktur des Multimodalen Interviews an und überlegen Sie, welche der darin enthaltenen Verfahrensschritte Sie auch in Ihren Gesprächen berücksichtigt haben. Vielleicht werden Sie feststellen, dass Sie den einen oder anderen Schritt auch in Ihrem Vorgehen durchführen, ihn aber anders oder gar nicht benennen oder vielleicht an einer anderen Stelle im Interview platzieren. Vielleicht gibt es einen guten Grund für Ihr Vorgehen – dann sollten Sie nicht überstürzt eine neue Vorgehensweise übernehmen.
- Überlegen Sie anschließend, welche der von Ihnen gestellten Fragen sich auf welche Jobanforderungen bezogen haben. Gibt es auch Fragen und Gesprächsteile, die Ihnen in Ihrer Entscheidungsfindung rückblickend wenig oder nicht genützt haben? Warum haben Sie diese Gesprächsteile dann in das Interview aufgenommen? Vielleicht gibt es auch hierfür einen schlüssigen Grund. Sie sollten jedoch in der Lage sein, ein solches Argument auch vor dem Hintergrund des bisher Gelesenen formulieren zu können.
- Auf welcher Grundlage haben Sie in den letzten Gesprächen Entscheidungen getroffen? Können Sie genau rekonstruieren, welches Argument jeweils den Ausschlag für Ihre Entscheidung gegeben hat? Vorsicht: Nicht immer ist hier die erste Antwort, die Ihnen selbst zum eigenen Urteil einfällt, auch die richtige!

- Wie gut waren Ihre Vorhersagen bzw. Entscheidungen? Sie haben während des Einstellungsgespräches (implizit oder explizit) bestimmte Vorstellungen darüber entwickelt, wie sich die jeweilige Person innerhalb des Unternehmens bewähren wird. Zum Einen ist es nun wichtig zu hinterfragen, welche Vorhersagen Sie genau getroffen haben und zum anderen, ob diese Vorhersagen tatsächlich eingetroffen sind. Versuchen Sie also einen möglichst **systematischen Vergleich Ihrer Vorhersagen mit dem tatsächlichen Verhalten von neu eingestellten Mitarbeitern** anzustellen. Fragen Sie sich vor allem, wenn Sie sich getäuscht haben, worauf Ihr Urteil im einzelnen Fall beruht und auf welche Weise Sie einen Irrtum beim nächsten Mal vermeiden können. Wir haben bereits an anderer Stelle über den **Fehler 2. Art** (▶ Abschn. 2.5.1) gesprochen, also darüber, dass Personalverantwortliche häufig nicht darüber nachdenken, in welchen Fällen Sie geeignete Bewerber abgelehnt haben.
Wenn Sie die Qualität Ihrer Vorhersagen und Entscheidungen verbessern möchten, so müssen Sie auch Gespräche mit Personen analysieren, die keine Stelle im Unternehmen erhalten haben. Reflektieren Sie kritisch, ob Sie nicht bereits den einen oder anderen Bewerber abgewiesen haben, den Sie im Nachhinein möglicherweise für geeigneter halten, als denjenigen, den Sie schließlich eingestellt haben. Fragen Sie sich auch hier: Was hat zu Ihrer Entscheidung geführt und wie können Sie einen solchen Fehler beim nächsten Mal vermeiden?

Die einzelnen oben aufgeführten Punkte bieten kein Patentrezept für ein erfolgreiches Einstellungsgespräch. Es gibt keinen vorgezeichneten Weg, um sich einen perfekten Leitfaden für ein Einstellungsinterview zu erarbeiten. Uns ist vielmehr daran gelegen, auf Lernfelder aufmerksam zu machen, anhand derer Sie Ihr eigenes Erfahrungswissen zugänglich und zum Ausgangspunkt für Ihr weiteres Vorgehen machen können. Wenn Sie die einzelnen Fragen reflektiert haben, sollten Sie die gewonnenen Erkenntnisse zur Grundlage für Ihre nächsten Einstellungsgespräche machen.

> **❗ Wichtig**
> **Behalten Sie die bewährten Schritte in Ihrem Vorgehen bei und verändern Sie nur dann etwas, wenn Sie die neue Methode aus den bisherigen Erfahrungen auch nachvollziehen und begründen können. Es ist nicht ratsam, unreflektiert eine Interviewstruktur zu übernehmen, die möglicherweise gar nicht optimal zu Ihnen, Ihrem Unternehmen und Ihrer Arbeitsweise passt.**
> **Betrachten Sie die Anregungen aus der Wissenschaft als Ergänzungen des eigenen Expertenwissens.**

Dabei sollten Sie stets auf den Anforderungsbezug Ihres Vorgehens achten. Sie als Praktiker verfügen über besonderes Expertenwissen darüber, auf welche Weise Sie dies tun können. Die Anregungen aus Wissenschaft und Theorie können diese Expertise lediglich anregend begleiten und einen methodischen Korridor vorgeben, durch den Sie selbst einen für sich optimalen Weg finden müssen.

Kritische Überprüfung der eigenen Entscheidung

9.1 Evaluation – 170

9.2 Wie geht das? – 175

9.3 Welche Vorgehensweise passt zu Ihnen bzw. der aktuellen Situation? – 180

9.4 Lernfelder und kritische Evaluation: So werden Sie zum Experten – 184

Die vorhergehenden Kapitel dieses Buches dienten dazu, Sie zur systematischen Reflexion Ihrer Vorgehensweise anzuregen. Das Ziel dieser Überprüfung liegt darin, Lernprozesse in Gang zu bringen, die zur weiteren Differenzierung Ihres Wissens beitragen und Sie so zum Experten werden lassen. Im Rahmen dieses Kapitels befassen wir uns mit Möglichkeiten der systematischen Evaluation im Rahmen einer lernenden Potenzialbeurteilung, die die bisherigen Anregungen erweitern.

9.1 Evaluation

Wir setzen in den nächsten Ausführungen das **kritische Überprüfen** eigener Entscheidungen dem wissenschaftlichen Begriff der Evaluation gleich.

> **❗ Wichtig**
>
> **In unserem Alltagsverständnis ist uns der Begriff der Evaluation mehr oder weniger geläufig. Der zugrunde liegende Prozess ist jedoch ständiger bewusster oder unbewusster Bestandteil unseres Lebens; wir bewerten und beurteilen laufend Gegenstände, Situationen und Personen.**

Bewertungsprozesse sind integrale Bestandteile unseres Alltags

Das Ergebnis dieses Bewertungs- und Beurteilungsvorgangs beeinflusst wiederum unser weiteres und zukünftiges Vorgehen, da wir eine Entscheidung zwischen verschiedenen Möglichkeiten treffen und unser weiteres Handeln an dieser ausrichten.

kritische Überprüfungen als Voraussetzungen für erfolgreiches Handeln

In einer klassischen Arbeit der Psychologie haben Miller, Galanter und Pribram 1960 das Modell der TOTE-Einheiten konzipiert, das diesen Sachverhalt anschaulich und einfach erklärt. Das Akronym TOTE steht für die Sequenz »**test-operate-test-exit**«, innerhalb derer die Handlungskontrolle ausgeführt wird. Die erste »test«-Phase bezieht sich auf das Feststellen einer Diskrepanz zwischen einem angestrebten Soll-Zustand und einem gegebenen Ist-Zustand. In der »operate«-Phase wird versucht, aufgefundene Soll-Ist-Differenzen durch eine Handlung zu beseitigen. Im Rahmen der zweiten »test«-Sequenz findet ein erneuter Soll-Ist-Vergleich statt: Ist das Ziel erreicht oder wird es als unerreichbar eingestuft (was typischerweise erst nach mehreren Durchläufen der Fall ist), wird die »exit«-Phase aktiviert. Im Konzept von Miller et al. (1960) wird einerseits der Intention – also dem planenden Vorsatz – und andererseits der Evaluation – der Wirkungsüberprüfung der eingeleiteten Aktivitäten der zentrale Stellenwert für menschliches Handeln und Lernen zugebilligt.

> **! Wichtig**
> Ob selbstinitiiert oder von anderen gefordert, sobald wir unsere Entscheidungen überprüfen, evaluieren wir entweder das Ergebnis, die Güte oder den Erfolg unserer Entscheidungen (summative Evaluation) oder den Weg hin zu einer Entscheidung (formative – oder Prozessevaluation).

Folgendes Beispiel skizziert dies kurz:

Beispiel

Wenn wir ein neues Auto kaufen wollen, informieren wir uns in einem ersten Schritt über die infrage kommenden Modelle, die unseren Vorstellungen am ehesten gerecht werden. Wir sammeln hierfür mehr oder weniger systematisch Informationen, indem wir z. B. im Internet recherchieren, Beratungsgespräche in Anspruch nehmen, die Modelle bei einer Probefahrt testen oder Testberichte lesen. Im Anschluss daran beurteilen und bewerten wir die gesammelten Informationen und treffen unsere Entscheidung für das Modell, das unsere Vorstellungen, Wünsche und Bedürfnisse am besten erfüllt.

Nach einer gewissen Zeit evaluieren wir unsere Kaufentscheidungen **an den für uns wichtigen Kriterien**. Dabei leiten uns Fragen, wie z. B. »Ist der Kraftstoffverbrauch wirklich so niedrig wie erwartet?«, oder »Bietet uns unser Auto den Komfort, den wir erwartet haben?«, deren Beantwortung die Qualität und den Erfolg unserer Entscheidung bestimmen. Sobald wir darüber hinaus daran interessiert sind, ob wir bei unserer Entscheidungsfindung alle wichtigen Aspekte berücksichtigt haben, überprüfen wir den Prozess.

Fragen die hierbei auftreten können, sind z. B.: »Welche wichtigen Kaufaspekte beeinflussten unsere Informationssammlung und -bewertung und letztlich die Kaufentscheidung?«, »Haben wir ausreichende und objektive Informationen über die verschiedenen infrage kommenden Modelle gesammelt?« etc.

Im wissenschaftlichen Sinne nähern wir uns dem Begriff zunächst über dessen Wortherkunft. Evaluation enthält neben dem lateinischen Wort »valor« (Wert) die Vorsilbe »e« (aus). Dementsprechend kann der Begriff mit »einen Wert aus etwas ziehen« übersetzt werden.

> **! Wichtig**
> In Abgrenzung zu unserem Alltagsverständnis ist unter Evaluation die systematische und methodengeleitete Informationsgewinnung und vor allem Bewertung zu verstehen, die sich an Kriterien orientiert, die im Vorfeld bestimmt wurden.

Synonyme

In der Praxis der Personalauswahl existiert eine Vielzahl an synonymen Begriffen für Evaluation. In diesem Zusammenhang verwandte Begriffe sind z. B. Erfolgscontrolling oder Fehlerkontrolle, Beurteilung oder Bewertung, Leistungsvergleich oder Wertbestimmung, Qualitätsmessung oder -sicherung. All diesen Begriffen sollte jedoch das primäre Ziel gleich sein: **bestehende Personalprogramme, -maßnahmen, Vorgehensweisen oder einzelne Schritte kontinuierlich und fortwährend weiterzuentwickeln, optimiert durchzuführen und in den Folgen zu kontrollieren**. Eine auf diese Weise verstandene Evaluation kann in verbesserte Verhaltensweisen, Arbeitsprozesse und -ergebnisse oder auch in ein optimiertes eigenes Vorgehen münden. Letztlich eröffnet sie individuelle oder organisationale Lernfelder und Chancen zur persönlichen Weiterentwicklung.

> **! Wichtig**
> **Die Evaluation von Personalentscheidungen kann als selbstkritische und an objektiven Erfolgskriterien ansetzende Überprüfung der Qualität von Entscheidungen verstanden werden.**

kontinuierliche Selbstevaluation

Um unserer Fragestellung gerecht zu werden, soll eine besondere Form der Evaluation Gegenstand der nachführenden Ausführungen sein. Wir wollen anregen, eine kontinuierliche Selbstevaluation durchzuführen. Das bedeutet, dass wir die lernende Potenzialbeurteilung als ein System auffassen, das nach dem Modell einer TOTE-Einheit ständig Rückmeldungen über die Güte des Potenzialbeurteilungsprozesses einholt und versucht, die entsprechenden Handlungsprogramme weiter auszudifferenzieren und den Bedingungen einer sich verändernden Umwelt anzupassen.

Unter Selbstevaluation ist in Anlehnung an die Definition der Deutschen Gesellschaft für Evaluation (2004) die ständige Untersuchung des eigenen Handelns zu verstehen, das zu einer fortwährenden beruflichen Weiterqualifikation des Evaluierenden führt.

> **! Wichtig**
> **Selbstevaluation ist die Qualifizierung von Personen durch eine systematische, informationsbasierte Reflexion eigener Ziele, Praxistheorien und des eigenen methodischen Vorgehens.**

Ein weiteres Kennzeichen der Selbstevaluation ist, dass Fachleute **freiwillig** ihr eigenes Handeln untersuchen. Diese Freiwilligkeit entbindet sie allerdings nicht davon, über die allgemeinen, nicht personengebundenen Ergebnisse Bericht zu erstatten. Eine kontinuierliche Durchführung der Selbstevaluation, die anzustreben ist, kommt ei-

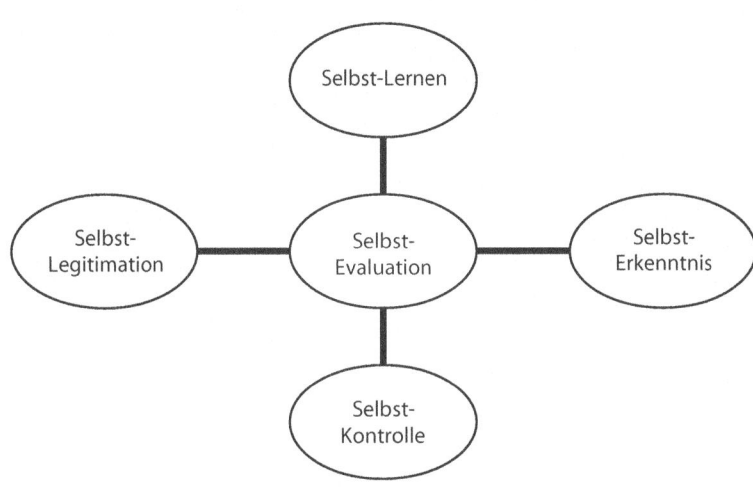

Abb. 9.1. Bestandteile der Selbstevaluation. (Nach Stockmann 2002)

nem Qualitätsmanagement eigener Entscheidungen und des eigenen Handelns gleich.

Die Frage nach dem Warum und dem Nutzen einer Selbstevaluation lässt sich wie folgt beantworten: Die gegenwärtige Situation vieler Unternehmen und vor allem die Arbeit in den Personalbereichen ist durch einen enormen Kostendruck und das Streben nach einem möglichst effizienten und effektiven Einsatz der finanziellen Unternehmensressourcen gekennzeichnet. Aus dieser wirtschaftlichen Verantwortung heraus gilt es, auch bei der Personalauswahl zu untersuchen, ob die erwarteten Erfolge eingetreten und die eingesetzten Finanzmittel gerechtfertigt sind.

Selbstevaluation als Grundlage wirtschaftlichen Handelns

Darüber hinaus erfordern die Veränderungen in den Unternehmensumfeldern oder in einem Unternehmen selbst die Überprüfung, ob etablierte Vorgehensweisen modifiziert oder optimiert werden müssen. Die Modifikationen oder Optimierungen können eine Wissenserweiterung oder Weiterqualifizierung der zuständigen Mitarbeiter notwendig machen.

Zusammenfassend halten wir folgende Ziele und Funktionen einer Selbstevaluation in Anlehnung an Stockmann (2002) fest (◘ Abb. 9.1):

Selbst-Erkenntnis

Unter Selbst-Erkenntnis verstehen wir den Gewinn von Erkenntnissen, die sich aus der systematischen Sammlung und Bewertung von Informationen über das eigene Handeln ableiten lassen. Nach einer

Beurteilung dieser Informationen anhand Kriterien oder Erfolgsindikatoren werden Entscheidungen getroffen, die einen spezifischen Nutzen haben.

Folgende Fragestellungen sind zielführend:
- Funktioniert der Ablauf der Personalauswahl im Allgemeinen (Gesamtprozess) und im Besonderen (einzelne Abschnitte des Prozesses) reibungs- und problemlos?
- Erreichen die Stellenanzeigen über die gewählten Medien die gewünschte Zielgruppe an potenziellen Mitarbeitern?
- Hinterlässt die Personalauswahl die gewünschte Außenwirkung bei den Bewerbern?
- Haben sich die Rahmenbedingungen der Personalauswahl verändert, die es nötig machen, das etablierte Verfahren oder die eigene Vorgehensweise zu modifizieren?
- Wurden mit der Personalauswahl die gewünschten Erfolge (Einstellung des Bewerbers mit der bestmöglichen Eignung) erreicht?

Selbst-Lernen

Mit einer Evaluation des eigenen Vorgehens und der eigenen Ziele wird **Transparenz** über das eigene berufliche Handeln geschaffen. Diese Transparenz erlaubt die Bilanzierung von Erfolgen, aber auch von Entwicklungsbereichen oder Lernfeldern als Ergebnis einer kritischen Selbstreflexion oder eines Dialogs mit anderen. Es wird letztlich die Basis für ein selbst gesteuertes Lernen geschaffen.

Prozessschritte

Selbst-Kontrolle

Selbstevaluationen bieten zudem die Möglichkeit, das eigene Handeln zu kontrollieren und zu reflektieren. Es werden Erkenntnisse gewonnen und Ergebnisse offengelegt, die direkt oder indirekt die Kontrolle der eigenen Aufgabenerfüllung, aber auch der eigenen Qualifikation und Kompetenz in der Potenzialbeurteilung erlauben.

Selbst-Legitimation

Die Ergebnisse einer Selbstevaluation erlauben je nach Fragestellung überprüfbare Aussagen u. a. über die Wirtschaftlichkeit der Personalauswahl und über Erfolge von Auswahlentscheidungen. Es wird eine fundierte Basis für die Legitimation sowohl eingesetzter (Finanz-)Mittel, des eigenen Vorgehens als auch eigener Entscheidungen geschaffen.

9.2 Wie geht das?

Was bedeutet es für die Personalpraxis, Auswahlentscheidungen systematisch und kritisch zu überprüfen? Was soll Gegenstand der Evaluation sein? Geht es in erster Linie um die Überprüfung des Erfolgs der Personalauswahl oder soll der gesamte Prozess der Personalauswahl von der Vorauswahl bis hin zur Entscheidung systematisch überprüft werden? All diese Fragen gilt es, im Vorfeld gründlich zu reflektieren.

Allgemein lässt sich festhalten, dass die Selbstevaluation mit der Festlegung oder Definition von **Erfolgs- oder Bewertungskriterien** beginnt, an denen sich die Qualität und Güte der eigenen Entscheidungen und des eigenen Vorgehens überprüfen lassen. Fragestellungen in diesem Zusammenhang können z. B. lauten: »Haben wir den richtigen Bewerber eingestellt und somit die bestmögliche Besetzung der Stelle gewährleistet?« oder »War meine bzw. unsere Entscheidung richtig?« etc.

Prüfungskriterien festlegen

Dieser Schritt hört sich zunächst simpel an. Wenn der Erfolg oder die Richtigkeit unserer Entscheidungen jedoch messbar und überprüfbar sein sollen, stellt sich die Festlegung von konkreten Erfolgskriterien oftmals als schwierig dar. Vereinfacht lassen sich mögliche Erfolgskriterien übergeordnet am Verbleib und der Bewährung des Mitarbeiters im Unternehmen darstellen.

Verbleib im Unternehmen
Vor allem in Unternehmen, die unter einer starken Fluktuation in bestimmten Tätigkeitsbereichen leiden, kann der Verbleib des Mitarbeiters im Unternehmen das maßgebliche Kriterium dafür sein, ob eine Auswahlentscheidung richtig oder falsch war.

Bewährung des Mitarbeiters
Steht die Bewährung eines Mitarbeiters hingegen im Fokus der eigenen Evaluation sind verschiedene Facetten von Erfolg denkbar. Der Erfolg einer Auswahlentscheidung kann sich dann u. a. auf ökonomische oder personbezogene Aspekte beziehen: Konnten die Weiterbildungs- und Schulungskosten (z. B. für Seminare, Schulungen oder Aufwand für die Einarbeitung) für den ausgewählten Mitarbeiter – als Erfolg des Vorgehens und des Eignungsurteils – verringert werden? Passt der Mitarbeiter nicht nur fachlich, sondern auch in allen überfachlichen Aspekten zu uns? Wie bewährt sich der neue Mitarbeiter bei der Bewältigung seiner Aufgaben und der Eingliederung in das bestehende Team bzw. die Abteilung?

In einem nächsten Schritt gilt es dann, systematisch Informationen zu sammeln, um die getroffenen Personalentscheidungen und das eigene Vorgehen anhand dieser definierten Erfolgskriterien bewerten und beurteilen zu können. So kann systematisch der Ist-Zustand ermittelt werden. Ein systematisches Vorgehen ist dann garantiert, wenn durch ein methodengeleitetes Vorgehen Fehler und Verzerrungen bei der Informationssammlung minimiert, im besten Fall eliminiert werden können.

Methoden der Informationssammlung können von einfach strukturierten bis hin zu stark strukturierten, systematischen Vorgehensweisen reichen. Denkbar sind Evaluationsmethoden, wie z. B. die schriftliche oder mündliche Befragung, die mittelbare oder unmittelbare Beobachtung, die geplante oder ungeplante Diskussion mit anderen oder auch das Schreiben eines Tagebuchs.

Befragungen

Methoden der Selbst-Evaluation

Befragungen können in Form von Interviews bzw. strukturierten Gesprächen oder mittels eines Fragebogens durchgeführt werden. Der Nachteil einer mündlichen Befragung ist jedoch, dass die Gefahr besteht, dass Informationen von den Gesprächspartnern verschwiegen werden. Die Entwicklung eines Fragebogens als schriftliche Befragungsmethode ist mit einem größeren Aufwand verbunden, verspricht aber in anonymisierter Form mehr Informationen. Gegenstand der Befragungen können die am Auswahlprozess beteiligten Personen, wie z. B. Vertreter der Fachbereiche oder aber der Bewerber selbst sein. Diese Befragungen liefern Informationen für die Selbstevaluation des Auswahlprozesses im Sinne einer Prozessevaluation. Befragungen, die zeitlich nach der endgültigen Auswahlentscheidung liegen, dienen vorrangig der Ergebnisevaluation. Sie können hierbei den neuen Mitarbeiter zum Beispiel in der Probezeit sowie dessen Kollegen und Vorgesetzten über dessen Bewährung befragen. Des Weiteren können sogenannte Exit- oder Austrittsgespräche wertvolle Informationen liefern, die Rückschlüsse auf den Auswahlprozess und Ihr Eignungsurteil zulassen.

Beobachtungen

Beobachtungen können mittelbar und unmittelbar vonstatten gehen. Unter einer mittelbaren Beobachtung ist z. B. die Aufzeichnung von Auswahlgesprächen mit einer Videokamera zu verstehen. In der Praxis ist diese Art der Beobachtung auch als Monitoring bekannt. Inwieweit die Aufzeichnung von Gesprächen jedoch möglich ist, kann u. a. vom Einverständnis des Bewerbers abhängen. Unmittelbar können Personalentscheider zum Beispiel von Kollegen, von anderen am Auswahlprozess Beteiligten oder von neutralen Dritten beobachtet werden. Bei der Auswahl dieser Beobachter spricht die »**Betriebsblindheit**« gegebenenfalls für dritte Personen

(z. B. Coaches, Experten der Potenzialbeurteilung), die einen Blick »für das Neue« und »Verbesserungspotenzial« haben. In einem Feedback-Gespräch werden deren Beobachtungen an Sie zurückgespiegelt.

Diskussionen und Gespräche

Diskussionen über die einzelnen Phasen des Auswahlprozesses und der Ergebnisse sind in vielfältiger Art denkbar. Dieser Dialog kann mit Mitarbeitern des eigenen Unternehmens oder mit unternehmensfremden Personalern stattfinden. Darüber hinaus kann zwischen regelmäßig stattfindenden oder gelegentlichen Treffen unterschieden werden. Der Vorteil an Diskussionen mit Vertretern anderer Unternehmen liegt in der Chance, Verbesserungen oder Effektivitäts- und Effizienzsteigerungen durch das Kennenlernen anderer Vorgehensweisen und Prozessabläufe zu realisieren.

Der Fokus liegt somit auf dem Austausch und Kennenlernen von **best practices** im Sinne eines Benchmarkings. Es sei jedoch darauf hingewiesen, dass »best practices« eines Unternehmens nicht problemlos auf ein anderes Unternehmen übertragen werden können. Es sei Ihnen auch bei »best practices« der Personalauswahl, wenn es diese überhaupt gibt, die Frage nach der Evaluation erlaubt (z. B.: »Münden diese »best practices« tatsächlich in bessere Urteile?«, »Rechtfertigt der Aufwand die Güte der Entscheidungen?« etc.). Der Vorteil eines kollegialen Austausches von Mitarbeitern des eigenen Unternehmens garantiert Ihnen – ganz im Gegensatz zum Benchmarking – das Wissen um Unternehmensmerkmale, die Ihr berufliches Tätigkeitsumfeld ausmachen.

Entscheidungen aus verschiedenen Perspektiven betrachten

Beispielhaft skizzieren wir im Folgenden eine Methode, wie der Austausch oder die Diskussionen mit anderen Personen ablaufen und welchen Nutzen Sie daraus ziehen können. Wir orientieren uns hierfür an der **Six Thinking Hats Technik** von de Bono (2000), die die Beachtung und Bewertung unterschiedlicher Perspektiven vor allem in komplexen Situationen zum Gegenstand hat. Diese beispielhafte Methode zielt vorrangig darauf ab, Prozesse oder Ergebnisse, wie zum Beispiel Entscheidungen aus verschiedenen Perspektiven zu sehen, diese gegebenenfalls zu verbessern oder gar zu revidieren. Folgende Schritte sind dazu notwendig:

- Organisieren Sie ein Treffen, zu dem Sie **mindestens sechs Personen** einladen. Bestimmen Sie im Vorfeld das Thema, das Gegenstand des Treffens sein soll, z. B. können u. a. einzelne Phasen Ihres Auswahl- und Beurteilungsprozesses oder einzelne Entscheidungen.
- Die teilnehmenden Personen werden zu Beginn instruiert, entsprechend ihrer »Hüte« zu handeln, zu denken und zu agieren. Eine

wichtige Voraussetzung des Erfolgs dieses Treffens und systematischen Austauschs ist, dass allen Anwesenden klar wird, dass sie als Träger eines Hutes nur die spezifische Haltung und Perspektive einnehmen, die jedoch nicht mit der eigenen übereinstimmen muss. Folgende Perspektiven und Haltungen werden dabei auf die einzelnen Teilnehmer verteilt:

Vorgehensweise

1. Der weiße Hut: Der Träger soll in aller Neutralität vorhandene Informationen aufnehmen und dokumentieren. Er konzentriert sich dabei ausschließlich auf objektive Fakten und Tatsachen. Er notiert seine Beobachtungen auf Papier und zieht Schlüsse, was erforderlich ist und wie ein bestimmtes Ziel erreicht werden kann. Er macht Notizen oder äußert sich nach dem Wenn-Dann-Prinzip.
2. Der rote Hut: Der Träger notiert alle Emotionen oder Gefühle, seine Intuition, Ahnungen und gegenwärtigen Ansichten. Diese muss er nicht rechtfertigen und begründen, sondern kann sie in die Diskussion einbringen.
3. Der schwarze Hut: Der Träger nimmt die Rolle des strikten Richters ein. Seine Notizen und Äußerungen sind beurteilend, kritisch und ausschließlich negativ. Sein Fokus ist nur auf die Aspekte gerichtet, die in seinen Augen als Richter logisch falsch sind.
4. Der gelbe Hut: Der Träger ist von Grund auf optimistisch und seine Notizen oder Äußerungen sind ausschließlich logisch positiv. Er sucht nach dem Nutzen und den positiven bzw. guten Aspekten des geschilderten Problems oder Sachverhalts.
5. Der grüne Hut: Der Träger dieses Hutes steht für Kreativität und Innovation. Er konzentriert sich auf das noch Mögliche und äußert dem entsprechende Hypothesen. Er bringt sich mit neuen Ideen ein, die keine Beschränkungen erfahren sollen.
6. Der blaue Hut: Der Träger dieses Hutes nimmt die Rolle des Beobachters ein. Er hat ein kühles Gemüt, behält den Überblick, übt Kontrolle über den Prozesses, einzelne Schritte und über die anderen Träger der Hüte aus. Er ist Vorsitzender, Organisator und denkt über das Denken der anderen – auf einer Ebene – nach.

- Sie können im Verlauf Ihres Treffens die Hüte beliebig tauschen und so eine andere Perspektive einnehmen. Wichtig ist nur, dass jede Person bevor sie sich äußert, klar definiert, aus welcher »Hut-Perspektive« sie gerade spricht.
- Halten Sie die Ergebnisse dieses Austauschs fest und reflektieren die Möglichkeiten, die Ihnen dadurch eröffnet werden. Ziehen Sie Rückschlüsse auf Ihr Problem und leiten Sie konkrete Maßnahmen ab, die alle Teilnehmer erarbeiten.

Folgender Ablauf ist für das Beispiel »War meine Personalentscheidung richtig?« möglich.

1. Schritt: Der Träger des weißen Hutes präsentiert die objektiven Fakten und Tatsachen des Falls.
2. Schritt: Der Träger des grünen Hutes benennt seine Ideen, Vorstellungen und Ansichten, wie die Entscheidung hätte anders getroffen werden können.
3. Schritt: Der Träger des gelben Hutes bewertet die Ideen hinsichtlich ihres Nutzens; der Träger des schwarzen Hutes hingegen zeigt die Nachteile und Gefahren kritisch auf.
4. Schritt: Der Träger des roten Hutes kommuniziert seinen gefühlsmäßigen Eindruck über die dargestellten Alternativen jeder Person. Dabei lässt er seiner Intuition freien Lauf, versucht, in Bilder zu denken und Ahnungen von Konsequenzen zu verbalisieren.
5. Schritt: Der Träger des blauen Hutes fasst alle Ergebnisse neutral zusammen und beendet das Treffen.

Selbstverständlich ist diese Methode unterschiedlich ausgestaltbar. Ob Sie nun Hüte verwenden wollen oder andere Gegenstände, wichtig ist nur, dass alle Anwesenden zu einem **strukturierten Perspektivenwechsel** angeregt werden. Die Einnahme einer bestimmten Rolle mit vorgegebenen Regeln des Denkens und der Kommunikation erlaubt allen, ohne Grenzen und Risiko zu denken. Darüber hinaus kann die Entscheidungsfindung in Gruppen, aber auch die Kommunikation erheblich verbessert werden.

Zu guter Letzt können Sie im Rahmen Ihrer Selbstevaluation diese Methode auch nur für sich allein nutzen. Sie können den Evaluationsgegenstand, ob nun das Ergebnis Ihrer Arbeit oder den Weg zum Ergebnis, strukturiert und mit unterschiedlichen »Brillen« betrachten.

Tagebuchmethode

Diese Erhebungsmethode der qualitativen Sozialforschung zielt auf das regelmäßige Erfassen von Beobachtungen oder bestimmten Gegenständen. In Ihrer Arbeit kann dies u. a. das **regelmäßige Begründen** von Auswahlentscheidungen sein, bei denen Sie zwischen Faktoren unterscheiden können, die in der Person des Bewerbers, in Ihrer Person selbst und der Situation des Auswahlgespräches begründet sind.

Durch die regelmäßige, schriftliche Dokumentation Ihrer Beobachtungen vermeiden Sie Erinnerungsverzerrungen oder -lücken bei einer späteren Rekapitulation der einzelnen Entscheidungsschritte. Systema-

regelmäßige schriftliche Dokumentation

tisieren Sie hier das Vorgehen, indem Sie Hypothesen aufstellen, z. B. wie konkret der neue Mitarbeiter bestimmte Anforderungen bewältigen wird. Formulieren Sie hierfür verhaltensnahe Hypothesen. Bei einem Mitarbeiter, dem Sie als Ergebnis des Beurteilungsgespräches eine hohe Konfliktlösungsfähigkeit attestieren, könnte eine entsprechende Hypothese z. B. lauten: »Mitarbeiter M. ist kollegial und deutlich seltener in Konflikte verwickelt, als die übrigen Kollegen« oder »Mitarbeiter M. wird von den Kollegen als Vermittler bei Konflikten geschätzt«. Es ist zweckmäßig, im Sinne eines **betrieblichen Kompetenzmodells** Hypothesen und skalierte Einstufungen für jeden Kompetenzbereich aufzustellen, der in einem bestimmten Bereich oder sogar unternehmensübergreifend relevant ist.

9.3 Welche Vorgehensweise passt zu Ihnen bzw. der aktuellen Situation?

Wie sieht nun das gängige Vorgehen in der Praxis aus? Evaluationsbemühungen reichen vom unsystematischen, gelegentlichen Nachfragen über die Bewährung des neuen Mitarbeiters in den betroffenen Teams oder unsystematischen Probezeitgesprächen bis hin zur systematischen Überprüfung an verschiedenen Kriterien, ob sich der neue Mitarbeiter bewährt. In einigen Unternehmen werden Auswahl- und Personalentscheidungen selten bis nie systematisch evaluiert bzw. überprüft (Lang-von Wins 2005), was eine unsinnige Vorgehensweise ist und einem »Fischen im Trüben« gleichkommt.

Vorarbeiten

Im Vorfeld der systematischen Evaluation empfiehlt sich eine Bestandsaufnahme bisheriger Vorgehensweisen und Instrumente, um die Eignung des Mitarbeiters zu überprüfen.

Bestandsaufnahme

Leitfragen hierfür sind u. a.:
- Gibt es bereits vorhandene Beurteilungsverfahren?
- Beinhalten bestehende Beurteilungsverfahren Anforderungen, die im Auswahlprozess entscheidungsbestimmend waren?
- Orientieren sich die Mitarbeitergespräche zwischen Vorgesetzten und Mitarbeiter in der Probezeit an den Kriterien oder Anforderungen, die die Auswahlentscheidung untermauerten?

1. Schritt: Bestimmung der Erfolgskriterien

Bestimmen Sie die Kriterien, an denen der Erfolg Ihrer Entscheidung und Ihres Urteils transparent und nachvollziehbar ist.

Handlungsempfehlung: Orientieren Sie sich bei der Bestimmung der Erfolgskriterien an den verhaltensnahen Anforderungen, die Sie bei der Auswahl genutzt haben.

2. Schritt: Wahl der Erhebungsmethode und -termine

Überlegen Sie sich, wie Sie die Erfolgskriterien systematisch erheben können und wollen. Ein systematisches Vorgehen beinhaltet zudem die Festlegung auf Erhebungstermine. Dies können – wie vorangegangen ausgeführt – zum Beispiel Diskussion oder Gespräche mit den Kollegen und Vorgesetzten des neu eingestellten Mitarbeiters sein.

Handlungsempfehlung 1: Zeitpunkte, zu denen Sie Ihre Entscheidungen überprüfen, können sowohl in der als auch zum Ende der Probezeit des Mitarbeiters liegen sowie zu einem späteren Zeitpunkt im Rahmen von Mitarbeiter- oder Beurteilungsgesprächen.

Handlungsempfehlung 2: Wenn Sie Beobachtungen als Methode wählen, systematisieren Sie diese Form der Informationssammlung; entwickeln Sie grundsätzlich eine Form der Darstellung, die eine Differenzierung und Vergleichbarkeit ermöglich – das können u. a. **Beobachtungsskalen** sein (❒ Abb. 9.2).

Unterstützt seine Kollegen ohne Aufforderung und von sich aus:

fast nie   1   2   3   4   5   fast immer

Akzeptiert die Meinung anderer und kann sich einer Mehrheitsentscheidung unterordnen:

fast nie   1   2   3   4   5   fast immer

Übt auf eine konstruktive Art Kritik und berücksichtigt dabei die Gefühle seiner Kollegen:

fast nie   1   2   3   4   5   fast immer

❒ **Abb. 9.2.** Beobachtungsskala für das Kriterium »Teamfähigkeit«

3. Schritt: Erheben der Erfolgskriterien

Sie können ein Instrument entwickeln, das Kollegen und Vorgesetzten die Möglichkeit bietet, die Bewährung des Mitarbeiters auf einer verhaltensverankerten Einstufungsskala einzustufen.

Für die Anforderung »Teamfähigkeit« kann die verhaltensverankerte Skala in Anlehnung an Schuler (Marcus 2001, S. 411 f.) beispielhaft wie in  Abb. 9.3 dargestellt aussehen. Im Vorfeld gilt es jedoch die Anforderung verhaltensnah zu übersetzen bzw. zu operationalisieren.

Teamfähigkeit eines Mitarbeiters: Der Mitarbeiter passt sich problemlos in das neue Team ein; er nimmt auf die Bedürfnisse seiner Kollegen Rücksicht. Außerdem arbeitet der Mitarbeiter mit seinen Kollegen konstruktiv zusammen, d. h. er akzeptiert andere Meinungen, setzt Vorschläge oder Hinweise um etc. (◘ Abb. 9.3).

Rückgriff auf Anforderungen

Handlungsempfehlung: Greifen Sie auf Ihre Einstufungsskalen aus dem Einstellungsgespräch zurück. Hierfür haben Sie bereits Verhaltensbeispiele aus kritischen Arbeitssituationen gesammelt, die erfolgreiche von nicht erfolgreichen Mitarbeitern unterscheiden.

Sie können des Weiteren ein Instrument oder eine Methode (Fragebogen oder Interviewleitfaden) entwickeln, das Kollegen und Vorgesetzten die Möglichkeit bietet, das Verhalten des Mitarbeiters im direkten Vergleich mit seinen Kollegen zu beurteilen (Rangordnungsverfahren).

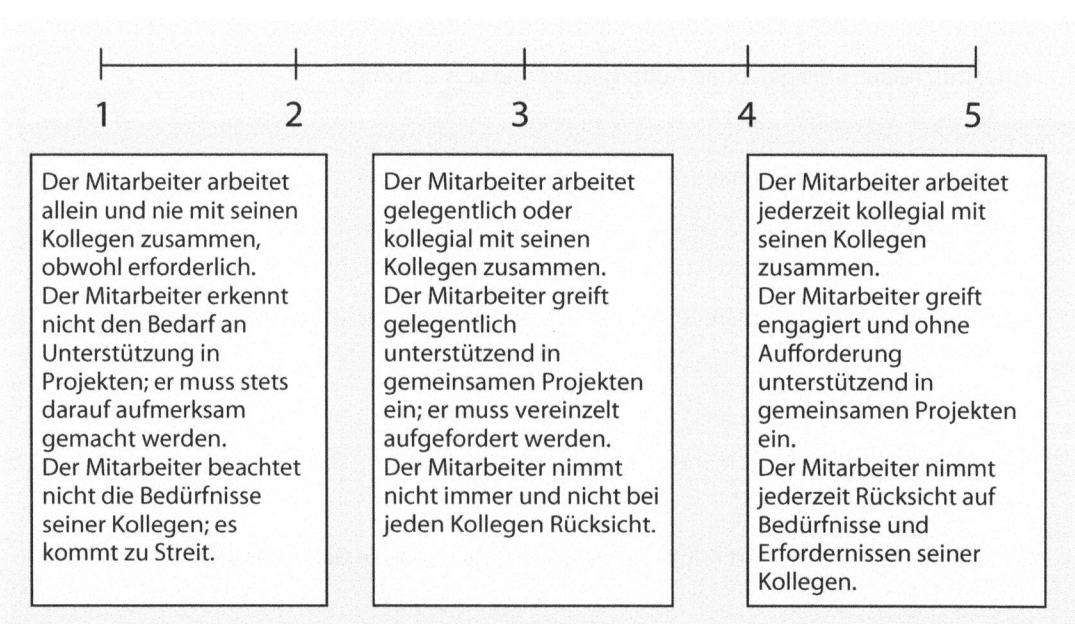

◘ **Abb. 9.3.** Skala für die Teamfähigkeit eines Mitarbeiters

4. Schritt: Durchführung der Selbstevaluation – Informationssammlung und Datenerhebung

Beginnen Sie mit der Erhebung der Daten und Informationen zu den im Vorfeld festgelegten Terminen.

Handlungsempfehlung: Suchen Sie das Gespräch zum eingestellten Mitarbeiter, aber auch zu den beurteilenden Kollegen und Vorgesetzten.

Handlungsempfehlung: Nutzen Sie für Ihre Informationssammlung auch die **Probezeit**. Wenn wir sie als einen wichtigen Teil des Auswahlprozesses verstehen, bietet sie ausreichend Raum und Zeit, die Passung und Bewährung eines neuen Mitarbeiters systematisch an konkreten Verhaltens- bzw. Erfolgskriterien zu überprüfen. Erst mit erfolgreichem Bestehen der Probezeit sollte die endgültige Entscheidung für oder gegen einen Mitarbeiter getroffen werden.

> ❗ **Wichtig**
> **Die Probezeit ist ein wichtiger Abschnitt der Personalauswahl, bei der die Passung und der Erfolg eines Mitarbeiters systematisch überprüft werden kann. Diese Überprüfung liefert darüber hinaus Ansatzpunkte, die Rückschlüsse auf die eigene Urteils- und Entscheidungsfindung zulassen.**

Eine in dieser Art reflektierte Sicht der Probezeit kommt einer langfristigen Arbeitsprobe des neuen Mitarbeiters gleich, die unter realen – und nicht wie z. B. in Assessment-Centern unter simulierten – Bedingungen stattfindet.

5. Schritt: Auswertung und Interpretation der erhobenen Daten und Ableiten von Konsequenzen

Überprüfen Sie bei der Auswertung und Interpretation der erhobenen Daten selbstkritisch, ob es zum einen beim eigenen Eignungsurteil Probleme oder »blinde Flecke« gab und ob zum anderen bei der Fremdbeurteilung des Mitarbeiters durch Kollegen und Vorgesetzte Verzerrungen aufgetreten sein können.

Die Ergebnisse Ihrer Auswertungen und Interpretationen können in Modifikationen einzelner Phasen des Auswahlprozesses münden. So kann der fehlende Erfolg eines Mitarbeiters die verschiedensten Gründe haben. Diese können in der Person des Mitarbeiters, seiner Position oder aber auch an den Anforderungen, die im Auswahlprozess kommuniziert wurden, liegen.

Konsequenzen

Mögliche Konsequenzen können – begründet durch die Evaluationsergebnisse – verschiedene Zielsetzungen haben. Denkbar sind z. B. die Einleitung von Maßnahmen der Personalentwicklung für den Mitarbeiter oder Maßnahmen zur Teamentwicklung, die Modifizierung des eigenen Vorgehens bei der Beurteilung oder Neudefinition der Anforderungen.

> **Reflexionsfragen**
> - Entsprechen die Anforderungen und die daraus abgeleiteten Kriterien für die Eignung eines neuen Mitarbeiters noch den aktuellen Gegebenheiten?
> - Was lässt sich beim eigenen Vorgehen im Allgemeinen und im Besonderen verbessern?
> - Wie kann die theoretisch empfohlene Vorgehensweise an die eigene Situation angepasst werden?
>   - Ableitung von Prüfkriterien aus der Kriterienliste des Bewerbers,
>   - Notieren von Hypothesen über die wahrscheinliche Entwicklung des Mitarbeiters nach bzw. während der Entscheidungsfindung (konkrete Verankerung an beobachtbaren Verhaltensweisen),
>   - Vereinbarung konkreter Zwischenziele mit dem neuen Mitarbeiter.

9.4 Lernfelder und kritische Evaluation: So werden Sie zum Experten

Lassen Sie uns abschließend die Kernempfehlung dieses Buches wiederholen: **Stellen Sie sich und Ihr Vorgehen auf den Prüfstein**. Gibt es in Ihrem Vorgehen Routinen, Selbstverständlichkeiten oder Automatismen? Die verschiedenen Stolperfallen zum Beispiel bei der Informationsaufnahme und -verarbeitung im Bewerbungsgespräch, bei der sozialen Urteils- und Entscheidungsfindung wurden in den vorangegangenen Kapiteln ausführlich beschrieben.

→ Nutzen Sie den Blick von Außenstehenden und nicht am Auswahlprozess beteiligten Personen.

→ Nutzen Sie das Wissen von anderen Experten (»communities of practice«) im Sinne eines Benchmarkings und reflektieren Sie Unterschiede und Gemeinsamkeiten bei den einzelnen Phasen des Auswahlprozesses.

Handlungsempfehlung: Nehmen Sie bewusst die Position eines Novizen ein, der kaum oder wenig Erfahrung in der Personalauswahl hat. Stellen Sie sich die Frage, ob dieser Neuling zur gleichen Entscheidung gekommen wäre. Was würden Anfänger anders machen? Würden diese vielleicht weniger intuitiv und erfahrungsgeleitet vorgehen?

Überprüfen Sie den Erfolg des Mitarbeiters, für den Sie sich entschieden haben systematisch.

Reflexionsfragen
- Gab es Personalentwicklungsmaßnahmen, die bereits in der Probezeit bewilligt wurden und die zur Verfälschung des Ergebnisses führen können?
- Erhalten neue Mitarbeiter Schulungen oder Trainings, die einen Rückschluss auf fehlende Qualifikationen oder andere Defizite zulassen?
- Hätten abgelehnte Bewerber diese Anforderungen möglicherweise besser erfüllt?
- Haben Sie unter Umständen besser geeignete Bewerber abgelehnt und somit eine Fehlentscheidung getroffen?

Literatur

Anderson, N., Shackleton, V. (1993), *Successful Selection Interviewing*. Blackwell, Oxford.

Arntzen, F. (1993). *Psychologie der Zeugenaussage. System der Glaubwürdigkeitsmerkmale*. 3. Aufl. München: Beck.

Arvey, R.D. & Campion, J.E. (1984). Person perception in the employment interview. In Cook, M. (Hrsg.). *Issues in Person Perception*. London.

Baron-Boldt, J., Schuler, H. & Funke, U. (1988). Prädiktive Validität von Zeugnisnoten. Eine Metaanalyse. *Zeitschrift für Pädagogische Psychologie, 2,* 79–90.

Brown, B.K. & Campion, M.A. (1994). Biodata Phenomenology: Recruiters' Perceptions and Use of Biographical Information in Resume Screening. *Journal of Applied Psychology, 79/6,* 897 – 908.

Bundesministerium für Bildung und Forschung (2001). *Das informelle Lernen*. Bonn.

Buzan, T. & Buzan, B. (2005). *Das Mind-Map-Buch – Die beste Methode zur Steigerung Ihres geistigen Potenzials*. Landsberg am Lech: mvg.

De Bono, E. (2000). *Six thinking hats*. London: Penguin.

Deutsche Gesellschaft für Evaluation (2004). *Empfehlungen zur Anwendung der Standards für Evaluation im Handlungsfeld der Selbstevaluation*. Alfter.

Dörner, D. (1983). Die Anforderungen komplexer und unbestimmter Probleme. In D. Dörner, H.W. Kreuzig, F. Reither & T. Stäudel (Hrsg.), Lohhausen: *Vom Umgang mit Unbestimmtheit und Komplexität* (S. 19-104). Bern: Huber.

Dörner, D. (1987). *Problemlösen als Informationsverarbeitung*. Stuttgart: Kohlhammer.

Dörner, D. (1992). *Die Logik des Misslingens*. Reinbek: Rowohlt.

Dresselhaus, G. (1979). *Langue/Parole und Komptenz (Performanz. Zur Klärung der Begriffspaare bei Saussure und Chomsky; ihre Vorgeschichte und ihre Bedeutung für die moderne Linguistik*. Frankfurt a. M.: Suhrkamp.

Dreyfus, H.L. & Dreyfus, S.E. (1987). *Künstliche Intelligenz. Von den Grenzen der Denkmaschinen und dem Wert der Intuition*. Reinbek: Rowohlt.

Erpenbeck, J. & Rosenstiel, L. von (Hrsg.). (2003). *Handbuch Kompetenzmessung. Erkennen, verstehen und bewerten von Kompetenzen in der betrieblichen, pädagogischen und psychologischen Praxis*. Stuttgart: Schäffer-Poeschel.

Flanagan, J. C. (1954). The critical incident technique. *Psychological Bulletin, 51,* 327–359.

Frese, M. (1991). Fehlermanagement: Konzeptionelle Überlegungen. In M. Frese & D. Zapf (Hrsg.). *Fehler bei der Arbeit mit dem Computer* (S. 139–150). Bern: Huber.

Fruhner, R., Schuler, H. Funke, U. & Moser K. (1991). Einige Determinanten der Bewertung von Personalauswahlverfahren. *Zeitschrift für Arbeits- und Organisationspsychologie, 35,* 170-178.

Grote, S., Kauffeld, S. & Frieling, E. (Hrsg.). (2006). *Kompetenzmanagement. Grundlagen und Praxisbeispiele*. Stuttgart: Schäffer-Poeschel.

Gruber, H. & Ziegler, A. (1995). *Components of expertise: Looking for SEEK in sorting*. München: Ludwig-Maximilians-Universität.

Himmelrath, A. (2001). Verbrechen hat viele Gesichter. In: *Süddeutsche Zeitung* 26.05.2001.

Hohn, H.-W. & Windolf, P. (1985). Prozesse sozialer Schließung im Arbeitsmarkt. Eine empirische Skizze betriebsinterner Determinanten von Mobilitätsprozessen. In H. Knepel & R.Hujer (Hrsg.), *Mobilitätsprozesse auf dem Arbeitsmarkt* (S. 305-327). Frankfurt a. M.: Campus.

Hollmann, H. und Reitzig, G. (1995). Referenzen und Dokumentenanalyse. In. W. Sarges (Hrsg.). *Managementdiagnostik* Göttingen: Hogrefe.

Hunter, J. E. & Hunter, R. F. (1984). Validity and utility of alternative predictors of job performance. *Psychological Bulletin, 96,* 72-98.

Janis, I. L. (1972). *Victims Of Groupthink. A psychological study of foreign policy decisions and fiascos*. Boston: Houghton Mifflin.

Janis, I. L. (1982). *Groupthink*. Boston: Houghton Mifflin.
Janz, T. (1989). The patterned behavior description interview: The best prophet of the future is the past. In R. W. Eder & G. R. Ferris (Eds.), *The employment interview: Theory, research, and practice* (pp. 158-168). Newbury Park, CA: Sage.
Kelly, G. A. (1991). *The psychology of personal constructs*. Vols. 1. and 2. London: Routledge. (First printing 1955).
Köhnken, G. (1990). *Glaubwürdigkeit. Untersuchungen zu einem psychologischen Konstrukt*. München: Psychologie Verlags Union.
Kommission der Europäischen Union (2005). *Vorschlag für eine Empfehlung des Europäischen Parlaments und des Rates zu Schlüsselkompetenzen für lebenslanges Lernen*. Brüssel.
Lang-von Wins, T. (2000). Probleme und Perspektiven der betrieblichen Potenzialbeurteilung. In L. v. Rosenstiel & T. Lang-von Wins (Hrsg.), *Perspektiven der Potenzialbeurteilung* (S. 155-179). Göttingen: Verlag für angewandte Psychologie.
Lang-von Wins, T. (2007). Die Kompetenzhaltigkeit von Methoden moderner psychologischer Diagnostik-, Personalauswahl- und Arbeitsanalyseverfahren sowie aktueller Management-Diagnostik-Ansätze. In J. Erpenbeck & L. von Rosenstiel (Hrsg.), *Handbuch Kompetenzmessung* (S. 648-681). Stuttgart: Schäffer-Poeschel.
Lang-von Wins, T. & von Rosenstiel, L. (2000). Potentialfeststellungsverfahren. In M. Kleinmann & B. Strauß (Hrsg.), *Potentialfeststellung und Personalentwicklung* (S. 73-100). Göttingen: Verlag für Angewandte Psychologie.
Lang-von Wins, T., Maukisch, H. & von Rosenstiel, L. (1998). *Abschlussbericht des projektes CLEVER*. München: Universität München.
Lang-von Wins, T., Barth, U., Sandor, A. & Triebel, C. (2005). Grundlagen einer lernenden Kompetenzbeurteilung im Unternehmen. In: Arbeitsgemeinschaft QUEM (Hrsg.), *Kompetenzmessung im Unternehmen* (S. 453-600). Münster: Waxmann.
Lang-von Wins, T., Kaschube, J. & Rosenstiel, L. v. (2006). Führungskompetenzen bei der Sanierung / Restrukturierung von Unternehmen. Einbindung und Beurteilung des Managements. In U. Hommel, T. C. Knecht & H. Wohlenberg (Hg.), *Handbuch Unternehmensrestrukturierung /-sanierung. Grundlagen – Instrumente – Strategien* (S. 253-276). Wiesbaden: Gabler.
Latham, G. P. (1989). The reliability, validity, and practicality of the situational interview. In R. W. Eder & G. R. Ferris (Eds.), *The employment interview: Theory, research, and practice* (pp. 169-182). Newbury Park, CA: Sage.
Lewis, C.H. & Norman, D.A. (1986). Designing for Error. In: Norman, Donald A. and Draper, Stephen W. (eds.): *User Centered System Design: New Perspectives on Human-Computer Interaction*. Lawrence Erlbaum Associates.
Lipmann, O. (1933). Methoden der Aussagepsychologie. In: Abderhalten (Hrsg.), *Handbuch der biologischen Arbeitsmethoden*, Abteilung VI, Teil C/II. (S. 967-1056). ((Hier bitte Ort und Verlag ergänzen))
Marcus, B. & Schuler, H. (2001) Leistungsbeurteilung. In H. Schuler (Hrsg.), *Lehrbuch der Personalpsychologie* (S. 397-432). Göttingen: Hogrefe.
Miesen, J., Schuhfried, G. & Wottawa, H. (1999). ELIGO: eine vorläufige Antwort auf Grundprobleme der testgestützten Eignungsdiagnostik. *Wirtschaftspsychologie, 6*, 16.24.
Miller, G. A., Galanter, E. & Pribram, K. H. (1960). *Plans and the structur of behavior*. New York, N.Y.: Holt, Rinehart & Winston.
OECD (2005). *Definition und Auswahl von Schlüsselkompetenzen*. Paris.
Pulakos, E. D., Schmitt, N., Whitney, D., & Smith, M. (1996). Individual differences in interviewer ratings: The impact of standardization, consensus discussion, and sampling error on the validity of a structured interview. *Personnel Psychology, 49*, 85-102.

Rastetter, D. (1996). *Personalmarketing, Bewerberauswahl und Arbeitsplatzsuche.* Stuttgart: Ferdinand Enke.

Reason, J. (1994). *Menschliches Versagen.* Heidelberg: Spektrum.

Reilly, R. R. & Chao, G. T. (1982) Validity and fairness of some alternative employee selection procedures. *Personnel Psychology, 35,* 1-62.

Robertson, T.R. & Smith, M. (2001). Personnel selection. *Journal of Occupational and Organizational Psychology, 74,* 441-472.

Rosenstiel, L. v. (2002). *Mitarbeiterführung in Wirtschaft und Verwaltung.* München: Bayerisches Staatsministerium für Arbeit und Sozialordnung, Familie und Frauen.

Rosenstiel, L.v. & Comelli, G. (2003). *Führung zwischen Stabilität und Wandel.* München: Franz Vahlen.

Rosenstiel, L. v. & Lang-von Wins, T. (2000) (Hrsg.). *Perspektiven der Potenzialbeurteilung.* Göttingen: Verlag für angewandte Psychologie.

Rosenstiel, L. v., Nerdinger, F. W. & Spieß, E. (Hrsg.) (1998). *Von der Hochschule in den Beruf. Der Wechsel der Welten in Ost und West.* Göttingen: Hogrefe.

Sarges, W. (1995). Interviews. In W. Sarges (Hrsg.), *Management-Diagnostik* (2. Aufl.) (S. 475–489). Göttingen: Hogrefe.

Schneewind, K. (1978). *Persönlichkeitstheorien I: Alltagspsychologie und mechanistische Ansätze.* Darmstadt: Wissenschaftliche Buchgesellschaft.

Scheer, J. W. & Catina, A. (Hrsg.) (1003). Einführung in die Repertory Grid-Technik, Bd. 1 und 2. Bern: Huber.

Schlick, M. (1979). *Allgemeine Erkenntnislehre.* Frankfurt a. M.: Suhrkamp.

Schuler, H. (1992). Das Multimodale Einstellungsinterview. *Diagnostica, 38,* 281–300.

Schuler, H. (1996). *Psychologische Personalauswahl. Einführung in die Berufseignungsdiagnostik.* Göttingen: Verlag für Angewandte Psychologie.

Schuler, H. (1998). Noten und Studien- und Berufserfolg. In D. H. Rost (Hrsg.), *Handwörterbuch Pädagogische Psychologie* (S. 370–374.). Weinheim: Psychologie Verlags Union.

Schuler, H. (2000). *Psychologische Personalauswahl* (3. Aufl.). Göttingen: Hogrefe.

Schuler, H. (2002). *Das Einstellungsinterview.* Göttingen: Hogrefe.

Schuler, H. & Berger, W. (1979). Physische Attraktivität als Determinante von Beurteilung und Einstellungsempfehlung. In *Psychologie und Praxis, 23,* 59–70.

Schuler, H., Frier, D. & Kaufmann, M. (1993). *Personalauswahl im europäischen Vergleich.* Göttingen: Hogrefe.

Schuler, H. & Funke, U. (1989). Berufseignungsdiagnostik. In E. Roth (Hg.). *Enzyklopädie der Psychologie.* (S. 281–320). Göttingen: Hogrefe.

Schuler, H. & Marcus, B. (2001). Biographieorientierte Verfahren in der Personalauswahl. In H. Schuler (Hrsg.). *Lehrbuch der Personalpsychologie* (S. 175–212). Göttingen: Hogrefe.

Seibt, H. & Kleinmann, M. (1990). Personalvorauswahl von Hochschulabsolventen: Derzeitiger Stand und Perspektiven. In: Methner, H. & Gebert, A. (Hrsg.). *Psychologen gestalten die Zukunft: Anforderungen und Perspektiven; Bericht über die Fachtagung '90 der Sektion Arbeits-, Betriebs- und Organisationspsychologie im BDP,* Bad Dürkheim 1990. Bonn.

Stehle, W. (1987). Psychologische Aspekte des Einstellungsinterview. In M. Engelking & W. Stehle (Hrsg.), *Personalauswahl und -entwicklung im Versicherungsvertrieb* (S. 195–201). Karlsruhe: Verlag Versicherungswirtschaft.

Stockmann, R. (2002). *Was ist eine gute Evaluation?* Saarbrücken: Centrum für Evaluation, Ceval-Arbeitspapiere 9.

Szewczyk, H. (1983). Psychologie der Aussage. In H. J. Schneider (Hrsg.) *Kindlers Psychologie des 20. Jahrhunderts* 2. Bd. (S. 171–186). Weinheim: Beltz.

Undeutsch, U. (1967). Beurteilung der Glaubhaftigkeit von Aussagen, In: *Handbuch der Psychologie* Bd. 11. (S. 26–181). Göttingen: Hogrefe.

Van Dyck, C., Frese, M., Baer, M. & Sonnentag, S. (2005). Organizational error management culture and its impact on performance: A two-study replication. *Journal of Applied Psychology, 90*, 1228–1240.

Wanous, J.P. (1992). *Organizational entry: Recruitment, selection, orientation, and socialization*. Reading: Addison-Wesley.

Weinert, F. E. (2001). Concept of Competence. A Conceptual Clarification. In: D. S. Rychen & L. H. Salganik (Hrsg.). *Defining and Selecting Key Competencies. Theoretical and conceptual foundations* (S. 45–65). Bern: Hogrefe & Huber.

von Weizsäcker, E.-U. (1986). *Offene Systeme*. Stuttgart: Klett-Cotta.

Wiesner, W.H. & Cronshaw, S.F. (1988). A meta-analytic investigation of the impact of interview format and degree of structure on the validity of the employment interview. *Journal of Occupational Psychology, 61*, S. 275–290.

Witte, E., Kallmann, A. & Sachs, G. (1981). *Führungskräfte in der Wirtschaft. Eine empirische Analyse ihrer Situation und ihrer Erwartungen*. Stuttgart: Schaeffer-Poschel.

Stichwortverzeichnis

Stichwortverzeichnis

A

Aussagekraft von Noten 124
Alltagsbeobachtungen 66
Alltagspsychologie 65
Anforderungen 121, 182
– beschränken 93
– erfolgskritische 101
– Ersetzbarkeit der 103
– kompensatorisches Anforderungsmodell 103
– Ordnen der 100
– Regulationsanforderungen 76
– Relevanz 102
– Sammeln von 93
– spezifische Formulierung der 115
– einer Tätigkeit 76
– zu große Menge 92
Anforderungsanalyse 43, 85
– Anforderungsstrukturanalyse 96, 97
– Critical-Incident-Technique 95
– durch Informationssammlung 94
– Repertory-Grid-Technik 97
Anforderungsprofile 45
– fachliche 87
– als Hypothesen 104
– kompensatorische Annahmen 107
– statische 104
Arbeitsprobe 127
Assessment-Center s. Potenzialanalyse
Aufgabenanalyse 77 ff.
– Mind Map 77
– Schema 82
– spezifischer Stil 78
Ausbildungsabschlüsse, prognostische Kraft 48

– Abschlussnoten 123
– Aussagekraft von Noten 124
Auswahlprozess 122
Auswahlstrategie, defizitorientierte 38

B

Bedürfnisse der Anwender 12
Beobachtungsskalen 181
Beurteilungskompetenzen 13
– Interpretation der gesammelten Daten 15
– die Methode finden 14
– systematische Überprüfung des Urteils 15
– wesentliche Anforderungen erkennen 14
Bewährung des Mitarbeiters 175
Bewerbungsgespräch 137 ff.
– Aktivitäten 151
– anforderungsbezogene Gestaltung 150
– Anforderungsbezug 138, 164
– Behavior Description Interview 150 ff.
– Bewertungen 152
– biografiebezogene Fragen 161
– biografische Daten 151
– Critical Incident Technique 156
– Erfahrung 151
– erster Eindruck 164
– Expertise des Interviewers 145
– Fachkenntnisse 151, 161
– Fertigkeiten 151
– freies Gespräch 161
– Gesprächsabschluss 162

– halbstrukturiertes Interview 141
– Handlungswissen 161
– Leistungsergebnisse 151
– Mehraugenprinzip 142
– Multimodales Interview MMI 159 ff.
– nonverbales Verhalten 143
– realistische Tätigkeitsinformation 162
– Redeanteil 141
– Selbsteinschätzungen 152
– Selbstvorstellung des Bewerbers 161
– situative Fragen 162
– situatives Interview 155
– Stresserleben 142
– überprüfbare Fakten 151
– unstrukturiert durchgeführte Einstellungsinterviews 142, 146
– Verhaltensbeschreibungen 151, 152, 153
– Vorurteil 144
Bewerbungsunterlagen 38–40, 119
– Analyse und Bewertung von 121, 126, 129
– äußere Form 126
– implizite Annahmen 121
– Informationsgehalt 128
– Kaskadenmodell zur Beurteilung der 131 ff., 135
– Lebenslauf 121, 127
– sorgfältiger Umgang mit 120
Biografie des Kandidaten 146

D

Defizitorientierung 38
– Gründe für 42
Distanzeffekt 28

E

Eignungsdiagnostik 42, 77
– Anforderungsanalyse 43, 45
– Statusdiagnostik 45
Erfolgskriterien 175, 180, 182
Erster Eindruck 18, 66
Evaluation 169 ff.
– Befragungen 176
– Beobachtungen 176
– Definition 171
– Diskussionen und Gespräche 177
– formative oder Prozessevaluation 171
– Methoden der Selbst-Evaluation 176
– Personalentscheidungen 172
– Qualitätsmanagement 173
– Selbstevaluation 172, 183
– Six Thinking Hats Technik 177 ff.
– strukturierter Perspektivenwechsel 179
– summative 171
– Tagebuchmethode 179
– TOTE-Einheit 170, 172

F

Falscher Konsens 27
Falsifikationsprinzip 7
Fehlbesetzung 3, 4
Fehler
– 1. Art 37, 40
– 2. Art 37, 40, 41, 167
– eigene Fehler erkennen 8
– fehlerintolerantes System 71
– Fehlermanagement 68 f.
– Fehlertoleranz 35
– Fehlervermeidungsstrategie 37
– latente 67
– Lernen aus 67
– Null-Fehler-Mentalität 67
– offene Fehlerkultur 35, 68
Fragebögen, standardisierte 134
Frage, situative 157
Fundamentaler Attributionsfehler 28

G

Gesamteindruck 36, 64
Gestaltungsmöglichkeiten im Beurteilungsprozess 11
Glaubwürdigkeit 61
– Falschdarstellung 32
– Täuschungsabsicht 34
– Unsicherheit des Beurteilers 33
Groupthink 70 f.

I

Implizite Annahmen, implizite Urteile 18
Interferenz-Effekt 29
Interview s. Bewerbungsgespräch
Intuition 21–27, 58
– Bauchgefühl 20, 21
– von Experten 60
– als Informationsquelle 24
– Korrektur der 25
– potenzielle Fehlerquellen 27
Irrtum 4 ff.

K

Kompetenz 49, 53
– des Beurteilers 164
– Definition 50, 52
– des Interviewers 164
– Messbarkeit von 50
– Unschärfe des Begriffs 51
Kompetenzmanagement 56
Kompetenzmodelle 76
Kompetenzorientierung 49
Komplexität, Umgang mit 91
Kreatives Vergessen 28

L

Lernende Potenzialbeurteilung, Aufbau 73 ff.
Lernen 54 ff.

M

Methodenvielfalt 160

O

Objektivität 69, 70
– Nachvollziehbarkeit 81
– objektiv entscheiden 22–24

P

Passung zum Unternehmen 22
Personalentwicklung, strategische 82

Personalmarketing 111 ff.
– Ansprache von Experten 112
– informelle Suche 113
– Personalmessen 113
– Zeitungsanzeigen 114
Potenzialanalyse 46
– Anforderungsanalyse 47
– Assessment-Center 47
Potenzialbeurteilung als ein kompetentes System 57
Potenzialbeurteilungsprozess 13
Primacy-recency-effect 29

– Intelligenztest 43
– Persönlichkeit 44
– Problematik der Testkonstruktion 44

U

Übersetzungsschritte 13

V

Veränderungsdynamik 48

R

Reflexion 56, 58, 61
– der eigenen Rolle 144
– kritische 7
Reflexionsfragen 79, 117, 122 f., 125, 135, 140, 149, 159, 174, 184 f.

W

Wissen
– implizites 91
– informelles 20

S

Self-serving-bias 27
Standardisierung 80
Stellenanzeige 115
Stereotypisierende Attribuierung 28
Strukturwandel 48
Sympathie 6

T

Test 149
– als Ergänzung 146
– Hintergrundwissen 147

Druck: Krips bv, Meppel, Niederlande
Verarbeitung: Stürtz, Würzburg, Deutschland